Richard Carlson

100 Regeln für Erfolg im Beruf

Richard Carlson

100 Regeln für Erfolg im Beruf

Aus dem Amerikanischen
von Jutta Ressel

KNAUR

Die amerikanische Originalausgabe erschien 1998 unter dem Titel
Don't Sweat the Small Stuff at Work bei Hyperion, New York
Die erste deutsche Ausgabe erschien 2000 unter dem Titel
Alles kein Problem im Job

Besuchen Sie uns im Internet:
www.droemer-knaur.de

Umschlaggestaltung: ZERO Werbeagentur, München
Satz: Ventura Publisher im Verlag
Druck und Bindung: GGP Media, Pößneck
Printed in Germany
ISBN-13: 978-3-426-66237-3
ISBN-10: 3-426-66237-X

2 4 5 3 1

Dieses Buch widme ich Ihnen, meinen Lesern.
Ich hoffe, dass es Ihr Arbeitsleben etwas einfacher
und weniger stressig macht!

Inhalt

Einführung

Die meisten von uns verbringen enorm viel Zeit am Arbeitsplatz – acht, zehn, ja bis zu zwölf Stunden am Tag sind da keine Seltenheit. Und es ist ganz egal, ob wir für ein Großunternehmen tätig sind, für eine kleinere Firma oder auch an der Wall Street, ob wir freischaffend sind, Beamte oder im Einzelhandel, egal in welcher Industrie oder Branche, es steht außer Frage: Arbeit kann stressig sein – und ist es in der Regel auch.
Jeder Industriezweig und jeder Beruf bringen ihre eigenen typischen Probleme und Stressquellen mit sich, jeder Job hat seine spezifischen Belastungen und Alpträume. Immer wieder müssen die meisten von uns mit einer Vielzahl von Unannehmlichkeiten zurechtkommen: mit unrealistischen Terminen und Erwartungen, der Bürokratie, schwierigen und fordernden Chefs, lächerlichen Konferenzen und Memos, enormem Arbeitspensum, Klatsch, Kritik, Schikanen, Unsicherheit und Ablehnung. Hinzu kommen staatliche Verordnungen und hohe Steuern, fehlende Anerkennung, harter Wettbewerb, unsensible oder egoistische Kollegen und Kolleginnen, Termindruck, schlechte Arbeitsbedingungen, lange Wege ins Büro sowie Rationalisierungsmaßnahmen. Anscheinend ist praktisch niemand frei von derartigen Ärgernissen, der einen Job hat und Geschäfte betreibt.
Es stellt sich also somit gar nicht die Frage, ob im Berufsleben Stress existiert oder nicht oder ob Sie ihm ausgesetzt sind oder nicht – das ist

zweifelsohne der Fall. Die eigentlich wichtige Überlegung ist: »Wie gehen Sie mit dieser Situation um?« Sie können einfach die Tatsache anerkennen, dass Arbeit eben per definitionem stressig ist und dass sich sowieso nichts daran ändern lässt, oder Sie schlagen eine etwas andere Richtung ein und lernen, auf eine neue, friedlichere Art und Weise auf die Anforderungen zu reagieren, die Ihr Beruf an Sie richtet.

Dabei ist mir völlig klar, dass der Weg hin zu weniger Stress in der Arbeit nur in Ihnen selbst begründet liegt. Es gibt schlichtweg keinen Job oder eine andere Möglichkeit, wie Sie Ihren Lebensunterhalt bestreiten können, die nicht ihre individuellen Anforderungen an Sie stellt.

Haben Sie einige meiner früheren Bücher gelesen, wissen Sie bereits, dass ich Optimist bin. Ich glaube, dass praktisch jeder in der Lage ist, seine Lebensqualität zu steigern und zu verbessern, indem er einige kleine Korrekturen an seiner Einstellung und an seinem Verhalten vornimmt. Ohne all die Schwierigkeiten, die das Leben draußen mit sich bringt, schmälern zu wollen, bin ich im Grunde meines Herzens nämlich überzeugt, dass wir keine Opfer des Status quo sind. Wir können uns sehr wohl verändern. Aber diese Veränderung ist nicht das Ergebnis weniger harter Arbeitsbedingungen oder eines einfacheren Lebens; sie muss vielmehr aus uns selbst kommen. Die gute Nachricht dabei ist, dass unser Berufsleben, ja unser gesamtes Dasein uns dann viel einfacher und weniger stressig erscheinen wird.

Dieses Buch ist das Ergebnis von Tausenden von Briefen und Telefonaten, die ich erhalten habe, nachdem »Alles kein Problem!« erschienen war. Viele Leute konnten erfreut feststellen, dass ihr Leben weniger stressig und angenehmer wurde, nachdem sie dieses Buch gelesen hatten. Immer wieder erhielt ich Anfragen von Lesern, ob ich nicht noch ein ähnliches Buch schreiben wolle, das die besonderen Anforderungen und Schwierigkeiten am Arbeitsplatz zum Thema haben sollte. Weil ich meine Neigung, in der Arbeit in vielem ein Problem zu sehen und mich deshalb verrückt zu machen, mittlerweile weitgehend überwunden habe und auch viele Leute kenne, die das ebenfalls geschafft haben, entschloss ich mich schließlich, mich auf einen weiteren »Alles kein Problem«-Titel einzulassen, der nun also mit der Berufswelt zu tun haben sollte.

Es ist faszinierend zu untersuchen, wie die einzelnen Menschen auf verschiedene Krisensituationen in der Arbeit reagieren – wenn sie entlassen werden, die Firma von einem größeren Unternehmen übernommen wird, es zu internen Spannungen durch Diebstahl oder Gewalt kommt oder wenn jemand gezwungen ist, in eine andere Stadt zu ziehen. Nehmen Sie sich die Zeit, einmal darüber nachzudenken, ist das Ergebnis wirklich recht beeindruckend, wenn nicht gar verblüffend. In der Regel sind die Leute couragiert, innovativ und anpassungsfähig, wenn sie sich derartigen Herausforderungen ausgesetzt sehen. In anderen Lebensbereichen jedoch, wenn es darum geht, mit dem tagtäglichen Kleinkram fertig zu werden, sieht die Sache ganz anders aus. Nehmen Sie einmal einen Schritt Abstand, wird Ihnen möglicherweise bewusst, dass Sie zwar gelegentlich mit echten Problemen am Arbeitsplatz zu kämpfen haben, aber dass es eigentlich dieser ganze Kleinkram ist, der Ihnen tagtäglich am meisten auf die Nerven fällt. Es bleibt zu hoffen, dass die wirklich ernsten und gravierenden Probleme sich in Grenzen halten; aber diese kleinen Ärgernisse treiben uns in den Wahnsinn.

Stellen Sie sich doch nur einmal vor, wie viel Energie vergeudet wird, wenn man wegen irgendeiner relativen Nichtigkeit gestresst, frustriert und verärgert ist. Und wie steht es mit Beleidigungen, Unannehmlichkeiten und dem Gefühl, ständig kritisiert zu werden? Und denken Sie nur an die Folgen von Sorgen, Angst und Klagen. Welche Auswirkungen haben diese Empfindungen auf unsere Produktivität und unsere Freude an der Arbeit? Da ermüdet einen allein schon die Vorstellung! Und nun überlegen Sie einmal, was passieren würde, wenn Sie ebendiese Energie – oder nur einen Teil davon – produktiv, kreativ und lösungsorientiert nutzen könnten.

An den wirklich großen Problemen lässt sich ja vielleicht wahrhaftig nicht viel ändern, aber Sie müssen zugeben, dass es zig Anlässe gibt, wo Sie Kleinigkeiten über Gebühr aufbauschen und aus einer Mücke einen Elefanten machen. Oft fühlen wir uns auch frustriert oder überfordert von der Häufung all dieser – negativen – Nichtigkeiten, mit denen wir uns herumschlagen müssen. Dann scheren wir all diesen tagtäglichen Kleinkram über einen Kamm und gehen damit um, als handele es sich um eine große Krise.

Weil Sie sich in der Arbeit mit so vielen Ärgernissen auseinander setzen müssen, besteht eine Verbindung zwischen der Art, wie Sie damit zurechtkommen, und wie Sie das generell empfinden. Es steht außer Frage, dass Sie bei sich und anderen die besten Seiten zu Tage bringen können, sobald Sie gelernt haben, die kleineren Ärgernisse mit mehr Umsicht, Klugheit, Geduld und Humor zu behandeln. Dann sind Sie viel weniger lang beunruhigt, verärgert und frustriert und dafür kreativer und produktiver. Regen Sie sich weniger auf, bieten sich zahlreiche Lösungen an – so wie die Probleme endlos erscheinen, sobald Sie sich Sorgen machen.

Ein angenehmer Nebeneffekt, wenn man lernt, nicht in allem ein Problem zu sehen und sich verrückt zu machen, ist, dass Sie mit der Zeit all das, womit Sie in Ihrem Alltag zurechtkommen müssen, wirklich als Nichtigkeit betrachten. Während Sie vorher praktisch wegen allem und

jedem ein Riesenaufhebens gemacht haben, lernen Sie nun, zwischen wirklich Wichtigem und relativ Nebensächlichem zu unterscheiden.
Selbst wenn Sie in der Arbeit dann nicht mehr in allem ein Problem sehen und sich verrückt machen, müssen Sie natürlich noch immer mit den gleichen Schwierigkeiten zu Rande kommen. Doch anstatt auf jeden Streitpunkt spontan negativ zu reagieren, haben Sie dann die Fähigkeit, mit erheblich mehr Leichtigkeit damit umzugehen. Dadurch sinkt Ihr Stresspegel und Sie haben mehr Freude an Ihrer Tätigkeit.
Ich weiß, dass die Arbeit schwierig sein kann, aber ich weiß auch, dass wir lernen können, mit Problemen positiver umzugehen. Ich wünsche Ihnen jetzt viel Glück in Ihrem Berufsleben und hoffe, dass dieses Buch es Ihnen ein wenig einfacher machen wird.
An die Arbeit also!

1.

Gestehen Sie es sich zu, glücklich und zufrieden zu sein

Viele Menschen gestatten sich nicht den Luxus, enthusiastisch, guter Dinge, inspiriert, entspannt und glücklich zu sein – schon gar nicht im Beruf. Für mich ist das eine überaus unglückliche Form der Selbstverleugnung. Es scheint, dass viele Menschen Befürchtungen hegen, wie eine zufriedene Ausstrahlung wohl auf andere wirken könnte – Arbeitskollegen, Kunden und Arbeitgeber mit eingeschlossen. Sie gehen oft davon aus, dass »jemand, der entspannt und glücklich ist, für harte Arbeit nicht geschaffen sein kann.« Die Logik, die hinter dieser Auffassung steht, sieht dabei in etwa so aus: Wenn jemand glücklich wirkt, könnten andere annehmen, dass er oder sie mit dem Status quo zufrieden ist und es ihm beziehungsweise ihr deshalb an der notwendigen Motivation mangelt, sich in die Arbeit zu knien oder gar besondere Anstrengungen auf sich zu nehmen. Solche Menschen könnten in einem leistungsorientierten Umfeld nicht überleben.

Ich werde oft engagiert, um vor Firmen über Stressreduzierung und ein glücklicheres Leben zu sprechen. Bei vielen dieser Anlässe hat mir mein jeweiliger Gastgeber ganz nervös die Frage gestellt, ob ich den Angestellten denn wohl zu solchem Glück verhelfen könnte, dass sie dann »zu nichts mehr zu gebrauchen seien«. Und das ist kein Scherz!

In Wirklichkeit ist es genau umgekehrt. Es ist Unsinn anzunehmen, dass es einem entspannten, glücklichen Menschen automatisch an Motivation fehlt. Ganz im Gegenteil – glücklichen Menschen macht ihre Tätigkeit fast immer auch Spaß. Es wurde wiederholt gezeigt, dass Leute, die Freude an ihrem Job haben, durch ihren Enthusiasmus höchst motiviert sind, ihre Leistung ständig zu verbessern. Sie sind gute Zuhörer und weisen ein hohes Maß an Lernfähigkeit auf. Dazu kommt, dass Leute, die mit ihrer Arbeit zufrieden sind, überaus charismatisch, kreativ, umgänglich und teamfähig sind.

Unglückliche Menschen hingegen werden oft durch ihr Elend und ihren Stress behindert, wodurch sie keinen Erfolg haben. Sich in der Gesellschaft von sturen, gestressten Personen aufzuhalten ist eine Qual, außerdem ist es mühsam, mit ihnen zu arbeiten. Es fehlt ihnen an Motivation, weil sie sich übermäßig mit ihren eigenen Problemen, ihrem Zeitmangel und Stress auseinander setzen müssen. Unglückliche Menschen fühlen sich oft durch Kollegen und die Arbeitssituation schlechthin schikaniert. Es fällt ihnen schwer, lösungsorientiert zu handeln, weil sie alles als die Schuld der anderen betrachten. Zudem sind sie häufig wenig teamfähig, weil sie oft ichbezogen und mit ihren eigenen Belangen beschäftigt sind. Sie haben ständig den Drang, sich zu verteidigen, und sind fast immer schlechte Zuhörer. Haben sie doch einmal Erfolg, dann *trotz*, nicht *wegen* ihres Unglücklichseins. Lernt also ein unglücklicher, gestresster Mensch, zufriedener zu werden, dann wird er oder sie zugleich auch erfolgreicher.

Ich denke, mit dieser Strategie einen guten Einstieg in dieses Buch gefunden zu haben; schließlich ist es eines meiner Ziele, Sie davon zu überzeugen, dass es absolut in Ordnung ist, glücklich und zufrieden, freundlich, geduldig, entspannt und großzügig zu sein. Es gereicht Ihnen zum Vorteil, und zwar in persönlicher wie auch in beruflicher Hinsicht. Sie verlieren so weder an Biss, noch sind Sie zu nichts mehr zu gebrauchen, noch wird man auf Ihnen herumtrampeln. Ich kann Ihnen versichern, dass Sie nicht in Teilnahmslosigkeit, Gleichgültigkeit oder Unmotiviertheit versinken werden. Ganz im Gegenteil, Sie werden sich dann sogar inspirierter fühlen, kreativer und bemüßigt sein, sich noch mehr ins Zeug zu legen als Sie das jetzt schon tun. Sie werden Lösungen und Chancen erkennen, wo andere nur Schwierigkeiten sehen. Anstatt auf Rückschläge oder Misserfolge mit Entmutigung zu reagieren, kommen Sie leicht und locker wieder ins Lot. Ihr Energieniveau wird ansteigen, Sie werden in der Lage sein, im Auge des Orkans zu arbeiten. Und weil Sie sich einen so kühlen Kopf bewahren können, werden Sie dann derjenige sein, an den man sich wendet, wenn es wichtige Entscheidungen zu treffen gilt. Sie werden zur Spitze aufsteigen.

Wenn Sie es wagen, glücklich und zufrieden zu sein, wird sich Ihr Leben sofort verändern. Sowohl Ihr Dasein als auch Ihre Arbeit werden Ihnen bedeutungsvoller, ja wie ein besonderes Abenteuer vorkommen. Die anderen werden Sie mögen und zweifelsohne werden Sie im Job nicht mehr dazu neigen, in allem ein Problem zu sehen und sich verrückt machen zu lassen.

2.

Üben Sie weniger Kontrolle aus

Wenn ich davon spreche, dass jemand »Kontrolle ausübt«, meine ich damit den ungesunden Versuch, das Verhalten anderer zu manipulieren, das Bedürfnis, die Umgebung zu kontrollieren, wobei wir darauf bestehen, dass etwas »genau so« zu sein hat und nicht anders, damit wir uns auch sicher fühlen; und wir reagieren unflexibel, abwehrend und besorgt, sobald sich andere nicht unseren Erwartungen entsprechend verhalten.

Kontrolle auszuüben heißt, dass wir uns ständig über die Handlungsweisen anderer Gedanken machen und uns überlegen, welche Auswirkungen sie auf uns haben könnten. Anders ausgedrückt: Wenn wir kontrollierend sind, sehen wir im Verhalten anderer ein Problem und machen uns verrückt, wenn sich unsere Erwartungen nicht erfüllen.

Ich habe verschiedene Beobachtungen angestellt bei Menschen, die kontrollierend sind; davon sind vor allem zwei interessant: Zum einen gibt es Unmengen Personen, die Kontrolle ausüben; aus irgendeinem Grund scheint landesweit die Tendenz zu einem derartigen Verhalten zu bestehen. Zum anderen ist dies eine überaus stressige Eigenschaft. Wollen Sie friedlicher leben, ist es wichtig, dass Sie weniger kontrollierend sind.

Eines der extremsten Beispiele für kontrollierendes Verhalten, von dem ich je gehört habe, hat mit Büroklammern zu tun. Ein Anwalt einer überaus renommierten Kanzlei hatte eine Vorliebe für bestimmte Dinge, die dann auch auf eine bestimmte Weise erledigt werden mussten – und zwar nicht nur wichtige Angelegenheiten, sondern auch Nebensächlichkeiten. Dieser Herr benutzte gern Büroklammern aus Kupfer anstelle der silberfarbenen, die ihm die Kanzlei zur Verfügung stellte. (Was könnte noch wichtiger sein?) Deshalb beauftragte er seine Sekretärin, ihm jede Woche einen privaten Vorrat zu kaufen – wobei er ihr die Auslagen noch nicht einmal erstattete. Landete etwas auf seinem Schreibtisch mit der falschen Büroklammer, bekam er einen Wutanfall. In der Kanzlei wurde er als der »Büroklammernkönig« bekannt. Es wundert Sie wahrscheinlich kaum, dass dieser Mann nie mit seiner Arbeit nachkam, dass auch die Betreuung seiner Mandanten darunter litt. Die ganze Zeit ärgerte er sich über irgendetwas und kam deshalb nicht voran. Die Büroklammern waren nur ein Aspekt seines kontrollierenden Verhaltens. Er hatte Anordnungen und Regeln für alles, wie man ihm den Kaffee zu servieren hatte – nämlich in einer speziellen Porzellantasse mit Unterteller – bis hin, wie er bei einer Konferenz vorgestellt werden wollte. Schließlich verprellte sein kontrollierendes Verhalten einen Mandanten zu viel, so dass man ihn schließlich entließ.

Dieses Beispiel ist sehr ungewöhnlich und extrem. Überprüfen Sie jedoch einmal Ihr eigenes Verhalten, werden Sie vielleicht auf Verschiedenes stoßen, das zu kontrollieren ebenso überflüssig oder schlichtweg dumm ist. Ich möchte Sie ermutigen, einmal genauer hinzusehen.

Ein Mensch, der Kontrolle ausübt, schleppt viel Stress mit sich herum, weil er nicht nur mit seinem eigenen Verhalten und seinen Entscheidungen zu tun hat, sondern auch noch darauf besteht, dass andere auf eine bestimmte Weise zu denken und zu handeln haben. Sicher können wir gelegentlich jemand anderen beeinflussen, aber wir können ihn nicht zwingen, irgendwie zu sein. Für eine kontrollierende Persönlichkeit ist das überaus frustrierend.

Im Geschäftsleben gibt es natürlich Zeiten, da man möchte, dass das Gegenüber der eigenen Sichtweise zustimmt. Dann muss man seine Ideen den Arbeitskollegen schmackhaft machen. Bisweilen sind Sie auch gezwungen, mit Ihrer Meinung Einfluss auszuüben, ja sogar Druck zu machen, damit etwas erledigt wird. Und es gibt auch Zeiten, wo Sie auf Ihrer Ansicht bestehen oder sich etwas Schlaues und Kreatives einfallen lassen müssen, um andere zu einem Meinungswechsel zu bewegen. Das alles gehört zum Arbeitsleben. Und genau das meine ich hier *nicht*. Hier ist nicht die Rede von ganz normalen Versuchen, eine übereinstimmende Meinung herbeizuführen oder Sichtweisen einander anzugleichen. Ebenso wenig geht es hier darum, das Verhalten anderer zu übergehen – natürlich sollten Sie sich darum kümmern. Wir sollten uns vielmehr bewusst machen, wie Beharrlichkeit, einseitiges Denken, Sturheit und das Bedürfnis, Kontrolle auszuüben, zu schmerzlichen Stressfaktoren ausarten können.

Der Mensch, der Kontrolle ausübt, fühlt sich verletzt durch das, was in seinem Inneren vor sich geht, von seinen Empfindungen und Gefühlen. Der Knackpunkt dabei scheint der fehlende Wille zu sein, dem anderen zu gestatten, er selbst zu sein, ihm den Freiraum zu geben, so zu sein, wie er eben ist, und die Tatsache zu respektieren – und zwar wirklich zu respektieren –, dass jeder Mensch anders denkt. Im tiefsten Inneren will eine kontrollierende Persönlichkeit nicht, dass andere sie selbst sind; sie sollen sich vielmehr den eigenen Vorstellungen angleichen. Aber die Menschen sind nicht das Abbild dessen, wie wir sie haben wollen, sie sind einfach so, wie sie sind. Sind Sie also einer bestimmten Vorstellung verhaftet, werden Sie sich häufig frustriert und ohnmächtig fühlen. Ein kontrollierender Mensch geht davon aus, dass er weiß, was das Beste ist, und dass er andere, weiß Gott, schon dazu bringen wird, dass sie ihre Irrtümer auch einsehen. Besteht ein derartiges Kontrollbedürfnis, bedeutet das einen inhärenten Mangel an Respekt für die Meinungen und Eigenschaften anderer.

Die einzige Möglichkeit, weniger kontrollierend zu sein, ist, die Vorteile einer Verhaltensänderung einzusehen. Sie müssen erkennen, dass Sie durchaus Ihren Willen haben können, wenn es notwendig ist, dennoch sind Sie insgesamt weniger persönlich engagiert. Anders ausgedrückt: Sie insistieren dann nicht so sehr darauf, wie andere Menschen sein sollen, was sie zu denken und wie sie sich zu betragen haben. Dies führt zu einem erheblich weniger stressigen Dasein auf Erden. Wenn Sie sich gedanklich mit der Tatsache anfreunden können, dass andere Menschen das Leben auch ganz anders betrachten als Sie, fühlen Sie sich innerlich viel weniger zerrissen. Außerdem sind Sie viel umgänglicher, wenn Sie weniger Kontrolle ausüben. Sie können sich ja vorstellen, dass die meisten Menschen gar nicht gern kontrolliert werden; es widert sie an. Kontrolle schafft Verärgerung und Feindschaft. Sobald Sie von Ihrem Kontrollbedürfnis Abstand nehmen, werden die Menschen Ihnen viel lieber zur Seite stehen; sie wünschen Ihnen dann Erfolg. Wenn Menschen sich akzeptiert fühlen, so wie sie sind, und nicht nach dem beurteilt werden, wie Sie meinen, dass sie sein sollten, dann wird man Sie bewundern und respektieren wie nie zuvor.

3.

Bereiten Sie der inneren Hetzerei ein Ende

Oft höre ich, wie Menschen sich darüber unterhalten, dass sie in der Hektik des Geschäftslebens gefangen sind – gerade als würden sie ganz zwanglos und locker über das Wetter plaudern: »Da kommt keiner dran vorbei, so ist das Leben eben.«

Eines der Probleme bei dieser Einstellung besteht darin, dass das Etikett Hektik oder Hetzerei schon Annahmen beinhaltet wie: »Ich bin in Eile, geh mir aus dem Weg; die Zeit reicht nie; in dieser Welt frisst einer den anderen« und so weiter. Sie werden dann verängstigt, ungeduldig und ärgerlich, weil Sie ständig meinen, sich verteidigen zu müssen. Sicher wird Ihnen auffallen, dass die meisten Menschen, die von sich behaupten, in Eile zu sein, wirklich überdreht und schnell besorgt sind. Es ist aber wichtig, sich einmal klarzumachen, dass es Menschen mit der gleichen Art von Job gibt, mit Druck, Verantwortung und engen Terminplänen, die ihre Arbeit als erheblich friedvoller und interessanter erfahren und auch beschreiben. Und dennoch sind sie mindestens ebenso effektiv und produktiv wie ihre nervösen und aufgeregten Kollegen.

Es ist für mich immer wohltuend, Leute kennen zu lernen, die, obwohl sie in die generell hektische Arbeitswelt integriert sind, für sich die Entscheidung getroffen haben, sich nicht auf diese wahnwitzige und de-

struktive Ebene einzulassen; sie lehnen es ab, sich in die Zange nehmen zu lassen. Stattdessen leben sie mit erhöhter Toleranz, wobei sie stets nach einem positiven Erlebnis Ausschau halten.
So vieles von unserem täglichen Arbeitsleben existiert nur in unserer Vorstellung und hängt wesentlich davon ab, auf welchen Aspekt wir uns gerade konzentrieren und wie wir unsere Erfahrung einschätzen. Dazu ein Beispiel: »Ach Gott, war das schrecklich. Ich bin in diesem fürchterlichen Verkehr mit Tausenden von anderen entnervten Leuten stecken geblieben. Ich habe meinen Tag mit zig langweiligen Konferenzen verbracht, wobei ich ständig ein paar Minuten zu spät gekommen bin. Es gab Meinungsverschiedenheiten und die ganze Zeit irgendwelche Differenzen, mit denen ich mich auseinander setzen musste. Das sind vielleicht Idioten!« Den gleichen Tag könnte man aber auch anders sehen. Man könnte ihn beispielsweise so beschreiben: »Ich bin zur Arbeit gefahren und habe den Großteil meiner Zeit mit Konferenzen verbracht. Es war eine Herausforderung, aber ich habe mein Bestes getan, bei jeder Konferenz so lange wie möglich zu bleiben, ohne zur nächsten zu spät zu kommen. Die Art meiner Arbeit bringt Leute zusammen, die vordergründig betrachtet nicht besonders gut miteinander auskommen. Wie gut, dass ich da bin, um Abhilfe zu schaffen.«
Sehen Sie den Unterschied? Es ist nicht so, dass die eine Beschreibung realistisch und exakt wäre, während die andere eine Art Wunschdenken darstellt. Eigentlich sind beide absolut zutreffend. Alles hängt von der Einstellung der Person ab, die diese Überlegungen anstellt. Dieselbe Dynamik gilt für alles, was Sie tun, ob in der Arbeit oder in der Freizeit. Sie können immer argumentieren mit: »Ich bin in der Hetzerei gefangen« oder Sie gelangen zu einer anderen Betrachtungsweise.
Sie können anfangen, der Hetzerei zunächst geistig ein Ende zu berei-

ten, und im Lauf dieses Unterfangens ein ruhigerer Mensch werden, dem ein interessanteres Leben möglich ist. Fassen Sie den Entschluss, mit anderen nicht mehr darüber zu reden – und lassen Sie Ihren Tag und Ihre Verpflichtungen auf eine gesündere Weise Revue passieren. Da Ihr Denken dann positiver ausgerichtet ist – Sie betrachten nämlich die positiven Ereignisse eines Tages und nicht den Ärger – werden Ihnen langsam all die angenehmen Aspekte Ihres Arbeitslebens auffallen, die Ihnen bislang verborgen geblieben sind. Sie werden alles mit anderen Augen sehen. Wohin Sie auch blicken, werden sich Ihnen Möglichkeiten auftun, als Mensch wie auch geistig zu wachsen. Sie werden mehr Lösungen und weniger Probleme sehen und außerdem viele Möglichkeiten entdecken, die eigenen Erfahrungen zu verbessern und erweitern.
Ich hoffe, Sie ziehen es in Betracht, die Hetzerei im Job als Grundeinstellung aufzugeben – dann wird Ihnen Ihre Arbeit viel lohnender vorkommen.

4.

Machen Sie aus Termindruck kein Drama

Viele von uns arbeiten unter hartem Termindruck. Autoren stellen in dieser Hinsicht keine Ausnahme dar. Aber haben Sie sich je überlegt, wie sehr wir unsere Termine geistig wie auch emotional in den Vordergrund stellen? Und haben Sie schon einmal darüber nachgedacht, welche negativen Folgen eine derartige Überbetonung haben könnte? Wenn nicht, möchte ich Ihnen raten, diese Fragestellung einer sorgsamen Betrachtung zu unterziehen.

Natürlich lässt sich an Terminen nicht rütteln. Dennoch entsteht viel Stress nicht durch den Termin selbst, sondern weil wir zu viel darüber nachdenken und uns überlegen, ob wir überhaupt alles schaffen können, da wir uns selbst bemitleiden und – was am wichtigsten ist – anderen etwas vorjammern.

Kürzlich habe ich in einem Büro auf einen Besprechungstermin gewartet. Der Mitarbeiter, mit dem ich verabredet war, hatte sich wegen des Verkehrs verspätet. Ich wollte eigentlich etwas lesen, habe dann aber fasziniert ein Gespräch zweier Mitarbeiter dieses Büros mit angehört. Sie beklagten sich über einen unfairen, engen Termin, den man ihnen gesetzt hatte. Offensichtlich hatten sie nicht einmal zwei Stunden Zeit, um einen Bericht fertig zu stellen. Worum auch immer es sich handeln mochte, das Ergebnis musste bis Mittag desselben Tages vorliegen. Ich saß also da und hörte erstaunt zu, wie die beiden fast eine geschlagene Stunde damit verbrachten, sich zu beklagen, wie lächerlich diese Aufgabenstellung doch sei. Sie hatten noch keinen einzigen Schritt in Richtung Verfassen ihres Berichts unternommen. Eine Minute, bevor der Mann, mit dem ich verabredet war, eintraf, sagte schließlich einer der beiden völlig verärgert: »Du meine Güte, fangen wir jetzt lieber an. Die Sache muss ja schon in einer Stunde fertig sein.«

Mir ist klar, dass es sich hier um ein Extrembeispiel handelt; die wenigsten von uns würden ihre Zeit derart sinnlos verplempern. Dennoch zeigt sich, dass der Termin selbst nicht zwangsläufig der einzige Faktor ist, der Stress schafft. Zuletzt wurde den beiden Männern ja auch klar, dass sie ihre Arbeit fertig kriegen würden – sogar in einer Stunde. Man kann sich also überlegen, welch eine andere Erfahrung die beiden gemacht hätten, wenn sie einfach ruhig durchgeatmet und sich miteinander so schnell und effektiv wie möglich ans Werk gemacht hätten.

Mir ist bewusst geworden, dass sich über Termindruck zu beschweren – selbst wenn diese Klagen berechtigt sind –, enorm viel geistige Energie kostet und, was bei engen Terminen noch schlimmer ist, auch Zeit. Der Aufruhr, der entsteht, wenn man zusammen mit anderen jammert oder auch einfach nur allein für sich mit dem Schicksal hadert, führt zu enormen inneren Spannungen.

Ich weiß, dass Termindruck durchaus Stress erzeugen kann und dass er einem oft ungerecht erscheint. Wenn Sie dennoch ohne die Störung negativer geistiger Energie auf Ihr Ziel hinarbeiten, ist Ihre Aufgabe besser zu bewältigen. Achten Sie einmal darauf, wie oft Sie dazu neigen, sich wegen Terminen Sorgen zu machen, zu hadern oder sich zu beklagen. Dann versuchen Sie, sich genau in diesem Moment dabei zu ertappen. Ist dieser Fall eingetreten, erinnern Sie sich sanft daran, dass diese Energie besser anderweitig genutzt würde. Wer weiß, vielleicht können Sie sich dann ja endgültig mit dem Termindruck abfinden.

5.

Richten Sie telefonfreie Zeiten ein

Wenn Sie so sind wie ich, ist das Telefon für Sie eine zwiespältige Angelegenheit. Auf der einen Seite ist es lebenswichtig und für die meisten Menschen absolut unverzichtbar; ohne Telefon wäre Ihre Arbeit schlichtweg unmöglich. Andererseits kann das Telefon, je nachdem, womit Sie Ihren Lebensunterhalt verdienen, eine der schlimmsten Ablenkungen und ein Stressfaktor in Ihrem Beruf sein. Manchmal hat es den Anschein, als würden wir nonstop am Apparat hängen. Ist das der Fall, ist es natürlich unmöglich, irgendeine andere Arbeit zu erledigen. Das kann zu enormer Anspannung und Verärgerung gegenüber den Menschen führen, die wir gerade in der Leitung haben.

Ich hielt mich einmal im Büro eines Managers auf, als sein Telefon klingelte. Sofort brüllte er los: »Dieser verfluchte Apparat hört auch nie auf zu läuten!« Dann nahm er ab und führte ein Gespräch von fünfzehn Minuten, während ich wartete. Als er schließlich auflegte, sah er erschöpft und frustriert aus. Er entschuldigte sich gerade, als das Telefon erneut schrillte. Später gestand er mir, dass er auf Grund der Menge an Telefonaten enorme Schwierigkeiten habe, seine Aufgaben zu erledigen. Schließlich fragte ich ihn: »Haben Sie denn schon einmal in Betracht gezogen, in einer bestimmten Zeitspanne einfach nicht an den Apparat zu gehen?« Er sah mich überrascht an und erwiderte: »Nein, eigentlich nicht, nein.« Es sollte sich herausstellen, dass dieser einfache Vorschlag ihm nicht nur geholfen hat, sich zu entspannen, sondern auch, mehr Arbeit zu bewältigen. Wie die meisten Menschen brauchte er nicht Stunden, in denen man ihn nicht stören durfte, sondern nur eine Weile. Weil er derjenige war, der viele Leute zurückrief, anstatt gleich ans Telefon zu gehen, konnte er die Gesprächsdauer reduzieren. Er sagte dann etwa: »Hallo Joan, ich habe bloß zwei Minuten Zeit, aber ich wollte dich schnell zurückrufen.«

Natürlich sind wir vom Telefon abhängig und müssen unterschiedlich oft Gebrauch davon machen. Wenn Sie beispielsweise an einer Rezeption sind, in der Telefonzentrale arbeiten oder im Telefonverkauf tätig sind, hat diese Strategie kaum oder gar keine Relevanz für Sie. Für andere kann sie jedoch wirklich lebensrettend sein. Wenn ich mir in meinem Büro keine telefonfreie Zeit eingerichtet hätte, würde ich nahezu hundert Prozent meiner Arbeitszeit am Apparat hängen; das Telefon würde unentwegt klingeln. Wenn mir keine Schutzstrategien zur Verfügung stünden, bliebe mir sehr wenig Zeit zum Schreiben oder um an anderen Projekten zu arbeiten. Ich denke, das gilt für viele Menschen.

Sie können diese Strategie in unterschiedlicher Weise in die Tat umsetzen. Ich stelle zu bestimmten Tageszeiten das Telefon ab und nehme keinerlei Gespräche an, die ich nicht vorher vereinbart habe, außer natürlich in echten Notfällen – die aber überaus selten sind. Ich verschaffe mir auf diese Weise die Zeit, mich ohne Ablenkung auf das zu konzentrieren, was für meine Arbeit gerade am wichtigsten ist. Falls Sie – wie viele andere auch – gezwungen sind, ans Telefon zu gehen, weil es zur Firmenpolitik gehört oder in Ihren Aufgabenbereich fällt, müssen Sie etwas kreativer werden, um diese Strategie in die Tat umzusetzen. Vielleicht können Sie ja etwas früher ins Büro gehen und das Telefon abstellen, bevor Ihr Arbeitstag ganz offiziell beginnt, oder das Gleiche nach der Arbeit tun. Ich habe einmal eine Frau kennen gelernt, die ihr Mittagessen mit ins Büro nahm, damit sie am Schreibtisch weiterarbeiten konnte; zu dieser Zeit durfte sie jedoch ihr Telefon abstellen und die Voicemail rangehen lassen. Sie handelte zudem eine Zeit aus, zu der sie nach Hause gehen konnte, so dass ihr Arbeitstag dadurch nicht länger wurde, sondern sie nur mehr Zeit hatte, um sich wirklich zu konzentrieren.

Vielleicht können Sie Ihren Arbeitgeber ja dazu überreden, Ihnen zu gestatten, ein bisschen mit dieser Strategie zu experimentieren – einmal zu sehen, ob Sie mehr erledigen können, wobei Sie natürlich trotzdem alle Kunden zu gegebener Zeit zurückrufen. Einige der Anrufe können bis zu Stunden später getätigt werden, indem Sie zu bestimmten Fragen auf dem Anrufbeantworter Stellung nehmen. Das dauert dann vielleicht eine Minute oder zwei, anstatt in ein zehn- oder fünfzehnminütiges Gespräch auszuarten.

Wenn Sie zu Hause arbeiten – oder Sie zu Hause etwas zu erledigen haben – wirkt diese Strategie Wunder und kann oft problemlos umgesetzt werden. Sie treffen einfach die Entscheidung, dass Sie in einer bestimmten Zeitspanne nicht ans Telefon gehen, wodurch Sie sich die Möglichkeit verschaffen, all das zu erledigen, was notwendig ist.

Diese Strategie ist natürlich nicht ganz unproblematisch; man muss sich oft etwas einfallen lassen. Wie geht man beispielsweise mit Notfällen oder wichtigen Privatgesprächen um? Ich beispielsweise habe eine extra Leitung, die nur für enge Freunde, die Familie und eine kleine Auswahl an Arbeitskollegen reserviert ist. Eine andere Möglichkeit ist es, Ihre Handy-Nummer oder eine alternative Telefonnummer auf der Voicemail oder dem Anrufbeantworter zu hinterlassen, die für all die Anrufe reserviert ist, die wirklich dringend sind. Die meisten Leute werden Ihre Bitte, sie nur in Notfällen zu benutzen, auch respektieren. Eine Alternaive ist, die Nachrichten nach jedem Anruf – oder zumindest sehr häufig – abzuhören. Auf diese Weise können Sie einen Großteil der Telefonate auf einen günstigeren Zeitpunkt verlegen, aber dennoch sogleich mit den Leuten Kontakt aufnehmen, die wirklich nicht warten können.

Ich denke, Sie werden in den meisten Fällen all die Hindernisse, die Sie überwinden müssen, um diese Strategie in die Tat umzusetzen, der Mühe wert finden. Sehen wir den Tatsachen doch ins Auge: Das Berufsleben wird uns nicht den Gefallen tun, uns mit weniger Telefonaten zu konfrontieren. Ich habe aber herausgefunden, dass ich zwei- bis dreimal so viel Arbeit schaffe, wenn meine Konzentration nicht durch irgendwelche Anrufe gestört wird. Bei all der Zeit, die ich so spare, kann ich dann fast immer alle Leute zurückrufen, sobald alles erledigt ist.

6.

Prahlen Sie nicht mit Ihrem beruflichen Stress

Zu den vielen Dingen, die mein Beruf mit sich bringt, gehört auch, dass ich im Land umherreise und Vorträge halte, wie man Stress reduziert, ein glücklicheres Leben führt und nicht in allem ein Problem sieht und sich verrückt macht. Manchmal werde ich dann auch gebeten, vor oder nach meinem jeweiligen Vortrag an Konferenzen teilzunehmen, an Essen und Partys. Und obwohl ich ein Mensch bin, der gerne allein für sich ist, besonders bevor ich vor einem größeren Publikum spreche, würde ich sagen, dass die meisten Personen, die ich unter diesen Umständen kennen gelernt habe, nett, einfühlsam und wohlmeinend waren.

Eine destruktive Tendenz ist mir jedoch aufgefallen, die wirklich jedes Individuum, jede Firma und jede Branche betrifft. Diese Tendenz bezeichne ich als »Prahlerei mit beruflichem Stress«. Unter Prahlerei mit dem Stress im Beruf verstehe ich, anderen mitzuteilen, wie unglaublich beschäftigt man doch ist und wie hart man arbeitet – und zwar nicht nur beiläufig in einem Gespräch, sondern als zentrales Thema. Es ist geradezu, als trügen wir ein Ehrenabzeichen, weil wir zu den Menschen zählen, die völlig überfordert und des Schlafes beraubt sind und kaum noch ein Privatleben haben – wenn überhaupt.

Ich habe Hunderten von Menschen zugehört, die sich über die Anzahl an Arbeitsstunden und ebenso über die Menge an Stunden, in denen sie keinen Schlaf fanden, unterhalten haben. Ich habe gehört, wie Leute erklärt haben, dass Erschöpfung einfach zu ihrem Leben gehört. Sie reden darüber, wie früh sie zu arbeiten beginnen und wie lange es her ist, seit sie zuletzt mit dem Ehepartner oder mit ihren Kindern oder sonst jemandem, der ihnen etwas bedeutet, ihre Freizeit verbracht haben, von Urlaub ganz zu schweigen. Ich habe gehört, wie Menschen damit geprahlt haben, dass sie keine Zeit haben, um sich mit jemandem zu verabreden, dass sie so beschäftigt und überdreht sind, dass sie das Essen vergessen, und ein paar Leute sind sogar schon so weit gekommen, dass sie keine Zeit mehr haben, um zur Toilette zu gehen.

Diese Tendenz bleibt nicht auf Personen beschränkt, die in einer Firma arbeiten. Es handelt sich vielmehr um eine Angewohnheit, welche die meisten Menschen, die sich ihren Lebensunterhalt erarbeiten müssen, befallen hat – und dieser Trend greift um sich.

Bevor ich fortfahre, möchte ich Ihnen versichern, dass ich nicht in Abrede stellen will, wie hart viele Menschen arbeiten und wie schwierig und kräftezehrend diese Tätigkeit sein kann – ich kenne das von mir selbst. Das Problem ist vielmehr Folgendes: Wer damit prahlt, wie beschäftigt er doch ist, der verstärkt das Gefühl von Stress bei sich selbst noch zusätzlich. Sie konzentrieren sich so über Gebühr auf die negativen Aspekte Ihres Berufes. Sie reden den Stress geradezu herbei, der Sie dann im Griff hält.

Wenn Sie einen Schritt Abstand nehmen und einmal darüber nachdenken, werden Sie mir vermutlich zustimmen, dass Prahlerei mit beruflichem Stress auch ein langweiliges, wenig produktives Gesprächsthema ist. Ich habe viele Unterhaltungen mitgehört, die sich um diesen Sachverhalt drehten, doch ist mir noch kein Mensch über den Weg gelaufen, der sich je wirklich für die berufliche Beanspruchung von jemand anderem interessiert hätte. Meist wartet der Zuhörer – falls man ihn überhaupt so bezeichnen kann – einfach ab, bis er endlich an der Reihe ist, über seine Überbeanspruchung zu klagen, oder er schaut im Zimmer herum und schenkt dem Gesagten wenig Aufmerksamkeit. Die Wahrheit ist, dass beruflicher Stress nichts Neues ist – davon redet so ziemlich jeder.

Versetzen Sie sich einmal in die Situation der Person, der Sie Derartiges mitteilen. Wenn ich nicht ganz falsch liege, ist es nicht sehr interessant zu erfahren, wie beschäftigt oder überfordert Sie sind – egal, wer Sie sind und womit Sie Ihren Lebensunterhalt bestreiten; es ist sogar recht langweilig. Ich persönlich kann Menschen nicht leiden, die sich ständig deswegen beklagen – und ich bemühe mich sehr, sie zu meiden. Seien wir einmal realistisch: Interessiert es Sie, wie viel ich zu tun habe? Hoffentlich nicht. Ich bin jedenfalls lieber unter Leuten, die sich über interessante Aspekte des Lebens unterhalten – und Sie bestimmt auch.

Egal, wie man die Sache also betrachtet: Prahlerei mit beruflichem Stress bringt nichts. Wenn Sie zu beschäftigt sind, müssen Sie entweder einen Gang zurückschalten oder sich eben noch mehr ins Zeug legen. Aber anderen davon zu erzählen verschärft Ihren Stress nur und macht Sie zu einem weniger interessanten Menschen.

7.

Machen Sie das Beste aus langweiligen Konferenzen

Ich habe einmal eine umfassende Umfrage gemacht, was den Menschen an ihrer Arbeit am wenigsten gefällt. Immer wieder teilten sie mir ihre Abneigung gegen Konferenzen mit, besonders die langweiligen. Fast alle sind der Meinung, dass es einfach zu viele gibt, an denen man teilnehmen muss, und dass die meisten absolut unnötig sind.

Ich gebe ja zu, dass ich auf Grund der Art meiner Arbeit nicht gezwungen bin, so vielen Konferenzen beizuwohnen, wie das bei anderen der Fall ist. Ich habe, was derartige Veranstaltungen angeht, jedoch eine Strategie entwickelt, die mir schon enorm geholfen hat. Und wer sie ausprobiert hat, hat mir nur Gutes berichtet. Ich habe zwei Tricks gefunden, wie man praktisch jede Konferenz so interessant und produktiv wie nur möglich gestalten kann. Zunächst einmal lässt sich die Konferenz dazu nutzen, im Hier und Jetzt präsent zu sein. Anders ausgedrückt: Ich versuche, mich in die jeweilige Konferenz zu vertiefen und gestatte es meinen Gedanken nicht abzuschweifen. Dieser gezielte Versuch, auf etwas konzentriert zu bleiben, ermöglicht es mir, möglichst großen Nutzen aus dieser Erfahrung zu ziehen; schließlich muss ich ja sowieso anwesend sein. Ich könnte natürlich die Zeit damit zubringen, mir zu wünschen, woanders zu sein, oder mir zu überlegen, was ich später noch tun will. Oder ich kann eben üben, wahrhaftig präsent und ein wirklich guter Zuhörer zu sein. Das hilft mir, dem höchste Aufmerksamkeit zu zollen, was gerade diskutiert wird. Auf diese Weise bin ich dann auch in der Lage, gegebenenfalls einen eigenen Beitrag zu leisten.

Seitdem ich so verfahre, habe ich die Erfahrung gemacht, dass die Konferenzen, an denen ich teilnehme, erheblich interessanter sind. Ich gewinne zusätzliche Einsichten und habe auch das Gefühl, selbst mehr bieten zu können. Mir ist zudem aufgefallen, dass andere mir mehr Respekt entgegenbringen. Sie selbst sind sich dessen ja vielleicht gar nicht bewusst, aber es scheint, dass andere eher gewillt sind, einem zuzuhören, wenn sie das Gefühl haben, dass auch das Gegenüber ein guter Zuhörer ist. Ist man wirklich präsent, wird einem ein wohlverdientes Gefühl von Vertrauen zuteil; die Menschen werden von Ihrer Energie und Gegenwart angezogen.

Außerdem habe ich mir, was Konferenzen angeht, eine zweite Auflage gemacht, nämlich mir zu sagen, dass ich bei jeder Zusammenkunft etwas Neues lernen kann. Ich höre deshalb sehr aufmerksam zu, was geredet wird, in der Hoffnung, etwas zu erfahren, das ich noch nicht weiß. Anders ausgedrückt: Anstatt das, was ich gerade höre, mit dem zu vergleichen, wovon ich sowieso schon überzeugt bin, oder dem gedanklich zuzustimmen beziehungsweise es abzulehnen, was gerade gesagt wird, suche ich nach einer neuen Weisheit, einer neuen Einsicht oder einem neuen Weg, etwas in die Tat umzusetzen. Ich habe herausgefunden, dass ich fast immer etwas lerne, wenn ich dafür offen bin. Anstatt also insgeheim zu denken: »Ja, ja, den Blödsinn kenne ich schon«, versuche ich mir den Kopf freizumachen und die Haltung eines Anfängers einzunehmen.

Die Resultate sind ebenso beeindruckend wie bedeutungsvoll. Ich habe enorm dazugelernt und plötzlich sogar Freude an Konferenzen. Ich habe nun die Fähigkeit, das Beste daraus zu machen. Ich sehe die Sache jetzt so: An der Konferenz muss ich sowieso teilnehmen. Warum also die Zeit nicht auf eine produktive, vorteilhafte Weise verbringen, indem ich wertvolle emotionale Fertigkeiten trainiere, anstatt mich anderswohin zu wünschen? Mit diesem Ansatz wird mein Arbeitsleben interessanter und effektiver.

8.

Hören Sie auf, sich vorzustellen, wie müde Sie später sein werden

Kürzlich, auf einem Flug von San Francisco nach Chicago, hörte ich zufällig eines der dümmsten Gespräche mit, das man sich nur vorstellen kann. Es macht einen entscheidenden und dennoch überaus weit verbreiteten Fehler deutlich, der vielen Menschen wiederholt unterläuft. Das Gespräch, das mindestens eine Stunde gedauert hat, drehte sich darum, wie müde diese beiden Menschen sein werden – morgen und die ganze Woche lang. Es war, als würde einer den anderen – und vielleicht gar sich selbst – überzeugen wollen, wie viele Stunden und wie hart sie zu arbeiten hatten, wie wenig Zeit ihnen zum Schlafen bliebe und, vor allem, wie müde sie sich dann natürlich fühlen würden. Ich war mir nicht so ganz sicher, ob sie damit prahlten oder sich beklagten, aber eines jedenfalls stand fest: Sie wirkten immer erschöpfter, je länger das Gespräch andauerte.

Jeder der beiden sagte so etwas wie: »Mann, werde ich morgen fertig sein«, »Ich weiß gar nicht, wie ich den Rest der Woche durchstehen soll« und: »Heute Nacht kann ich auch wieder bloß drei Stunden schlafen.« Sie erzählten sich Geschichten, wie spät sie zu Bett gegangen waren, dass es ihnen an Schlaf fehle; sie redeten über unbequeme Hotelbetten und Konferenzen, die morgens in aller Frühe stattfanden. Sie stellten sich schon darauf ein, wie erschöpft sie sein würden – und bestimmt hatten sie mit ihrer Annahme sogar Recht! Ihre Stimmen klangen schwer, als ob der bevorstehende Schlafmangel sie schon jetzt beeinträchtigen würde. Sogar ich hatte das Gefühl, vom bloßen Mithören eines Teils der Unterhaltung müde zu werden.

Das Problem, wenn man die bevorstehende Müdigkeit vorausahnt, besteht darin, dass man auf diese Weise diesen unangenehmen Zustand noch verstärkt. Die Aufmerksamkeit wird so auf die wenigen Stunden gelenkt, die einem zum Schlafen zur Verfügung stehen, und wie müde man deshalb doch sein wird. Wenn Sie dann aufwachen, vollzieht sich ein analoger Mechanismus, weil Ihnen erneut einfällt, wie kurz Ihre Nacht doch war. Niemand weiß, was genau passiert, aber mir scheint, dass allein sich auf die bevorstehende Müdigkeit einzustellen, schon eine Botschaft an das Gehirn schickt, die Sie dann erinnert, sich müde zu fühlen und auch dementsprechend zu handeln, weil Sie sich auf diese Reaktion ja geradezu programmiert haben.

Selbstverständlich braucht jeder Mensch seine Ruhephasen. Ich habe einige Artikel gelesen, in denen stand, dass die meisten von uns nicht ausreichend lang schlafen. Und wenn Sie müde sind, wäre es natürlich die beste Lösung, sich mehr Schlaf zu gönnen. Aber in den Fällen, wo genau das eben nicht möglich ist, ist es das Schlimmste, was Sie meiner Einschätzung nach tun können, sich selbst schon im Voraus einzureden, wie erschöpft Sie sein werden. Ich bin zu dem Schluss gekommen, dass es die beste Strategie ist, so viel Schlaf wie nur möglich anzustreben, jedoch für das Quantum, das sich realisieren lässt, dankbar zu sein.

Da ich auf Grund meiner Vortragsreisen viel unterwegs bin, gibt es Zeiten, zu denen ich gerade einmal drei Stunden schlafen kann, gelegentlich sogar noch weniger. Mir ist jedoch aufgefallen, dass, wenn ich diese

Tatsache oft einfach außer Acht lasse – es absolut vermeide, mir deshalb Gedanken zu machen –, ich mich nach dem Schlaf, den ich bekomme, erheblich erholter fühle. Dann mache ich, sobald sich die Gelegenheit bietet, noch ein Nickerchen und alles ist wieder im Lot. Was ich tunlichst zu unterlassen versuche ist, mit anderen über meinen Schlafmangel zu sprechen. Ich habe gemerkt, dass ich dann den Eindruck habe, noch müder zu sein.

Mir ist außerdem aufgefallen, dass sich die Gewohnheit, die bevorstehende Müdigkeit schon vorherzusehen, bei vielen Leuten in die Unterhaltung einschleicht; Sie müssen sich deswegen jetzt nicht schlecht fühlen, mir ist das früher auch viele Male passiert. Zählen Sie zu diesen Menschen, versuchen Sie einfach, diese Tendenz zu vermeiden. Auf diese Weise fühlen Sie sich dann viel weniger müde. Zudem liegt die Annahme nahe, dass Sie, wenn Sie weniger erschöpft sind, auch in Ihrem Job nicht mehr in allem ein Problem sehen und sich verrückt machen.

9.

Lassen Sie sich von der Bürokratie nicht verrückt machen

Ich kann mir nicht vorstellen, dass es viele Menschen gibt, die sich ihren Lebensunterhalt verdienen und dabei nicht mit der Bürokratie konfrontiert werden. Schließlich existieren Behörden der Gemeinde, des Bundeslandes oder des Staates, dazu Versicherungsgesellschaften, die Sozialversicherung, das Postamt, die Zulassungsstelle, das Rathaus, Gehaltsabrechnungen, Geschäftslizenzen, Genehmigungen und Verordnungen und natürlich das Finanzamt – um nur ein paar aufzuzählen. Die meisten Branchen haben ihre speziellen Ämter, mit denen Sie sich auseinander setzen müssen – Erziehung, Medizin, Pharmazie, Essen und Trinken, Fluglinien und andere Transportunternehmen, Hoch- und Tiefbau, Umwelt und was sonst noch alles.
Sie können natürlich Ihr ganzes Leben damit verbringen, sich über die Bürokratie zu beschweren, sich zu wünschen, dass endlich Schluss damit wäre und sich auch dafür stark machen. Sie können mit der Bürokratie ringen, in einen negativen Dialog treten, gedankliche Feldzüge führen und sich so selbst in den Wahnsinn treiben. Aber am Ende müssen Sie sich dann doch wieder mit der Bürokratie auseinander setzen. Mein Vorschlag lautet, sich nicht länger verrückt machen zu lassen und sich sogar mit dem Bürokratismus abzufinden; das lässt sich machen.

Joe hat ein kleines Geschäft mit sechs Angestellten. Eines Tages erhielt er vom Finanzamt ein Schreiben, das ihm die Schließung seines Unternehmens bestätigte. Das Problem war nur, dass es eben *nicht* geschlossen war. Immer wenn er die Behörde anrief oder hinschrieb, um die Sache zu klären, teilte man ihm mit, dass er sich irren müsse – das Geschäft sei offiziell geschlossen. Es dauerte sechs Monate, aber dann war das Problem schließlich doch behoben. Der Schlüssel zur Lösung lag darin, dass Joe sich nicht in Panik versetzen ließ. Er sagte zu mir: »Statistisch gesehen musste so was ja mal passieren.« Anstatt durchzudrehen blieb er ruhig und wies der Sache den ihr angemessenen Stellenwert zu.

Um es deutlich zu sagen: Ich schlage Ihnen hier nicht vor, klein beizugeben und sich zu einem Opfer der Bürokratie machen zu lassen; und Sie sollen es ebenso wenig hinnehmen, wenn Sie sich in den Maschen der Bürokratie verfangen haben. Auch lege ich Ihnen nicht nahe, ein freundliches Lächeln aufzusetzen, wenn Sie mit Maßnahmen konfrontiert werden, die »von einem anderen Stern« zu kommen scheinen, die sich jedoch irgendein Bürokrat hat einfallen lassen. Ich schlage Ihnen vor, dass Sie versuchen, Ihre Effizienz zu erhöhen, wenn Sie mit bürokratischen Verordnungen konfrontiert werden, dass Sie Ihre Sache so gut wie möglich machen, dass Sie Vorschläge unterbreiten, wie man das System verbessern könnte, und von jeglicher Hysterie Abstand nehmen.

Bekommen Sie es mit dem Bürokratismus zu tun, ist es wichtig, folgende Haltung einzunehmen: »Ich weiß, dass es für diesen Fall eine Lösung gibt, und ich weiß auch, dass wir eine finden werden.« Manche Ausnahmen sind schier unglaublich, es herrscht dann ein solches Durcheinander, dass es keinen Ausweg zu geben scheint, aber Gott sei Dank lässt sich in den meisten Fällen die Situation schließlich doch bereinigen, wenn Sie nur geduldig und beharrlich sind und sich nicht zu große Sorgen machen. Versuchen Sie die Sache mit Humor zu meistern und möglichst auch die Tatsache zu akzeptieren, dass Regeln und Verordnungen in unserer Gesellschaft durchaus ihren Platz haben; sie sind uns leider nur ein wenig entglitten.

Im vergangenen Jahr war ich zweimal mit der Bürokratie konfrontiert – nämlich mit der Zulassungsstelle und mit der Stadtverwaltung, die mir Auflagen wegen eines häuslichen Projekts machte. In beiden Fällen war für eine Weile von Logik und gesundem Menschenverstand keine Rede mehr. Ich fragte mich bloß noch, auf welchem Stern ich wohl lebte! Mittlerweile haben sich – meines Wissens – beide Probleme gelöst.

Und hier noch ein Lichtblick: Es gibt durchaus Menschen in all den Behörden, die nicht ins übliche Schema passen – Menschen, die flexibel und gern zu Diensten sind. Wenn Sie es mit der Bürokratie zu tun kriegen, versuchen Sie also, auf solche Leute zu stoßen – es gibt sie wirklich. Bei meinen letzten beiden Abenteuern bekam ich Unterstützung von überaus netten, einfühlsamen Mitarbeitern, die über sich selbst hinauswuchsen, um mir zu helfen. Und wissen Sie was? Die meisten Menschen, die in irgendwelchen Ämtern arbeiten, sind ebenso frustriert wie Sie und ich. Viele sind wirklich nett und das Opfer eines Klischees.

Bedenken Sie, dass auch Menschen, die für das Finanzamt arbeiten, Steuerzahler sind – und die meisten Mitarbeiter der Zulassungsstelle fahren vermutlich ein Auto. Es geht ihnen nicht anders: Auch ihnen bleibt es nicht erspart, sich mit der Bürokratie auseinander zu setzen. Daraus können wir nun also Folgendes lernen: Je besser Sie Haltung bewahren können und der Sache ihren angemessenen Stellenwert zuweisen, desto wahrscheinlicher ist es auch, dass Sie auf nette Leute treffen, die Ihnen behilflich sein wollen. Frustration macht alles nur schlimmer.

Dann zeigen sich die Bürokraten von ihrer schlimmsten Seite und halten an Bestimmungen fest, anstatt eine wirkliche Lösung zu finden.
Ich weiß, dass das ein vertracktes Thema ist – für mich auch. Aber es bleibt uns allen keine große Wahl. Ich habe über diesen Punkt viel nachgedacht und bin zu dem Schluss gekommen, dass es die Sache nicht wert ist, sich frustrieren zu lassen. Es ist viel besser, sich von der Bürokratie nicht mehr verrückt machen zu lassen.

10.

Bedenken Sie: »Wenn man tot ist, ist das schlecht fürs Geschäft.«

Vor vielen Jahren hatte mein Vater mit einer bemerkenswerten Organisation zu tun, die sich BENZ nennt, nämlich Business Executives for National Security. Eines ihrer Ziele bestand darin, Geschäftsleute von der Absurdität des Wettrüstens mit Atomwaffen zu überzeugen, und zwar sowohl was die finanzielle Belastung als auch was die unmittelbaren Gefahren für uns alle betraf. Ein Slogan dieser Organisation hat mir besonders gefallen: »Wenn man tot ist, ist das schlecht fürs Geschäft.« Auf humorvolle Weise wurde so verdeutlicht, was eigentlich sowieso auf der Hand liegt – wenn wir uns selbst in die Luft sprengen, kann keiner mehr florieren.

Wahrscheinlich ahnen Sie schon, worauf ich mit all dem hinauswill. Natürlich lässt sich diese scharfsinnige Metapher auch auf die Art und Weise übertragen, wie man mit sich und anderen umgeht – besonders im Bereich der Gesundheit. Der Ausspruch bewahrheitet sich, egal wie man ihn betrachtet: Wenn man tot ist, ist das schlecht fürs Geschäft.

Das stets zu bedenken hilft, allem seinen angemessenen Stellenwert zuzuweisen. Wenn Ihnen beispielsweise auffällt, dass Sie sagen: »Ich habe keine Zeit, Sport zu treiben«, dann sollten Sie eigentlich sagen: »Ich habe keine Zeit, *keinen* Sport zu treiben.« Setzen Sie nämlich Ihre Gesundheit und Ihr Wohlbefinden aufs Spiel, dann wird aus der Arbeit gleich gar nichts mehr. Langfristig gesehen kostet es erheblich weniger Zeit, auf sich und seine Gesundheit zu achten, als der eigenen Funktionsfähigkeit verlustig zu gehen.

Jim war ein Sozius in einer großen Kanzlei in New York. Obwohl er seine Familie überaus liebte, überforderte er sich beruflich enorm. Er ging früh aus dem Haus und kam spät zurück. Er reiste viel und stand unter Dauerstress. Seine Kinder wuchsen heran, wovon er wenig mitbekam. Es fehlte ihm an Schlaf und an sportlicher Betätigung. Einmal sagte er zu mir: »Richard, dieses Tempo bringt mich noch um.« Das Schlimmste war, dass sich kein Licht am Ende des Tunnels abzeichnete. Je wichtiger er für die Kanzlei wurde, desto größere Anforderungen wurden auch an seine Verfügbarkeit gestellt.

Zu einem bestimmten Zeitpunkt wurde dann alles zu viel. Nach eingehenden Überlegungen kam er zu dem Schluss, dass es ihm seine Arbeit bei aller Wichtigkeit doch nicht wert war, dafür zu sterben; ebenso wenig war sie es wert, die Gelegenheit zu verpassen, die eigenen Kinder heranwachsen zu sehen. Eine Veränderung tat Not. Jim verließ die Kanzlei und eröffnete seine eigene. Nie habe ich bei jemandem einen bedeutsameren Wechsel miterlebt. Vor nicht allzu langer Zeit sagte er zu mir: »Ich war noch nie so glücklich. Die Geschäfte gehen besser denn je und zum ersten Mal bin ich in der Lage, beachtlich viel Zeit mit Julie und den Kindern zu verbringen.« Obwohl er noch immer sehr hart arbeitet, hat er ein Gefühl für das richtige Maß entwickelt, das ihm gut tut. Hätte er seinen Weg weiter beschritten, wäre es mit seiner Gesundheit und seiner Zufriedenheit zweifelsohne bergab gegangen. Wie es scheint, hat er im wahrsten Sinne des Wortes begriffen, dass tot sein schlecht fürs Geschäft ist.

Natürlich ist nicht jeder in der Lage, eine derart dramatische und riskante Veränderung in seinem Leben herbeizuführen. Aber ist es nicht sinnvoll, sich gut zu ernähren, Sport zu treiben, sich ausreichend auszuruhen, positiv zu denken, sich regelmäßig vom Arzt untersuchen zu lassen und andere der Gesundheit dienliche Verhaltensweisen an den Tag zu legen? Unternimmt man nichts dergleichen, kommt es zwangsläufig zu gesundheitlichen Problemen, die langfristig gesehen auch noch enorm viel Zeit kosten; jede Erkältung oder Grippe bringt Sie um Tage produktiver Arbeitszeit. Wer weiß, wie viele Jahre Sie gewinnen, indem Sie sich einfach gut um sich kümmern?
Sobald Sie bedenken, dass »tot sein schlecht fürs Geschäft ist«, werden Sie vermutlich anfangen, besser für sich zu sorgen – körperlich wie auch seelisch. Sie fühlen sich dann wohler, sind glücklicher und leben vielleicht sogar länger. Außerdem brauchen Sie dann nicht mehr zu befürchten, dass Sie mit Ihrer Arbeit nicht Schritt halten können, weil Sie sogar produktiver werden und sich einem langen, erfüllten Berufsleben gegenübersehen. So bleiben Sie am Leben und bei bester Gesundheit. Das ist gut fürs Geschäft.

11.

Machen Sie das Beste aus einer Geschäftsreise

Für einige Geschäftsleute besteht selten die Verpflichtung, eine Reise zu unternehmen, ja oft ist das überhaupt nie der Fall. Diejenigen unter uns, die viel unterwegs sein müssen, wissen jedoch sehr wohl, welch ein Stress mit häufigem Reisen verbunden ist. Hetze, Verzögerungen und Stornierungen, lange Wartezeiten in geschlossenen Räumen, ungeduldige Menschenmassen, Flugangst, Leben aus dem Koffer, Jetlag, Schlafstörungen, Hotelessen und viele andere Faktoren sind schlichtweg ein notwendiges Übel.

Es gibt vermutlich keine befriedigende Lösung, was die ständigen Anforderungen angeht, die häufiges Reisen an einen stellt. Das Ganze laugt einfach aus. Einiges können wir jedoch durchaus tun, um jede Reise so angenehm wie nur möglich zu gestalten. Zunächst einmal schlage ich vor, dass Sie den Stewardessen und Stewards gegenüber mehr Freundlichkeit an den Tag legen. Man hat mir schon wiederholt gesagt, dass ich der netteste Passagier sei, mit dem der jeweilige Flugbegleiter es je zu tun gehabt hatte. Das beunruhigt mich etwas, da mir nämlich das Fliegen generell keinen Spaß macht und ich vermutlich auf der untersten Ebene auf der Skala meiner Freundlichkeit bin, sobald ich im Flugzeug sitze. Daraus ergibt sich der Umkehrschluss, dass die meisten von uns schrecklich unduldsam sind, wenn sie reisen. Versuchen Sie daran zu denken, dass Stewardessen und Stewards nicht nur fliegen müssen, um ihren Lebensunterhalt zu verdienen, sondern auch um die Sicherheit und Bequemlichkeit aller bemüht sind.

Ich habe herausgefunden, dass die Zeit viel schneller vergeht und die Flüge erheblich angenehmer sind, wenn ich mich besonders anstrenge, nett, höflich und aufmerksam zu sein und mich zu bedanken. Bin ich freundlich, sind die Flugbegleiter und -begleiterinnen es in der Regel auch. Sie geben sich die größte Mühe, mir meinen Flug so komfortabel wie nur möglich zu gestalten, und – es mag ja Einbildung sein –, aber ich glaube, die Stimmung der anderen Passagiere wird dann auch besser.

Verhalten Sie sich ebenso, wenn Sie wegen einer Fahrkarte oder Eintrittskarte Schlange stehen müssen. Sie werden erstaunt sein, wie viel zuvorkommender Sie behandelt werden, wenn Sie mit gutem Beispiel vorangehen. Ich wurde auf »mysteriöse Weise« schon in die Business Class oder First Class befördert, obwohl ich nur ein Economy Ticket hatte; oder ich bekam bei mehreren Gelegenheiten einen besonderen Sitzplatz oder gar einen Platz in einem eigentlich ausgebuchten Flieger, nur weil ich ganz offensichtlich der einzige Passagier in der Schlange war, der sich nicht beklagt oder dem Buchungspersonal das Leben schwer gemacht hat. Wenn man geschäftlich unterwegs ist, machen sich Einfühlungsvermögen und Geduld ungemein bezahlt.

Andere Dinge liegen natürlich eher auf der Hand: Versuchen Sie, im Flugzeug nicht zu viel zu essen. Manchmal lasse ich einfach eine Mahlzeit aus und ich bin dann immer froh darüber. Wenn Sie meinen, Alkohol trinken zu müssen, dann beschränken Sie die Menge auf ein Minimum. Essen und trinken Sie im Flugzeug nämlich zu viel – was in der Regel die meisten tun –, dann fühlen Sie sich erschöpft und lustlos.

Es wird dann erheblich problematischer für Sie, sich zu erholen, außerdem fällt es Ihnen schwerer, Ihr Gewicht unter Kontrolle zu halten.
Nehmen Sie sich nicht nur ein, sondern gleich mehrere gute Bücher mit. Wenn Sie im Flugzeug sitzen, kann Ihre Stimmung nämlich seltsame Wege gehen. Der Zeitpunkt ist günstig, um ein Buch zu lesen, das Sie normalerweise vielleicht nicht in Betracht ziehen würden. Oder nutzen Sie die Flugzeit, um einmal etwas Neues auszuprobieren: einen besonderen Roman zum Beispiel, oder ein Rätsel. Ich habe auch schon Leute gesehen, die im Flugzeug eine Fremdsprache gelernt haben. Sie kaufen sich einen Selbstlernkurs, schließen die Augen, entspannen sich und lernen. Ich habe mir sagen lassen, dass sie nach 150 000 Kilometern gut französisch oder spanisch sprechen!
Sie können die Zeit natürlich auch immer zum Arbeiten nutzen. Ich schätze, dass mindestens ein Viertel dieses Buches hier – allerdings nicht dieser Teil, den Sie gerade lesen – im Flugzeug verfasst wurde. Natürlich nicht immer, aber doch in vielen Fällen besteht die Möglichkeit, zeitraubende oder, wie bei mir, kreative Arbeit während eines Fluges zu erledigen. Wie schon erwähnt, fliege ich nicht gern. Ich bin inzwischen jedoch so weit gekommen, dass ich mich auf die Arbeit freue, die ich mit Sicherheit im Flieger erledigen kann.
Wenn Sie an Ihrem Ziel angelangt sind, versuchen Sie, jede Situation für sich zu nutzen. Haben Sie schon einmal mit dem Gedanken gespielt, Meditation zu lernen oder mit Yoga anzufangen? Wenn ja, welch einen besseren Ort könnte man sich vorstellen als die Einsamkeit eines ruhigen Hotelzimmers? Liegen Sie mit einer Arbeit im Rückstand? Prima, hier ist es still, nichts lenkt Sie ab. Versuchen Sie, ein bisschen Sport zu treiben, selbst wenn es nur auf dem Zimmer ist. Oder unternehmen Sie einen Spaziergang vor Ihren Konferenzen oder abends, wenn Sie ausge-

laugt und müde sind. Ich bin zu dem Schluss gekommen, dass Hotelzimmer sich auch hervorragend dafür eignen, mit alten Freunden Kontakt aufzunehmen. Ich habe nämlich selten, wenn überhaupt je Zeit, von zu Hause oder vom Büro aus jemanden anzurufen. Aber in einem Hotelzimmer kann ich mich hin und wieder in einen gemütlichen Sessel setzen und mit einem alten Freund telefonieren.
Ich denke, im Endeffekt läuft es auf Folgendes hinaus: Machen Sie das Beste aus einer Geschäftsreise. Seien Sie kreativ. Investieren Sie in sich selbst. Nutzen Sie die Situation für sich, anstatt sich über die Reise zu beklagen. Eines Tages, wenn Sie dann auf Ihr Berufsleben zurückblicken, werden Sie entweder sagen: »Meine Güte, musste ich viel reisen, das war wirklich ein Alptraum«, oder Sie sagen: »Meine Güte, musste ich viel reisen, aber das war schon ganz gut so; ich habe alles getan, um das Beste daraus zu machen.« In jedem Fall wird die Reiserei dann ein Ende gefunden haben. Der Unterschied liegt dabei nicht in der Anzahl der Tage begründet, die Sie unterwegs waren, oder in den Städten, die Sie besucht haben; ebenso wenig hat es etwas mit den Vielflieger-Meilen zu tun, die Sie angesammelt haben. Der Unterschied liegt rein in Ihrer Einstellung, in nichts sonst. Wenn Sie also das nächste Mal eine Geschäftsreise unternehmen, machen Sie das Beste daraus – und einen guten Flug auch!

12.

Zünden Sie eine Kerze an, anstatt die Dunkelheit zu verfluchen

Das ist eine Strategie für ein besseres Leben, die mir schon seit Jahren vertraut ist. Und auch wenn ich bisweilen vergesse, diese Weisheit in die Tat umzusetzen, versuche ich doch, wann immer möglich, mich ihrer zu erinnern. Der Denkansatz ist überaus simpel und zuverlässig – und wird dennoch oft übersehen. Wie die Überschrift dieses Kapitels schon sagt, beinhaltet diese Strategie positive, lösungsorientierte Schritte – wie klein sie auch sein mögen – in Richtung auf die Verbesserung einer Situation zu unternehmen, anstatt sich darüber zu beklagen, was alles nicht so gut läuft. Man ist aktiv um eine Lösung bemüht und verschärft das Problem nicht noch zusätzlich, indem man sich ständig passiv daran erinnert. Ich bin zu dem Schluss gekommen, dass der Beruf das ideale Umfeld ist, um diese Philosophie zu praktizieren.

Wenn wir arbeiten, geraten wir leicht in die Falle und verschwenden unsere Zeit und Energie darauf, uns die Ungerechtigkeiten dieser Welt bewusst zu machen und uns zu beklagen – wie alles eben ist, die Wirtschaft, negative Menschen, Veränderungen in der Industrie, mangelndes Einfühlungsvermögen, die Bürokratie und so weiter. Wollen wir beweisen, dass die Welt voller Probleme steckt, müssen wir sicher nicht lange suchen.

Bei genauerer Betrachtung wird Ihnen bestimmt auffallen, dass Ihr Stress nur zunimmt, wenn Sie in der Arbeit mit anderen über Ihre Schwierigkeiten schimpfen und übermäßig viel darüber nachdenken; auf diese Weise wird es Ihnen fast unmöglich, etwas an dem zu verändern, das Ihnen Sorgen bereitet. Indem wir uns auf das Problem konzentrieren und es mit anderen besprechen, kann sich unsere Annahme, dass das Leben kompliziert und stressig sei, nur bestätigen – was ja durchaus auch der Fall sein kann. Richten wir unser Augenmerk zu sehr auf das, was uns nicht passt, fallen uns auch noch andere Dinge auf, mit denen wir nicht einverstanden sind oder von denen wir uns wünschten, dass sie anders wären, wodurch dann ein Gefühl von Entmutigung oder Überforderung entstehen kann.

Es ist jedoch interessant zu sehen, dass Sie in vielen Fällen das Problem nicht nur abschwächen, sondern Ihren Stress sogar reduzieren können, indem Sie den Entschluss fassen, »eine Kerze anzuzünden«. Mit einfachen Worten: Sie unternehmen einen konstruktiven Schritt in Richtung Verbesserung eines Stressfaktors. Das bedeutet, dass Sie das Hauptgewicht auf die aktive Lösung des jeweiligen Problems legen und es nicht »verfluchen«.

Stellen Sie sich beispielsweise einmal vor, dass Klatsch und üble Nachrede an Ihrem Arbeitsplatz ein Problem darstellen. Anstatt nun mit Ärger und Frustration auf diese schlechte Angewohnheit zu reagieren, versuchen Sie, das Übel wenigstens im Kleinen zu beheben. Trommeln Sie ein paar Kollegen zusammen und bringen Sie das Thema vorsichtig aufs Tapet. Aber anstatt jemanden zu beschuldigen, konzentrieren Sie sich auf Ihren eigenen Beitrag. Geben Sie zu, dass Sie sich ebenso wie alle anderen schuldig machen, am gelegentlichen Klatsch teilzuhaben, und tun Sie kund, dass Sie sich darum bemühen wollen, es in Zukunft zu unterlassen. Fordern Sie die anderen auf, sich an Ihrem Verhalten ein Beispiel zu nehmen. Formulieren Sie diese Aufforderung locker und ohne jegliche Drohung. Konzentrieren Sie sich auf die positiven Auswirkungen, die weniger Klatsch mit sich bringt – freundlichere Gefühle füreinander, weniger Stress und dass man sich nicht mehr so viele Gedanken darüber machen muss, was andere über einen reden. In vielen Fällen werden Ihre Arbeitskollegen die Gelegenheit gern beim Schopf packen und Ihrem Vorschlag folgen – nur, weil Sie mit gutem Beispiel vorangegangen sind. Und wenn nicht, dann haben Sie zumindest einen positiven Schritt getan, um eine ungute Angewohnheit an Ihrem Arbeitsplatz etwas zu verbessern. Ihr Verhalten ist also in jedem Fall ein Gewinn!

Sarah habe ich in der Zulassungsstelle kennen gelernt. Sie war die netteste Mitarbeiterin, mit der ich je in diesem Bereich zu tun hatte. Die Leute, die an ihrem Schalter anstehen mussten, lächelten alle und zogen dann zufrieden von dannen. Es ging zügig voran, Sarah war freundlich, höflich und effizient. Ich konnte einfach nicht anders, als sie fragen, worin ihr Geheimnis bestand. Sie antwortete mir Folgendes: »Jahrelang habe ich Kunden durch die Ausrede verprellt, das gehöre nicht zu meinem Ressort. In Wirklichkeit wusste ich jedoch in der Regel die Antwort auf die Fragen, die man mir gestellt hatte, und hätte in den meisten Fällen erheblich mehr zu Diensten sein können. Jeder, der hier Schlange stand, war entweder wütend auf mich oder fühlte sich von meiner bürokratischen Einstellung abgestoßen. Irgendwann einmal hatte ich dann von meiner eigenen Sauertöpfigkeit die Nase voll und beschloss, mich zu ändern. Jetzt helfe ich den Leuten weiter, wann immer es mir möglich ist, anstatt sie zusätzlich zu verärgern, indem ich sie zwinge, sich noch woanders anzustellen. Alles ist jetzt anders. Die meisten

Menschen schätzen mich; ich habe ein besseres Selbstgefühl und meine Arbeit macht mir viel mehr Freude.«
Sehen Sie, wie einfach es ist, eine Kerze anzuzünden?

13.

Treten Sie meinem neuen Klub bei, dem »GSDIH«

Bis jetzt bestand die Geschäftswelt primär aus zwei Klubs. Der bei weitem beliebteste war der »GSDIF Klub«, oder: Gott sei Dank ist Freitag. Mitglieder dieses Klubs richten ihr Hauptaugenmerk auf das Wochenende; sie warten, denken und freuen sich nur auf den Freitag, damit sie endlich weg von der Arbeit kommen. Die meisten Mitglieder stehen unter enormem Stress, weil nur zwei Tage in der Woche positiv besetzt sind. Oft wird sogar der Sonntag noch als stressig betrachtet, weil ja am nächsten Tag schon wieder die Arbeit beginnt.

Der andere Klub im Geschäftsleben ist erheblich kleiner, dennoch sind seine Mitglieder in gewisser Weise engagierter. Dieser Klub heißt »GSDIM«, sprich: Gott sei Dank ist Montag. Die Mitglieder bestehen in der Regel aus Workaholics, die Wochenenden nicht ausstehen können, weil sie da ja nicht zur Arbeit gehen können; sie sind ebenfalls enorm gestresst; fünf Tage pro Woche sind sie mit ihrem Beruf beschäftigt, doch dann kommt immer dieses verfluchte Wochenende! Der schwierigste Tag der Woche ist für sie in der Regel der Freitag, weil sie danach zwei Tage nicht in die Firma gehen können. Oft versuchen sie, auch am Wochenende zu arbeiten, doch da kommen ihnen familiäre Verpflichtungen in die Quere. Es erübrigt sich eigentlich zu sagen, dass die Mitglieder beider Klubs die jeweils anderen für komplett verrückt halten.

Ich möchte Sie nun einladen, einem anderen Klub beizutreten. Ich hoffe, dass wir alle zusammen eine Mitgliedschaft von hundert Prozent erreichen. Es würde mir sogar Spaß machen, die beiden anderen Klubs komplett aus der Geschäftswelt zu verdrängen. Dieser neue Klub heißt »GSDIH«: Gott sei Dank ist heute. Die Mitglieder dieses Klubs sind sieben Tage in der Woche glücklich und zufrieden, weil sie erkannt haben, dass jeder Tag einzigartig ist und jeder ein anderes Geschenk mit sich bringt. Sie empfinden Dankbarkeit für ihr Leben, erfreuen sich an ihren vielen Errungenschaften und erwarten, dass jedes Heute voller Wunder, Überraschungen und Chancen ist.

Man muss keine weiteren Qualifikationen haben, um dem »GSDIH« beizutreten, als den Wunsch nach einer besseren Lebensqualität sowie die Einstellung, jeden neuen Tag zu schätzen und ihn nicht zu fürchten. Die Mitglieder wissen, dass es den Montagen egal ist, ob Sie sie mögen oder nicht – Montage sind und bleiben eben Montage. Gleichermaßen fällt eben jeder siebte Tag auf einen Freitag, ob es einem nun passt oder nicht. Es liegt an jedem Einzelnen von uns, jeden Tag zu etwas Besonderem zu machen. Man kann sich noch so sehr wünschen, dass es anders wäre, nie wird sich das Geringste ändern.

Es liegt auf der Hand, dass allein schon Ihr Wunsch, diesem neuen Klub beizutreten, eine grundlegende Veränderung nicht nur in Ihrer Arbeitsauffassung bewirken kann, sondern sogar in Ihrer gesamten Lebenseinstellung. Überlegen Sie sich doch einmal Folgendes: Wenn Sie jeden Tag der Woche mit dem Gedanken erwachen: »Ich freue mich, dass heute ist. Ich will diesen Tag so positiv und wunderbar wie nur möglich gestalten«, dann werden Sie mit Erstaunen feststellen, wie viel weniger gestresst Sie sind. Diese simple Veränderung der inneren Haltung bewirkt, dass Sie Ihre Arbeit und das Leben als solches langfristig als etwas Positives erfahren können.

14.

Lassen Sie sich von Ihrem fordernden Chef nicht verrückt machen

Ich schätze, dass ein hoher Prozentsatz der Erwachsenen, die ich kenne, entweder für einen fordernden Chef arbeiten oder zumindest schon einmal für einen tätig waren. Für die meisten Menschen, die im Beruf stehen, gehören fordernde Chefs zum Leben wie Termine, Steuern und Finanzen. Selbst wenn Sie nicht wirklich *für* jemanden arbeiten, der diesen Wesenszug hat, haben Sie es vielleicht mit fordernden Arbeitskollegen zu tun oder fordernden Kunden, die Sie irgendwie zufrieden stellen möchten.

Wie bei allem, gibt es auch hier zwei Möglichkeiten, mit einem fordernden Chef umzugehen. Wir können uns – was wohl die meisten tun – über ihn beklagen, hinter seinem Rücken über ihn herziehen, uns wünschen, dass er doch verschwinden möge, heimlich in unserer Phantasie gegen ihn Intrigen spinnen, ihm Böses wünschen – und uns ob dieser Situation ewig gestresst fühlen. Oder wir können einen anderen Weg wählen und versuchen – wenn es oft auch schwer fällt –, uns auf die positiven Aspekte dieser Forderungen stellenden Person zu konzentrieren.

Es bereitete mir große Schwierigkeiten, mir diesen Ansatz zu Eigen zu machen, da ich es schon immer gehasst habe, wenn man mich wegen etwas unter Druck setzt. Nachdem ich in meiner Laufbahn aber wiederholt mit solchen penetranten Persönlichkeiten zu tun hatte, sind mir schließlich einige wichtige Dinge bewusst geworden.

Die erste Entschuldigung, die mir hinsichtlich fordernder Menschen in den Sinn kommt, ist, dass sie, generell gesehen, mit allen so umgehen. Anders ausgedrückt: Es ist nichts Persönliches. Bevor mir das klar wurde, nahm ich wie so viele prinzipiell an, dass Herr oder Frau Forderung mir »an den Karren fahren wollte«. Ich bezog das fordernde Verhalten auf meine Person und fühlte mich unter Druck gesetzt. Dann verstärkte ich das Problem noch, indem ich über die jeweiligen versteckten Motive nachgrübelte und gab mir schließlich in Gedanken das Recht, verärgert zu sein. Ich bin abends nach Hause gefahren und habe meiner Frau Kris etwas vorgejammert, die derartige Geschichten schon zigmal von mir zu hören bekommen hatte.

Das alles änderte sich, als ich spürte, dass hinter all diesen Forderungen keine böse Absicht lag. Anders ausgedrückt: Mir fiel auf, dass er oder sie einfach nicht anders konnte – diese Menschen waren Gefangene ihrer eigenen Rolle. Natürlich änderte das nichts daran, dass ich lieber mit weniger fordernden Leuten zusammenarbeitete, aber es fiel mir leichter, die Situation zu akzeptieren, wenn dies einmal nicht möglich war.

Vor einigen Jahren schrieb ich an einem Buch und war gezwungen, mit einem überaus fordernden Lektor zu arbeiten. Er machte mir mit seiner ständigen Kritik und seinem Gedrängle das Leben schwer. Da stellte mir eine Freundin folgende Frage: »Ist dir eigentlich schon einmal aufgefallen, dass die meisten Menschen, die Forderungen stellen, einem zwar oft Unannehmlichkeiten bereiten, einem so aber auch helfen, sich weiterzuentwickeln?« Bis dahin war mir nicht bewusst gewesen, dass das stimmte. Wenn ich heute auf meine Karriere zurückblicke, ist mir jedoch klar, dass fordernde Menschen oft meine besten Eigenschaften zu Tage gebracht haben. Alles – von meinem Schreibstil über meine Fähigkeit, einen Computer zu benutzen und mich generell der Technik zu bedienen, bis hin zu meinem Vermögen, öffentliche Vorträge zu halten – wurde durch meine Kontakte mit fordernden, ja sogar unangenehm penetranten Menschen erst möglich.

Suzanne arbeitete einmal für jemanden, den man wohl nur als kompletten Spinner bezeichnen kann. Sie beschrieb ihn als »einen Menschen, der aus reinem Spaß an der Freude Forderungen stellt«. Er schien ein perverses Machtgefühl zu verspüren, wenn er Leute herumkommandierte. Im Gegensatz zu Suzanne hatten die anderen im Büro entweder Angst vor diesem fordernden Chef oder sie reagierten verärgert. Aus irgendeinem Grund war Suzanne jedoch so klug, sein riesiges Ego und sein unausstehliches Verhalten zu durchschauen. Wann immer möglich versuchte sie, die Sache mit Humor zu nehmen; und anstatt den Mann zu hassen, wollte sie lieber von seinen Fähigkeiten lernen, als sich auf seine Fehler zu konzentrieren. So machte sie enorme Fortschritte. Es dauerte nicht lang, bis ihr Chef ihre Gabe, in einer widrigen Umgebung ruhig zu bleiben, bemerkte und sie beförderte; Suzanne bekam eine interessantere Aufgabe in einer anderen Abteilung.

Mir bewusst zu machen, dass es, was fordernde Menschen betrifft, zwei Aspekte gibt – nämlich einen positiven und einen negativen – hat mir mein Leben, vor allem im Beruf, viel einfacher gemacht. Während ich mich früher in die Enge getrieben und unter Druck gesetzt gefühlt habe, begegne ich diesen Menschen heute auf völlig andere Weise. Ich bin offen für das, was ich vielleicht von ihnen lernen kann, und ich nehme ihr Verhalten nicht persönlich. Seitdem ist etwas Beachtliches passiert. Da ich so viel weniger feindselig eingestellt bin als früher und mich nicht mehr so oft verteidige, kommen mir die fordernden Personen, mit denen ich beruflich Kontakt habe, erheblich umgänglicher vor. Ich weiß jetzt, dass meine Überreaktion auf Menschen, die Forderungen stellen, viel mit meinen eigenen Schwierigkeiten zu tun hatte, mit ihnen angemessen umzugehen. Wie so oft, seit ich mich weiterentwickelt und offen geworden bin für meinen Beitrag an dem jeweiligen Problem, bin ich belohnt worden, indem mein Leben leichter wurde. Ich will forderndes Verhalten jetzt keineswegs verteidigen, ich betrachte es weiterhin als negatives, ja abstoßendes Persönlichkeitsmerkmal. Ich habe jedoch gelernt, lockerer damit umzugehen und kein Problem darin zu sehen. Vielleicht können Sie es ja ebenso halten.

15.

Vergessen Sie nie, andere zu würdigen

Mir fällt spontan nicht ein Mensch ein, der sich nicht gerne gewürdigt und anerkannt wüsste. Die Kehrseite ist, dass die meisten von uns mit Verärgerung reagieren oder gekränkt sind, wenn man sie nicht schätzt. Insofern bietet diese Strategie also eigentlich nichts nennenswert Neues.

Man kann andere in vielerlei Hinsicht anerkennen. Wenn Sie jemand anruft, würdigen Sie das Telefonat. Schickt Ihnen jemand etwas, denken Sie daran, sich auch zu bedanken, oder nehmen Sie sich die Zeit, einen kurzen Brief zu schreiben. Macht jemand seine Arbeit gut, sagen Sie ihm das. Entschuldigt sich jemand bei Ihnen, wissen Sie auch das zu schätzen. Es ist überaus wichtig, freundliche Gesten anzuerkennen – auf diese Weise wird der Effekt noch verstärkt und das Gegenüber zu mehr motiviert. Wir profitieren alle davon. Die meisten mögen es, wenn man sie schätzt. Wir freuen uns, wenn man uns zurückruft, wenn man uns mitteilt, dass unsere Leistung gut ist, wenn man uns dankt, weil wir so hart arbeiten, wenn man unsere Kreativität würdigt, wenn man uns sagt, dass wir etwas Besonderes sind.

An die fünfzig Personen unterstehen Dennis, der eine große Abteilung eines Versicherungsunternehmens leitet. Dennis hielt früher immer alles für selbstverständlich. Wörtlich sagte er einmal zu mir: »Meine Philosophie war, dass die Leute froh sein sollten, dass sie überhaupt einen Job hatten. Wenn jemand gut arbeitete, bekam er eben einen Scheck mehr zur Belohnung.« Ich ermunterte ihn damals, etwas einfühlsamer und großzügiger zu denken und seine Definition von Anerkennung zu revidieren. Es dauerte eine Weile, aber schließlich gelang es ihm dann, und zwar auf ernsthafte und aufrichtige Weise.

Blickt er heute zurück, kann er kaum glauben, wie er sich früher verhalten hat. Er sagte zu mir: »Jeder, der für mich gearbeitet hat, hatte Angst und war unsicher, keiner fühlte sich anerkannt. Heute bemühe ich mich immer, eine gute Leistung auch zu würdigen. Ich sehe, welch enormen Unterschied das macht. Meine Mitarbeiter sind lockerer, zufriedener, weniger abweisend und loyaler denn je. Es dauert vielleicht noch ein bisschen, aber ich habe das Gefühl, dass die Leute mir langsam verzeihen. Ich habe gelernt, dass ich meine Mitarbeiter ebenso brauche wie sie mich.«

Wir sollten andere anerkennen, und zwar nicht nur, weil wir eine Gegenleistung erwarten, sondern weil dieses Verhalten schlichtweg richtig ist – weil die anderen sich dann wohl fühlen. Ich kann Ihnen allerdings sagen, dass »das Richtige zu tun« sich auch als wirklich vorteilhaft für Sie erweist. Es lässt sich schwer mit Zahlen belegen, aber jemanden zu würdigen hat sowohl bei meinem beruflichen Erfolg als auch für mich als Mensch eine wichtige Rolle gespielt. Ich habe Hunderte von Dankesbriefen geschrieben und Tausende von Telefonaten geführt, nur um das Tun anderer zu würdigen. Ich weiß, dass ich hin und wieder Ausfälle habe, aber meine Absicht ist es, jedem meine Anerkennung zuteil werden zu lassen, wenn es angemessen ist. Immer wieder hat man mich gelobt und mir gedankt, weil ich »der Einzige war, der

sich die Zeit genommen hat, seiner Wertschätzung Ausdruck zu verleihen«.
Die Menschen vergessen nicht, wenn man sie anerkannt hat, und sie wissen es zu schätzen. Wollen Sie, dass jemand Ihnen einen Gefallen erweist oder einen Rat erteilt, kann Ihnen die Tatsache, dass Sie sich einmal die Mühe gemacht haben, jemandem Ihre Hochachtung auszudrücken, oft zum Vorteil gereichen. Die anderen wollen Ihnen dann gerne helfen und wünschen Ihnen Erfolg. Außerdem sind Menschen, denen man seine aufrichtige und liebevolle Anerkennung mitgeteilt hat, auch bereit zu vergeben. Sie sehen dann über Ihre Irrtümer und Fehler hinweg und verzeihen Ihnen großzügig. Es erübrigt sich eigentlich zu sagen, dass all das Ihr Leben einfacher und weniger stressig macht.
Denken Sie also einmal darüber nach. Hat jemand in Ihrem beruflichen Umfeld Ihre Anerkennung verdient? Wenn ja, worauf warten Sie noch?

16.

Lassen Sie niemanden warten

Eine Methode, meinen eigenen Stress in den Griff zu kriegen, ist, möglichst die schlechte Angewohnheit zu vermeiden, andere warten zu lassen. Zeit ist für jeden wertvoll. Ich habe festgestellt, dass fast alle das Gefühl haben, dass Zeit mit das höchste Gut darstellt. Somit ist es eine der sichersten Methoden, jemanden zu verärgern, wenn man ihn warten lässt; es signalisiert Missachtung und mangelnde Wertschätzung. Als unterschwellige Botschaft teilt sich dann nämlich mit: »Meine Zeit ist wichtiger als deine.« Überlegen Sie sich einmal, welches Gewicht dieser Annahme zukommt. Haben Sie den Eindruck, dass die Zeit von jemand anderem wertvoller ist als die Ihre? Da habe ich meine Zweifel. Liegt es dann nicht nahe, dass es den anderen ebenso geht?

Tief im Innern wissen wir alle sehr wohl, dass niemand gerne wartet. Es stellt deshalb für einen selbst einen Stressfaktor dar, jemanden warten zu lassen, da uns ja bekannt ist, dass wir den anderen enttäuschen. Es ist uns durchaus bewusst, dass diese Person nun ständig auf die Uhr sieht, sich überlegt, wo wir stecken und warum wir wohl zu spät kommen. Außerdem halten wir denjenigen auf diese Weise vielleicht gerade von einer privaten oder beruflichen Verpflichtung ab und das führt zu Ärger und Groll.

Natürlich bestätigen Ausnahmen die Regel – es kann selbstverständlich etwas eintreten, das sich Ihrer Einflussnahme entzieht, und dann können Sie wirklich nicht pünktlich sein. Das kann uns allen passieren, davor ist niemand gefeit. Man muss jedoch ehrlicherweise zugeben, dass es sich die meiste Zeit vermeiden lässt, zu spät zu kommen. Doch anstatt vorauszuplanen und etwas Spielraum für unerwartete Widrigkeiten zu lassen, warten wir oft einfach etwas zu lang ab oder bemessen die Zeit zu knapp und so verspäten wir uns eben. Dann verstärken wir das Problem oft noch durch Ausreden wie: »Der Verkehr war fürchterlich«, wobei der Verkehr doch eigentlich immer gleich schlimm ist. Das Problem war nicht der Verkehr, sondern die Tatsache, dass wir trotz des Verkehrs nicht ausreichend Zeit eingeplant hatten. Hinzu kommt, dass, ganz egal, ob es nun am Verkehr lag oder ob Sie einfach zu spät losgefahren sind, sich Ihr Gegenüber davon nicht beeindrucken lässt und sich eigentlich auch nicht dafür interessiert. Es mag ja ungerecht sein, aber bisweilen wird Ihre Arbeitsleistung oder etwas anderes Positives allein durch die Tatsache überschattet, dass Sie zu spät kommen.

Ich würde die negativen Auswirkungen nicht unterschätzen, die es hat, wenn man jemanden warten lässt. Manche Leute macht das total verrückt. Und selbst wenn sie Ihnen gegenüber ihrer Frustration nicht offen Ausdruck verleihen, kann er sich später anderweitig bemerkbar machen: indem man Sie beispielsweise nicht ernst nimmt, den Umgang mit Ihnen meidet, man Ihnen wenig Respekt erweist, man lieber die Zeit mit jemand anderem verbringt, zu Verabredungen mit Ihnen dann auch zu spät kommt – oder irgendeine andere Art der Vergeltung übt.

Und selbst wenn Sie von den Auswirkungen Ihres Zuspätkommens unberührt bleiben, schafft dieses Verhalten auch enormen Stress in Ihrem eigenen Leben. Sind Sie zu spät dran, müssen Sie sich hetzen. Sie sind in Eile und können mit Ihrem Terminplan nicht Schritt halten. Es ist schwierig, sich auf den gegenwärtigen Augenblick zu konzentrieren, weil Sie sich mit dem Grund für Ihr Zuspätkommen auseinander setzen müssen. Ihr Kopf ist voll von stressigen Gedanken wie: »Welche Konsequenzen könnte das haben?« oder: »Jetzt ist mir das schon wieder passiert.« Oder Sie könnten zu hart mich sich ins Gericht gehen und Überlegungen anstellen wie: »Warum bin ich bloß immer zu spät dran?«

Sind Sie pünktlich, vermeiden Sie logischerweise all diesen Stress. Selbst wenn niemand explizit etwas sagt, wissen die Leute es doch zu schätzen, wenn man sie nicht warten lässt. Sie haben dann keinerlei Grund, Ihretwegen verärgert zu sein oder zu denken, dass Sie ihre Zeit nicht würdigen. Sie reden nicht hinter Ihrem Rücken über Sie und Sie geraten nicht in den Ruf, ein ewiger Zuspätkommer zu sein. Sie müssen sich dann nicht mehr hetzen und können sich etwas entspannen, da Ihnen ja mehr Zeit zum Nachdenken bleibt.

Einige meiner besten Einfälle hatte ich oft zwischen Terminen, wenn ich ein paar ruhige Minuten für mich hatte. Ohne Eile kamen mir sowohl Problemlösungen in den Sinn wie auch Ideen für ein Buch oder einen Vortrag, der anstand. Es ist mir völlig klar, dass derartige Geistesblitze wohl im Keim erstickt worden wären, wenn ich mich hätte hetzen müssen, weil ich zu spät dran war.

Ich habe viele Menschen kennen gelernt, die zugegeben haben, dass sie andere haben warten lassen – und die gesehen haben, dass ihr Leben eine Wende zum Besseren genommen hat, seit sie diese überaus einfache, doch höfliche Strategie in die Tat umsetzen. Vielleicht kann sie ja auch Ihnen helfen.

17.

Schlagen Sie eine Brücke zwischen Ihrer Spiritualität und Ihrer Arbeit

Auf meinen Vorschlag hin, die Spiritualität mehr in das Leben eines jeden einzubinden, bekam ich oft zu hören: »Das wäre mir schon sehr recht, aber ich bin viel zu beschäftigt; ich muss arbeiten.« Wenn Ihnen das bekannt vorkommt, mag Ihnen diese Strategie weiterhelfen.

Eine Brücke zwischen Ihrer Spiritualität und Ihrer Arbeit zu schlagen bedeutet, dass Sie den Kern Ihres Wesens und Ihre Überzeugungen in den Arbeitsalltag integrieren. Sie lösen die Trennung auf, die so oft zwischen Ihrem spirituellen Leben und dem besteht, womit Sie Ihren Lebensunterhalt bestreiten. Wenn also Freundlichkeit, Geduld, Ehrlichkeit und Großzügigkeit spirituelle Qualitäten sind, an die Sie glauben, dann lassen Sie nichts unversucht, eben diese Qualitäten auch in Ihrem Beruf umzusetzen. Sie behandeln andere freundlich und respektvoll. Kommt jemand zu spät oder macht einen Fehler, versuchen Sie, geduldig zu sein. Selbst wenn es in Ihren Aufgabenbereich fällt, andere zu maßregeln, so tun Sie das mit Einfühlungsvermögen und Achtung. Sie sind so großzügig, wie nur möglich, und zwar mit Ihrer Zeit, Ihrem Geld, Ihren Ideen und Ihrer Zuwendung.

In gewisser Weise ist der Arbeitsplatz das perfekte Umfeld für Spiritualität. Tagtäglich ergeben sich so viele Gelegenheiten, sich in Geduld,

Freundlichkeit und Nachsicht zu üben. Sie haben Zeit, sich einfühlsame Gedanken zu machen, zu lächeln, andere zu umarmen und sich großzügig zu zeigen. Sie können daran arbeiten, ausgeglichen und ein besserer Zuhörer zu werden. Sie haben die Möglichkeit zu versuchen, besonders schwierigen und aggressiven Leuten gegenüber Mitgefühl walten zu lassen. Sie können Ihre Spiritualität bei eigentlich allem praktizieren, was Sie tun. Sie offenbart sich in der Art, wie Sie andere grüßen und wie Sie mit Konflikten umgehen. Sie können sie zeigen, indem Sie ein Produkt oder eine Dienstleistung auf eine bestimmte Weise verkaufen – oder wie Sie Ethik und Profit im Gleichgewicht halten. Spiritualität findet sich einfach überall.

Grace ist Literaturagentin. Sie hat – aus meiner Sicht – diese Brücke sehr gut geschlagen. Sie beschreibt ihre spirituelle Philosophie als »Gewaltlosigkeit, Integrität und Liebe für alle Geschöpfe«. Ich habe noch keinen Vorfall miterlebt, da sie ihr Programm nicht in die Tat umgesetzt hätte. Sie lehnt Bücher und auch andere Projekte ab, wenn sie mit ihren Wertvorstellungen nicht konform gehen, und zwar sogar dann, wenn das finanzielle Einbußen bedeutet. Ich habe selbst gesehen, wie sie einmal ein Angebot ausschlug, weil es ethisch zweifelhaft war. Grace hat mir mehr als einmal gesagt, dass sie sich nie gemein machen würde, nur um Geld zu verdienen. »Ich kann immer mit Stolz in den Spiegel blicken, wohl wissend, dass ich ein Mensch bin, dem man vertrauen kann.« Ich weiß, dass sie ein gutes Selbstgefühl hat, was ja auch richtig so ist. Es ist mir eine Ehre, zu ihrem Bekanntenkreis zu zählen, da sie der Typ Mensch ist, den ich bewundere und in dessen Gesellschaft ich mich gerne aufhalte.

Es hat etwas wirklich Tröstliches, eine spirituelle Brücke zu schlagen. Sie werden so an eine höhere Bestimmung erinnert. Ihre Probleme und

Sorgen werden auf diese Weise in einen übergeordneten Zusammenhang gestellt. Sie können aus Ihren schwierigen Erfahrungen lernen, anstatt die Hoffnung zu verlieren. Selbst wenn Sie gezwungen sind, etwas schrecklich Schwieriges zu tun, wie beispielsweise jemanden zu entlassen, dann vergessen Sie dabei Ihre Menschlichkeit nicht. Oder wenn Sie selbst entlassen werden oder mit einem furchtbaren Tiefschlag oder einer Notsituation konfrontiert sind, dann gibt es etwas in Ihnen, das weiß, dass alles seinen Grund hat. Dieser Glaube hilft Ihnen, schwere Zeiten durchzustehen; er gibt Ihnen Vertrauen in ein größeres Ganzes. Natürlich bedeutet das nicht, dass schwierige Zeiten dadurch einfach werden – aber etwas besser zu handhaben vielleicht schon.

Einer der angenehmsten Nebeneffekte, den Menschen verspüren, wenn sie eine Brücke zwischen ihrer Spiritualität und ihrer Arbeit schlagen, ist, dass sie sich wegen Kleinigkeiten nicht mehr verrückt machen lassen und nicht mehr in allem ein Problem sehen. Was uns früher noch in den Wahnsinn getrieben hat, erscheint uns heute völlig bedeutungslos. Sie sind dann in der Lage, mit allem spielend fertig zu werden, sich weiterzuentwickeln und trotzdem in sich selbst zu ruhen.

Um es auf den Punkt zu bringen: Spiritualität im Beruf hilft Ihnen, noch erfolgreicher zu werden, als Sie es ohnehin schon sind. Ich kann mir deshalb kaum etwas Wichtigeres vorstellen, als eine Brücke zu schlagen zwischen der Spiritualität und der Arbeit. Und Sie?

18.

Verschönern Sie Ihr Arbeitsumfeld

Wenn ich in diesem Buch doch nur ein Foto von meinem Büro bringen könnte! Es ist hell, einladend, freundlich und friedvoll. Eigentlich hat es eine so positive Ausstrahlung, dass es fast schon unmöglich ist, deprimiert zu sein, während man dort arbeitet. Die meisten Menschen, die mich in meiner Praxis aufsuchen, verlieben sich auf der Stelle in die Räumlichkeiten und behaupten beim Gehen, dass sie sich viel besser fühlen. Ich kann Ihnen jedoch versichern, dass mein Büro in keiner Weise übertrieben und sicher auch nicht teuer eingerichtet ist.

Es enthält ein Aquarium mit tropischen Fischen, Fotos von meiner Frau und meinen Töchtern sowie ein paar hübsche Bilder, die mir meine Kinder gemalt haben. Diese Bilder sind gerahmt und werden alle paar Monate gegen neue ausgetauscht. Die ersetzten Bilder werfe ich natürlich nicht weg, sondern sammle sie in einer Mappe, die zur Ansicht ausliegt. Jede Woche bringe ich ein paar frische Schnittblumen mit ins Büro und stelle sie ins Wasser. Sie sind wunderschön und duften herrlich. Mein Bücherregal ist mit meinen Lieblingsbüchern gefüllt und ich blicke auf ein Vogelhäuschen, in dem reger Betrieb herrscht. Meine Kinder waren so nett, mir ein paar Stofftiere zu überlassen, und die sitzen jetzt stolz auf einem Regal und leisten mir Gesellschaft. Mein Liebling ist ein lila Nilpferd namens Happy.

Ich weiß, dass es vielen Leuten nicht gestattet ist, ihr Büro in eine »Glückszentrale« zu verwandeln. Und ich bin mir durchaus bewusst, dass mein Büro für mich genau das Richtige ist, für jemand anderen jedoch keineswegs passend wäre. Das ist schön und gut. Wenn ich aber den Arbeitsplatz mancher Leute betrete, ist mein erster Gedanke: »Kein Wunder, dass dieser Mensch sich so gestresst fühlt.« Viele Büros und Arbeitszimmer sind schlichtweg deprimierend. Sie sind öde, langweilig, dunkel und es fehlt ihnen an jeglicher Kreativität. Manchen mangelt es an Zeichen von Lebendigkeit, von Glück, von Dankbarkeit, persönlichem Umfeld und Natur.

Gestalten Sie Ihren Arbeitsplatz freundlicher, entledigt Sie das natürlich nicht jeglichen Stresses, auch ist es nicht der wichtigste Aspekt bei der Überwindung der Tendenz, sich im Job verrückt zu machen und in allem ein Problem zu sehen. Aber schließlich verbringen Sie enorm viele Stunden an Ihrem Arbeitsplatz. Warum also nicht etwas Zeit, Energie und Geld darauf verwenden, um alles ein bisschen freundlicher gestalten?

Als ich mein Büro bezogen habe, lag da ein dünner, dunkler, hässlicher Teppich. Für ein paar hundert Dollar habe ich einen schönen neuen Teppich angeschafft, der wirklich hübsch aussieht und auf dem zu gehen einem ein gutes Gefühl gibt. Bleibe ich nur fünf Jahre im gleichen Büro, beläuft sich diese Ausgabe auf ein paar Cents am Tag. Ich glaube, ich bin in diesem ganzen Bürokomplex der Einzige, der für sich selbst so eine Investition getätigt hat. Manchmal ist es bezeichnend zu sehen, wie wenig wir uns selbst schätzen.

Sind Sie nicht dazu imstande, sich selbst etwas einfallen zu lassen, bitten Sie doch jemanden um Hilfe – Ihren Mann beziehungsweise Ihre Frau, einen Freund, einen Arbeitskollegen, ja sogar ein Kind. Sie werden überrascht sein, wie einfach es ist. Versuchen Sie es mit ein paar Bildern, einem farbenfroheren Läufer, inspirierenden Büchern, frischen Blumen, einem Goldfisch, etwas aus der Natur – oder einer Kombination aus all diesen Vorschlägen. Es ist erstaunlich, was so eine Kinderzeichnung leisten kann, um Ihre Stimmung zu heben. Wenn Sie keine Kinder haben, können Sie ja einen Kollegen bitten, so nett zu sein und Ihnen ein Bild zu geben. Sogar wenn Sie viel in Ihrem Auto unterwegs sind oder einen Lastwagen fahren, können Sie mit ein paar Kleinigkeiten Ihre Umgebung verschönern.

Ich habe einmal gehört, wie der Komiker Steve Martin geulkt hat, wie schwierig es doch sei, deprimiert zu sein, während man Banjo spielt. Das Lied handelte von Tod und Trauer. Er klimperte auf den Saiten herum und es war ganz offensichtlich, dass er Recht hatte. Etwas an dieser Musik wollte einfach nicht zu Traurigkeit und Schmerz passen – es hörte sich zu fröhlich an.

Das Gleiche gilt in gewisser Weise auch für Ihren Arbeitsplatz. Es macht einfach Spaß, ins Zimmer zu kommen und sich wohl zu fühlen, wenn man dort den ganzen Tag verbringt. Gestalten Sie den Raum hell, fröhlich und freundlich; dann wird es Ihnen schwer fallen, sich nicht auch dementsprechend zu fühlen.

19.

Legen Sie Pausen ein

Eine meiner schlimmsten Angewohnheiten zu Beginn meiner Laufbahn bestand darin, dass ich keine angemessenen Pausen einlegte. Es ist mir direkt ein bisschen peinlich, das zuzugeben, aber ich hatte das Gefühl, sie seien reine Zeitverschwendung. Ich ging davon aus, dass ich viel Zeit sparen und somit mehr erledigen könnte, wenn ich die Pausen einfach wegließ, sofern sie mir nicht absolut notwendig erschienen. So habe ich also über Mittag durchgearbeitet und auch sonst untertags kaum einmal pausiert.

In den vergangenen Jahren jedoch habe ich die Erfahrung gemacht, dass auf regelmäßige Pausen zu verzichten nicht nur ein großer Fehler ist, der einen mit der Zeit Kraft kostet, sondern dass es auch zu weniger Produktivität führt. Wenn Sie es vielleicht auch nicht sofort bemerken, so macht sich allmählich doch eine ziemliche Frustration in Ihnen breit. Sie sind dann weniger geduldig und aufmerksam und auch Ihre Konzentration und Ihre Fähigkeit zuzuhören haben darunter zu leiden. Ich glaube, dass es außerdem mit der Zeit zu einem bedenklichen kumulativen Effekt kommt. Sie sind dann viel schneller ausgebrannt und Ihre Kreativität und Erkenntnisfähigkeit lassen nach.

Es mag ja spitzfindig sein, aber wenn ich sorgsam meine Aufmerksamkeit auf das lenke, was in mir vorgeht, dann kann ich Folgendes feststellen: Alles, was keinerlei Bedeutung hat, wenn ich ausgeruht bin, fällt mir auf die Nerven, sobald ich keine Pause eingelegt habe. Ich bin dann weniger geduldig und büße etwas von meinem Enthusiasmus ein. Ich fange an, in allem ein Problem zu sehen, und zwar schneller als sonst. Es scheint mir, dass jeder seinen individuellen Arbeitsrhythmus und auch ein Arbeitspensum hat, das er ohne Pause bewältigen kann, doch liegt etwas Nährendes und Heilendes in der Stimmung, die sich einstellt, sobald Sie sich ein paar Minuten Zeit für sich selbst nehmen, egal ob Sie nun meinen, dass das notwendig ist, oder nicht.

Ihre Pausen müssen ja keine große Unterbrechung darstellen und lang dauern. Meist brauchen Sie nur wenige Minuten, um wieder einen klaren Kopf zu bekommen: Sie atmen ein paarmal tief durch, strecken sich oder schnappen ein wenig frische Luft. Wenn Sie sich diese Zeit nehmen – so etwa einmal pro Stunde –, dann können Sie sich Ihrer Arbeit wieder mit mehr Enthusiasmus und Konzentration zuwenden. Es ist, als würden Sie eine Reset-Taste betätigen und sich so einen Neuanfang ermöglichen. Nach einer kurzen Pause sind Kreativität und Erkenntnisvermögen oft verbessert und Sie sind dann in der Lage, zu sehr guten Ergebnissen zu gelangen.

Wie die meisten Leute vergesse ich natürlich gelegentlich, eine Pause einzulegen. Ich sitze stundenlang in der gleichen Position und schreibe an einem Kapitel oder arbeite an einem meiner Projekte. Wenn ich dann schließlich aufstehe, fühle ich mich steif und müde. Dann wird mir schlagartig bewusst: Ich habe keine Pause gemacht. Sicher gibt es Ausnahmen, doch wenn ich meine Arbeit rückblickend betrachte, dann kann ich mit Sicherheit sagen, dass dies nicht gerade meine Sternstunden waren.

Diese Strategie unterstreicht die Tatsache, dass mehr nicht unbedingt auch besser ist. Ich habe das Gefühl, dass ich umsichtiger und effektiver arbeite und auch mehr schaffe, wenn ich jede Stunde ein paar Minuten pausiere. Und wegen dieser tagtäglichen Energieeinsparnis kann ich dann mein Berufsleben vielleicht sogar um ein paar Jahre verlängern.
Ich denke, es ist an der Zeit, das, was ich hier predige, nun auch in die Tat umzusetzen. Ich schließe diesen Abschnitt jetzt also, um eine kurze Pause zu machen. Vielleicht ist der Zeitpunkt für Sie ja günstig, es mir gleichzutun.

20.

Nehmen Sie die Zwanzig-achtzig-Regel nicht persönlich

Gemäß der Zwanzig-achtzig-Regel leisten im Berufsleben angeblich zwanzig Prozent der Leute achtzig Prozent der Arbeit. Und wenn ich in einer zynischen Stimmung bin, dann erscheinen mir diese Zahlen sogar noch stark untertrieben.

Oft verstehen Menschen, die überaus produktiv sind oder einfach eine hohe Arbeitsmoral haben, nicht, warum nicht alle anderen ebenso sind. Für diese Menschen kann es frustrierend sein, jemanden zu beobachten, mit jemandem zu arbeiten oder sich sogar nur in der Gegenwart einer Person aufzuhalten, die sie als weniger produktiv als sich selbst wahrnehmen; Menschen, die weniger zu schaffen scheinen, als sie eigentlich könnten. Aus irgendeinem Grund nehmen sie dieses Verhalten dann nämlich persönlich und lassen sich dadurch beunruhigen.

Mir ist aufgefallen, dass viele dieser »hyperaktiven Macher« sich selbst gar nicht so sehen, sondern sich als ganz normale Menschen verstehen, die einfach nur tun, was notwendig ist, um Erfolg zu haben oder um eine Arbeit zu erledigen. Sie können oft wirklich nicht nachvollziehen, warum nicht alle so sind. Ich habe einmal einen absolut hyperaktiven Mann kennen gelernt, der davon überzeugt war, selbst in keiner Weise leistungsorientiert zu sein; die meisten anderen taten einfach viel zu wenig. Ich kannte ihn gut genug, um zu wissen, dass es nicht in seiner Absicht lag, arrogant zu wirken. Er teilte mir einfach nur mit, wie er die Welt sah. Er hatte wahrhaftig das Gefühl, dass die meisten Menschen nicht hart genug arbeiteten und sich kaum einer seinen Fähigkeiten entsprechend ins Zeug legte. Teilen Sie diese Auffassung, ist es kein Wunder, dass Sie die meiste Zeit frustriert und irritiert sind. Sie sind dann darauf programmiert, all das zu sehen, was nicht erledigt wird oder was anders hätte gemacht werden können. Ihnen fallen nur die Mängel in der Welt auf.

Vielleicht ist Ihre Sicht ja nicht derart extrem – bei mir ist es sicher nicht so –, aber gegebenenfalls betrachten Sie die Welt ja doch aus einem höchst produktiven, effizienten Blickwinkel heraus. Wenn ja, dann fällt es Ihnen vielleicht schwer zu akzeptieren oder zu verstehen, dass andere Menschen auch andere Prioritäten haben, eine andere Arbeitsauffassung, andere Vorstellungen von Bequemlichkeit, andere Begabungen, Fähigkeiten und Denkweisen. Die Menschen betrachten die Dinge aus völlig unterschiedlicher Perspektive und arbeiten mit entsprechend anderer Geschwindigkeit. Bedenken Sie, dass zudem ein jeder Produktivität auch ganz unterschiedlich definiert.

Eine einfache Möglichkeit, sich mit dem Thema Produktivität zu arrangieren, ist, weniger Aufmerksamkeit darauf zu richten, was andere Leute *nicht* tun, und sich mehr darauf zu konzentrieren, was einem das eigene Produktivitätsniveau bringt, und zwar was Finanzen, Energie, Emotionen und sogar Spiritualität angeht. Anders ausgedrückt: Es ist hilfreich zuzugeben, dass Sie sich lieber zu den überaus produktiven Individuen zählen wollen – Sie treffen die Wahl. Und mit dieser Entscheidung gehen einige Vorteile einher. Sie haben dann ein besseres Selbstgefühl, als wenn Sie weniger produktiv wären, und Sie haben den Eindruck, dass

Sie Ihre Aufgabe im Leben erfüllen und Ihr Bestes geben. Vielleicht verdienen Sie auch mehr Geld oder Ihnen macht Ihre Arbeit mehr Freude, als wenn Sie weniger produktiv wären. Sie haben in finanzieller Hinsicht dann vielleicht eine gesicherte Zukunft oder es mögen sich Ihnen bestimmte Türen öffnen. Oder Sie können Ihre Anspannung mildern, indem Sie tagtäglich ein bestimmtes Quantum Arbeit erledigen. Mit anderen Worten: Es macht sich für Sie in verschiedener Hinsicht bezahlt, was Sie dann wiederum motiviert. So fühlen Sie sich nicht als das Opfer jener Leute, die eine andere Wahl getroffen haben oder die, aus welchem Grund auch immer, eben einfach nicht so produktiv sind wie Sie – zumindest Ihrem Maßstab entsprechend.

Um der Sache den richtigen Stellenwert zuzuweisen, ist es hilfreich, die eigene Arbeitsauffassung, das bevorzugte Arbeitstempo und auch die allgemeine Effektivität zu überdenken. Stellen Sie sich einmal folgende Fragen: »Hängt meine Produktivität von der Erwartung anderer ab?«, »Versuche ich, andere durch mein Arbeitstempo zu frustrieren oder zu irritieren?« Natürlich nicht. Ihre Entscheidungen beruhen auf Ihrem persönlichen Rhythmus, auf Ihrem bevorzugten Tempo sowie den angestrebten Ergebnissen. Und selbst wenn Sie auf einer gewissen Ebene gezwungen sind, eine Leistung zu erbringen, definiert sich Ihr allgemeines Produktivitätsniveau doch durch Ihre persönlichen Entscheidungen und durch die erwarteten Vorteile, die sich daraus ergeben mögen.

Das Gleiche gilt für alle anderen Menschen auch. Es ist nichts Persönliches – es geht nicht um dich oder mich. Jeder Mensch entscheidet für sich, wie viel Arbeit ihm insgesamt angemessen erscheint. Jeder muss die Vor- und Nachteile abwägen, die Konsequenzen in Betracht ziehen und dann entscheiden, wie hart er arbeiten will – und wie produktiv er sein möchte.

Vielleicht sind Sie ja auch von anderen Menschen abhängig – Kollegen, Mitarbeitern, Subunternehmern, Angestellten – und müssen deshalb an bestimmten Standards und Produktivitätsniveaus festhalten. Bei mir ist das sicher der Fall. Ich möchte Ihnen auch nicht vorschlagen, diese Standards zu lockern oder zu senken. Ich lege Ihnen vielmehr nahe, die unterschiedlichen Ebenen der Produktivität gesund und effizient zu betrachten, damit Sie sich nicht darüber aufregen müssen und die Sache auch nicht persönlich nehmen. Ich bin zu dem Schluss gekommen, dass es mir leicht fällt, bei anderen die guten Seiten zu Tage zu fördern, solange ich meine eigene Sichtweise beizubehalten und meinen Stresspegel unter Kontrolle zu halten vermag, so dass sich die Leute dabei nicht angegriffen oder verärgert fühlen.

Ich möchte Sie nun ermuntern, einmal Ihre unterschwelligen Forderungen und Erwartungen zu überprüfen, dass andere so arbeiten sollen wie Sie. Sobald Sie nämlich die Tatsache anerkennen, dass der Arbeitsstil anderer nichts mit Ihrer Person zu tun hat, werden vermutlich auch Sie in der Lage sein, sich zu öffnen und die Unterschiedlichkeit der Menschen und dementsprechend auch ihrer Arbeitsauffassung anzuerkennen. Dann werden Sie sich ausgeglichener und entspannter fühlen.

21.

Erstellen Sie eine Liste Ihrer persönlichen Prioritäten

Ich will Sie lieber vorwarnen, dass diese Strategie beschämend für Sie sein kann, wenngleich sie überaus hilfreich ist. Sie beinhaltet, all die persönlichen Dinge, die für Sie von besonderer Wichtigkeit sind, einer genauen Prüfung zu unterziehen. Sobald Sie herausgefunden haben, welche das für Sie sind, schreiben Sie die einzelnen Punkte nieder und legen die Liste dann erst einmal ein oder zwei Wochen beiseite.

Sie könnten beispielsweise eine Aufstellung machen, die in etwa folgendermaßen aussieht:

1. Zum Vergnügen lesen
2. Sport treiben
3. Jemandem meine Hilfe anbieten
4. Mich der Familie oder Freunden widmen
5. Meditation
6. Zeit in der Natur verbringen
7. Mich organisieren
8. Tagebuch schreiben
9. Etwas Neues ausprobieren
10. Gesund essen
11. Reisen

Und jetzt kommt der schwierige Teil: Nehmen Sie Ihre Liste wieder zur Hand, nachdem einige Zeit verstrichen ist, und lesen Sie sie laut vor. Denken Sie jetzt zurück an die Zeit, die vergangen ist, seit Sie damals diese Liste geschrieben haben, und seien Sie ehrlich: Wie haben Sie Ihre Freizeit verbracht? Gehen Ihre Unternehmungen der letzten paar Wochen mit der Liste konform? Herzlichen Glückwunsch! Dann zählen Sie zu einer kleinen glücklichen Minderheit und das Einzige, was ich tun kann, ist Sie zu ermutigen, so weiterzumachen. Ich schätze, Sie sind mit Ihrem Leben recht zufrieden und diese Zufriedenheit macht sich auch in Ihrem Arbeitsalltag bemerkbar.

Wird Ihnen nach einem Blick auf Ihre Liste jedoch klar – wie das bei mir der Fall war –, dass Sie einen enormen Prozentsatz Ihrer Zeit auf andere Dinge verwandt haben, dann sehen Sie sich jetzt mit einer Aufgabe konfrontiert. Wenn Sie so sind wie die meisten Menschen, haben Sie vermutlich wenig Sport getrieben, nie jemandem freiwillig Ihre Hilfe angeboten und fast die ganze Zeit drinnen im Haus verbracht. In unterschiedlichem Maße bestehen wir auf der Wichtigkeit gewisser Dinge, die uns dringend oder schlichtweg angenehmer erscheinen. Leider wird uns das Leben aber nicht plötzlich mit weniger Anforderungen konfrontieren oder uns mit der nötigen Zeit belohnen, die wir gerne hätten, um alles uns Wichtige zu erledigen. Wenn wir unser Verhalten also nicht mit unseren Prioritäten in Einklang bringen, wird nie etwas daraus.

Ein Freund von mir hat mich einmal eine beeindruckende Lektion gelehrt, an die ich mich stets zu erinnern versuche. Er sagte: »In Wirklichkeit triffst du mit deinem Handeln eine Wahl, nicht mit deinen Worten.« Das bedeutet, dass ich durchaus *sagen* kann, dass meine Familie und meine Freunde mir wichtig sind, dass ich mit bester Absicht irgendwelche Listen schreiben kann und mir sogar wohl überlegte Ausreden

einfallen lassen kann, doch was wirklich wichtig für mich ist, zeigt sich allein darin, wofür ich meine Zeit und Energie *aufwende*.
Um nicht um den heißen Brei herumzureden: Wenn ich meine Freizeit mit Autowaschen, in Bars und mit Fernsehen verbringe, dann sind mir vermutlich mein Auto, der Alkohol und mein Fernseher das Wichtigste im Leben.
Das soll nicht heißen, dass derartige Beschäftigungen schlecht wären – es ist nur wichtig, sich einzugestehen, dass Sie Ihre Freizeit auf diese Weise verbringen. Ich will damit auch nicht sagen, dass Fernsehen oder eine Autowäsche für Sie nicht bisweilen von Bedeutung sein könnten. Das ist schon in Ordnung so. Es geht mir hier mehr um bestimmte Verhaltensmuster, um die Art, wie Sie den Großteil Ihrer Freizeit verbringen.
Sicher können Sie nachvollziehen, warum diese Übung so bedeutsam für Ihre Lebensqualität ist. Sind Sie ständig beschäftigt, müde und überfordert, übersehen Sie leicht Ihre wirklichen Prioritäten. Sie können sich dann in Ihrem Alltagstrott so verfangen, dass Sie letztendlich nichts oder wenig von all dem unternehmen, von dem Sie eigentlich wissen, dass es Ihnen gut tut. Sie sagen sich dann etwa: »Jetzt geht es halt gerade hoch her«, oder: »Das mache ich dann später« – doch dazu kommt es nie. Dieser Mangel an Befriedigung schlägt sich dann in Form von Frustration in der Arbeit oder sonst wo nieder.
Sobald Ihnen jedoch dieses Verhaltensmuster einmal klar geworden ist, fällt es nicht schwer, eine Veränderung herbeizuführen. Sie können zunächst kleinere Korrekturen vornehmen. Sie können beispielsweise ein paar Minuten lesen, bevor Sie zu Bett gehen, etwas früher aufstehen, um noch Sport zu treiben, zu meditieren oder zu lesen und so weiter. Bedenken Sie, dass Sie Ihre Prioritätenliste schließlich eigenhändig geschrie-

ben haben. Dann haben Sie sicher auch die Kraft, sie in die Tat umzusetzen. Ich möchte Sie ermutigen, gleich heute eine solche Liste zu erstellen – sie kann einen ganz neuen Anfang für Sie bedeuten.

22.

Nutzen Sie effektives Zuhören als Mittel zur Stressreduzierung

In vielen meiner Bücher habe ich bereits über die verschiedenen Aspekte des Zuhörens geschrieben. Der Grund, warum ich mich diesem Thema immer wieder zuwende, besteht darin, dass gut zuzuhören meiner Meinung nach mit zu den wichtigsten Bedingungen für Erfolg in praktisch allen Lebensbereichen zählt – persönlich wie beruflich. Viele von uns weisen aber leider gerade in dieser Hinsicht ihre größte Schwäche auf. Schon die geringfügigste Verbesserung unserer Fähigkeit zuzuhören kann sich in Form von geglückteren Beziehungen, Leistungssteigerung und sogar Stressreduzierung bezahlt machen.

Nehmen Sie sich einmal einen Moment Zeit, um über Ihre Fähigkeit zuzuhören nachzudenken. Achten Sie wirklich darauf, was Ihre Kollegen sagen? Lassen Sie sie ihre Gedanken ausformulieren, bevor Sie das Wort ergreifen? Bringen Sie manchmal die Sätze anderer Leute zu Ende? Geben Sie sich in Besprechungen geduldig und interessiert – oder sind Sie eher ungeduldig und vorschnell in Ihren Reaktionen? Lassen Sie die Worte anderer auf sich wirken oder gehen Sie davon aus, dass Sie schon wissen, was der andere sagen will, und reißen das Wort an sich? Allein sich einmal derartige Fragen zu stellen kann enorm hilfreich sein. Die meisten Menschen, die ich daraufhin angesprochen habe, geben zu, dass sie zumindest zeitweise ihre Fähigkeit zuzuhören durchaus verbessern könnten – ich nehme mich da nicht aus.

Es gibt eine Vielzahl von Gründen, weshalb effektives Zuhören ein hervorragendes Mittel zur Stressreduzierung darstellt. Zunächst einmal werden gute Zuhörer überaus respektiert; man fragt sie gern um Rat. Gute Zuhörer sind nämlich so selten, dass sie ein positives Gefühl vermitteln und man den Eindruck hat, dass es etwas Besonderes ist, mit einem zu tun zu haben. Da gute Zuhörer von ihren Kollegen – und den Menschen, mit denen sie zusammenleben – überaus geschätzt werden, vermeiden sie viele der weit verbreiten Stressfaktoren im Beruf, wie jemanden heimlich fertig zu machen, Ärger, Intrigen und andere unschöne Gefühle. Gute Zuhörer sind einfach im Umgang und deshalb ist man ihnen logischerweise auch gern behilflich. Sobald Sie also ein besserer Zuhörer werden, gibt es vermutlich viele Menschen in Ihrer Umgebung, die Ihnen gern ihre Unterstützung zuteil werden lassen. Guten Zuhörern gegenüber zeigt man sich loyal, weil man sich von ihnen respektiert und anerkannt fühlt.

Effektives Zuhören hilft Ihnen auch, sofort zu verstehen, wenn jemand etwas zum ersten Mal sagt, wodurch sich eine Menge Fehler und Missverständnisse vermeiden lassen, die bekanntlich überaus stressig sein können. Wenn Sie jemanden fragen, was ihn frustriert oder verärgert, bekommen Sie oft zur Antwort, »wenn jemand nicht richtig zuhört«. Schenken Sie dem, was andere sagen, also mehr Aufmerksamkeit, vermeiden Sie auch viele zwischenmenschliche Konflikte. Schließlich lässt sich durch effektives Zuhören auch noch viel Zeit sparen, weil es Ihnen hilft, Flüchtigkeitsfehler zu vermeiden. Anweisungen und Anliegen anderer werden Ihnen sogleich absolut klar, wodurch Sie unnötige, zeitraubende Missverständnisse umgehen.

Diese Strategie ist überaus wirkungsvoll und liefert sofort eindrucksvolle Ergebnisse. Vielleicht müssen Sie sich ja ein bisschen Mühe geben, aber das ist den Aufwand sicher wert. Die Leute, mit denen Sie zusammenarbeiten, werden vielleicht nicht explizit sagen können, was genau Sie anders machen, aber es wird ihnen der Unterschied auffallen, wie sie sich fühlen, wenn Sie sich in Ihrer Gesellschaft aufhalten oder mit Ihnen reden. Man wird Sie dann nicht nur lieber mögen und bewundern, sondern Sie selbst werden auch ruhiger und ausgeglichener sein.

23.

Schliessen Sie Freundschaft mit dem Personal an der Rezeption

Vor nicht allzu langer Zeit war ich in San Francisco und habe in der Lounge auf jemanden gewartet, mit dem ich zum Mittagessen verabredet war. Ich hatte dabei das Glück, Zeuge einer Verkettung von Umständen zu werden, die dem Anliegen dieses Buches in solchem Ausmaß entgegenkamen, dass ich sogleich wusste, dass ich Ihnen davon erzählen würde.

Ein Mann kam herein und blaffte unfreundlich und fordernd: »Irgendwelche Nachrichten für mich?« Die Dame am Empfang sah auf und lächelte. Freundlich antwortete sie: »Nein, Sir.« Er erwiderte auf eine garstige, ja schon bedrohliche Weise: »Vergessen Sie bloß nicht, mich anzurufen, wenn meine Verabredung um halb zwölf eintrifft. Verstanden?« Dann stürmte er davon.

Kaum eine Minute später betrat eine Dame den Raum, die offensichtlich ebenfalls wissen wollte, ob jemand eine Nachricht für sie hinterlassen hatte. Sie lächelte, grüßte und erkundigte sich bei der Rezeptionistin, ob sie denn einen schönen Tag habe. Die Frau lächelte zurück und bedankte sich für die freundliche Nachfrage. Dann überreichte sie der Dame einen Stapel Nachrichten und teilte ihr noch einige Zusatzinformationen mit, die ich aber nicht hören konnte. Sie lachten mehrmals miteinander, bevor die Dame der Frau am Empfang dankte und ging.

Es hat mich schon immer entsetzt, wenn ich gesehen habe, dass jemand dem Personal an der Rezeption gegenüber nicht freundlich war oder es als Selbstverständlichkeit betrachtet hat. Außerdem ist ein derartiges Verhalten in geschäftlicher Hinsicht ausgesprochen kurzsichtig. Im Lauf der Jahre habe ich viele Personen am Empfang gefragt, ob sie allen die gleiche Behandlung zuteil werden lassen. Meist bekam ich zur Antwort: »Das soll wohl ein Scherz sein, oder?« Das Personal an der Rezeption hat durchaus Macht und wenn Sie nett sind, wird das Ihr Leben erheblich erleichtern. Zuvorkommendes Verhalten gegenüber der Empfangsdame sichert Ihnen nicht nur ein heiteres »Guten Tag« und jemanden, mit dem Sie ein paarmal am Tag ein freundliches Wort wechseln können, diese Dame kann auch noch viel für Sie tun, selbst wenn es zunächst gar nicht so greifbar ist – Ihre Privatsphäre schützen, Telefonate für Sie entgegennehmen, Sie an wichtige Termine erinnern, Sie vor möglichen Problemen warnen, Ihnen behilflich sein, Ihre Prioritäten zu setzen und sich zu organisieren, und so weiter.

Ich habe beide Enden des Spektrums kennen gelernt. Ich habe miterlebt, wie das Personal an der Rezeption Leute vor einer Vielzahl unnötiger Ärgernisse bewahrt hat, ja sogar vor gravierenden Fehlern. Ich habe einmal gesehen, wie die Empfangsdame den Gang entlang auf die Straße gerannt ist, um jemanden an eine Besprechung zu erinnern, da sie sich wohl sicher war, dass derjenige nicht daran denken würde. Ich habe dann später den Mann, hinter dem sie hergelaufen war, gefragt, was passiert sei. Er bestätigte mir, dass diese Empfangsdame für ihn ein Engel sei. Er ging sogar so weit zu behaupten, dass sie ihm seine Stelle gerettet habe. Als ich die Rezeptionistin dann nach ihrem Verhältnis zu dem Mann fragte, erklärte sie mir, dass sie keineswegs befreundet seien, dass sie ihn jedoch besonders nett fände. Ich wollte dann wissen, ob das etwas damit zu tun habe, weshalb sie in der Hitze hinter ihm hergelaufen sei, um ihn an eine Konferenz zu erinnern. Sie lächelte nur und sagte: »Sie haben es auf den Punkt gebracht, nicht wahr?«

Leider kann auch genau der umgekehrte Fall eintreten, wenn das Personal an der Rezeption sich als Selbstverständlichkeit betrachtet fühlt oder verärgert wird. Ich habe Geschichten gehört, dass eine Empfangsdame auf mysteriöse Weise eine Nachricht für jemanden verloren hat oder übersehen hat, jemanden an eine Konferenz zu erinnern, weil es ihr lästig war.

Natürlich gibt es hervorragendes Personal an der Rezeption, das in der Lage ist, persönliche Gefühle außer Acht zu lassen und die meiste Zeit, wenn nicht immer, sein Bestes zu tun. Aber betrachten Sie die Sache doch einmal aus der Warte des Empfangspersonals. Er oder sie geht ans Telefon, nimmt Nachrichten für eine relativ große Anzahl von Personen entgegen und hat auch sonst noch wichtige Verpflichtungen. Einige der Menschen, mit denen diese Leute arbeiten, sind wirklich nett, die meisten sind so lala und ein paar sind wahrhaftig Idioten. Liegt es da nicht auf der Hand, dass Freundlichkeit gegenüber dem Empfangspersonal nur zu Ihrem Besten sein kann? Von der Tatsache einmal abgesehen, dass es zu ihrem Job gehört, welche Motivation sollte jemand an der Rezeption haben, sich besondere Mühe zu machen oder etwas zu tun, wofür er oder sie nicht bezahlt wird, wenn Sie nicht freundlich sind – oder zumindest respektvoll?

Ich möchte Ihnen keineswegs vorschlagen, sich mit dem Personal vom Empfang anzufreunden, bloß weil sie eine Gegenleistung erwarten. Sie sollten sich hauptsächlich aus dem Grund so verhalten, weil es einfach netter ist und Ihnen beiden den Arbeitstag verschönert. Schließlich sehen Sie das Personal an der Rezeption ja jeden Tag. Aber davon abgesehen ist es auch gut fürs Geschäft und bedeutet kaum ein Mehr an Zeit oder Mühe.

Ich schlage Ihnen vor, das Personal an der Rezeption wie einen wichtigen Partner in Ihrem Leben zu betrachten. Behandeln Sie es so, als würden Sie es wirklich schätzen – was ja eigentlich auch der Fall sein sollte. Seien Sie freundlich, ungekünstelt, geduldig und höflich. Bedanken Sie sich, wenn jemand etwas für Sie tut – selbst wenn das eigentlich zu seinem Job gehört. Können Sie sich den Stress und die möglichen Folgen vorstellen, wenn Sie nur ein wichtiges Telefonat verpassen – oder eine einzige wichtige Nachricht nicht erhalten? Das Empfangspersonal bewahrt Sie davor. Wäre es somit nicht sinnvoll, die Damen und Herren, die an der Rezeption tätig sind, das nächste Mal, wenn Sie in Urlaub sind, auf die Mitbringselliste zu setzen? Das Gleiche gilt natürlich auch für viele andere Mitarbeiter – den Hausmeister, das Reinigungspersonal, den Verwalter, den Koch und so weiter.

Ich denke, Sie werden feststellen, dass es überaus klug ist, sich mit dem Personal an der Rezeption anzufreunden. Es ist eine hervorragende Möglichkeit, den Arbeitsalltag etwas angenehmer zu gestalten und sich zudem das Dasein weniger stressig zu machen. Falls Sie es nicht sowieso schon versucht haben, möchte ich Sie ermutigen, es mit dieser Strategie doch einmal zu versuchen.

24.

Bedenken Sie: »Mit Speck fängt man Mäuse«

Wenn ich sehe, wie einer dem anderen zusetzt, sich aggressiv verhält oder jemanden einschüchtert, indem er seine Position geltend macht oder auch nur schlecht gelaunt oder manipulierend ist, habe ich immer das Gefühl, ich müsste diesen Menschen daran erinnern, dass man langfristig gesehen mit Speck Mäuse fängt. Einfach ausgedrückt: Es macht sich bezahlt, wenn man nett ist. Sicher gibt es Zeiten, in denen Penetranz und Aggressivität einem helfen, den eigenen Willen durchzusetzen; man kann natürlich bisweilen jemanden einschüchtern und ihm Angst machen. Aber ich glaube, dass diese Art von Einstellung und aggressivem Verhalten immer wieder auf einen selbst zurückfällt.

Sind Sie nett, einfühlsam und geduldig, sind Sie gerecht, ein guter Zuhörer und ehrlich am Wohlergehen der anderen interessiert, dann zeigt sich diese Einstellung in allem, was Sie tun. Das Ergebnis ist, dass die Menschen sich gern in Ihrer Gesellschaft aufhalten, sich in Ihrer Gegenwart wohl fühlen und Vertrauen zu Ihnen haben. Sie sind auf Ihrer Seite, teilen Ihnen ihre Erfolgsgeheimnisse mit und wollen Ihnen in jeder erdenklichen Weise helfen. Einfach ausgedrückt: Sie freuen sich über Ihren Erfolg. Sind Sie sanft, fühlen die Menschen sich zu Ihnen hingezogen. Sie verzeihen Ihnen schnell, wenn Ihnen einmal ein Fehler

unterläuft, und stehen im Zweifelsfall zu Ihnen. Reden sie in Ihrer Abwesenheit über Sie, dann sind diese Kommentare positiv und optimistisch; Ihr Ruf ist dann beachtlich.
Leider trifft auch der umgekehrte Fall zu. Sind Sie schwierig oder fordernd, werden Ihre positiven Eigenschaften oft übersehen, außer Acht gelassen und schlichtweg vergessen. Außerdem schaffen Sie sich selbst eine ganze Menge Stress mit einer derart feindseligen, aggressiven Einstellung. Sie können sich dann überlegen, wer – beziehungsweise ob überhaupt jemand – auf Ihrer Seite steht. Sind Sie penetrant, schlagen Sie die Menschen regelrecht in die Flucht. Sind Sie hingegen sanft und freundlich, fühlen sich die Leute von Ihrer positiven Energie und Aufrichtigkeit angezogen.
Ich gebe zu, dass das Endresultat unter dem Strich stimmen und berücksichtigt werden muss. Gerade deshalb treffe ich berufliche Entscheidungen oft nicht im Hinblick auf die Kosten, die Qualität oder wie viel man mir für etwas bezahlt, sondern wie nett und freundlich jemand ist, mit dem ich arbeiten soll. Ich hatte immer das Gefühl, dass, wenn ich meinem Herzen folge und mich mit netten Menschen umgebe, meine Erfahrungen auch dementsprechend positiv ausfallen. Ich erlange einen guten Ruf bei Leuten, die mich auch mögen, und meine beruflichen Entscheidungen und Beziehungen entwickeln sich so zu erfolgreichen Unternehmungen. Bis jetzt waren meine Annahmen stets überaus zutreffend.
Ich habe viele Menschen kennen gelernt, die etwa gesagt haben: »Diesen Typen engagiere ich nie mehr.« Habe ich mich dann erkundigt, ob sie mit seiner Arbeit nicht zufrieden gewesen seien, hieß es meist: »Absolut; aber das ist ja schließlich nicht alles. Es ist eben so schwierig, mit ihm auszukommen.«

Chelsea arbeitet hart und ist ehrgeizig; sie ist talentiert und im Einzelhandel tätig. Stets ist sie überaus großzügig und zuvorkommend. Einer der Nachteile im Einzelhandel besteht bekanntlich in den langen Arbeitszeiten, besonders am Wochenende und zu Ferienzeiten. Die Angestellten machen sich oft gegenseitig Konkurrenz, um mehr Freizeit zu bekommen, und hüten ihren Urlaub, der ihnen heilig ist.

Als Chelsea mit ihrer Berufslaufbahn begann, fasste sie den Entschluss, dass Sanftmut und Freundlichkeit – allen Annahmen zum Trotz – die effektivsten Verhaltensweisen seien. Bei ihren Versuchen, nett zu sein, war sie oft willens, für jemanden einzuspringen, damit er beispielsweise über einen Feiertag die Zeit mit seiner Familie verbringen konnte.

Eines Tages bekam Chelsea die einmalige Chance, zwei aufregende Monate lang durch Europa zu reisen. In ihrer Position war es jedoch eigentlich nicht möglich, so lange unterwegs zu sein, ohne den Job zu verlieren; sie musste also jemanden finden, der sie während dieser Zeit vertrat. Chelsea hatte hart gearbeitet, um diese Position zu erreichen, und wollte später nicht noch einmal von vorne anfangen.

Zu ihrer großen Freude ermöglichte ihr guter Ruf es ihr, die Reise zu unternehmen und ihren Job trotzdem zu behalten. Ihre Kollegen ergriffen die Gelegenheit beim Schopf, um ihr zu helfen. Mit Tränen in den Augen beschrieb sie dieses Verhalten als »die unglaublichste Selbstlosigkeit einer Gruppe von Leuten, die mir in meinem Beruf je begegnet ist«.

Ich denke, es ist wichtig, diese Strategie in Betracht zu ziehen, selbst wenn Sie sich für einen relativ umgänglichen Menschen halten. Die meisten von uns – ich nehme mich da nicht aus – haben da noch ein gutes Stück Arbeit vor sich. Wir machen unsere Sache insgesamt ja vielleicht gar nicht so schlecht, aber, ohne uns dessen bewusst zu sein, stoßen wir andere doch hin und wieder herum, sind ein bisschen arrogant, versuchen, jemanden zu verpflichten, bestimmte Dinge zu tun, oder bedienen uns anderer Mittel der Manipulation, um unseren Willen durchzusetzen. Sind wir uns jedoch bewusst, wie wichtig es ist und welch eine praktische Bedeutung es hat, nett und freundlich zu sein, können wir uns umso mehr darum bemühen. Ich denke, ganz intuitiv wissen wir alle sehr wohl, dass man mit Speck Mäuse fängt. Trotzdem glaube ich, dass diese Strategie uns hilft, uns auch daran zu halten.

25.

Vermeiden Sie den Satz: »Ich muss zur Arbeit.«

Ich will Ihnen jetzt eine Strategie vorstellen, die mit den gängigsten Worten in der deutschen Sprache zu tun hat: »Ich muss zur Arbeit.« Bevor ich fortfahre, darf ich Ihnen versichern, dass mir durchaus bewusst ist, dass es aller Wahrscheinlichkeit nach stimmt und Sie wahrhaftig arbeiten *müssen*. Dennoch haben diese Worte einen ziemlich negativen Beigeschmack, dem, so wie ich das sehe, auch noch etwas Selbstzerstörerisches anhaftet.

Anders als Ihre Gedanken stellen Ihre Worte den wichtigsten Einstieg in Ihre Erfahrungswelt dar. Worte prägen nämlich Ihre Erwartungshaltung und ebnen den Weg für die Erfahrungen, die Sie dann machen. Wenn Sie also etwas tun *müssen*, bedeutet das, dass Sie keine freie Wahl haben – dass Sie lieber anderswo wären und etwas anderes täten. Das wiederum heißt, dass Sie nicht mit vollem Herzen bei der Sache sind, was es Ihnen extrem schwierig macht, Ihren Fähigkeiten entsprechende Leistungen zu erbringen; außerdem ist es fast unmöglich, die jeweilige Erfahrung als positiv zu empfinden. Sagen Sie also: »Ich muss zur Arbeit«, dann programmieren Sie sich unterschwellig selbst auf einen schlechten Tag. Das heißt natürlich nicht, dass Sie zwangsläufig immer einen unschönen Tag haben werden, aber die Wahrscheinlichkeit nimmt zu.

Darüber hinaus teilen Sie sich und anderen eine subtile negative Botschaft mit. Was Sie in Ihrem tiefsten Inneren nämlich wirklich sagen, ist: »Mir bereitet meine Tätigkeit keine Freude. Ich bin nicht in der Lage, mir einen Job zu suchen, der mir Spaß macht.« Welch eine schreckliche Mitteilung, die Sie sich da selbst – oder anderen – machen, schließlich verbringen Sie doch den Großteil des Tages mit dieser Arbeit. Denken Sie einmal darüber nach. Wenn Ihnen Ihre Tätigkeit wirklich Freude bereiten würde, warum sollten Sie dann sagen: »Ich *muss* zur Arbeit«? Sagen Sie denn: »Ich muss jetzt ins Wochenende gehen?« Würde es nicht mehr Sinn machen, beispielsweise zu äußern: »Ich mache mich jetzt an die Arbeit« oder: »Ich gehe jetzt Geld verdienen« oder: »Ich beginne jetzt einen neuen Tag« oder vielleicht sogar etwas noch Einfacheres wie: »Ich mache mich jetzt ans Werk« – alles ohne diesen negativen Beigeschmack? Ich will Ihnen ja nicht nahe legen, dass Sie einen Luftsprung vor Freude vollführen oder ausrufen sollen: »Hurra, jetzt darf ich zur Arbeit!«, aber können Sie sich nicht etwas Positiveres einfallen lassen, um einen neuen Tag anzufangen? Wären Sie dann nicht ein bisschen stolz auf sich? Und meinen Sie nicht, dass es auch für die anderen angenehmer wäre, etwas positivere Worte zu hören? Wenn ich morgens ins Büro gehe, will ich meinen Kindern in keiner Weise vermitteln, dass »die Arbeit eine fürchterliche Maloche ist und man eben wie immer ran muss.« Das ist doch schrecklich!

Ich denke, Sie werden überrascht sein, was passiert, wenn Sie sich entschließen, diese Strategie in die Tat umzusetzen. Nehmen Sie sich diese Überlegung zu Herzen, dann kommen Sie sich sofort auf die Schliche, sobald Sie wie immer mürrisch so etwas vor sich hin murmeln wie: »Ich muss zur Arbeit.« Sie müssen dann über sich selbst schmunzeln – oder gar lachen –, weil Sie ja wissen, wie lächerlich das ist. Wenn Sie Ihre

Aussage dann etwas positiver formulieren, bekommt Ihr Gehirn den subtilen Hinweis, dass Ihre Erwartungshaltung in einem schönen Tag besteht. Sind Sie nicht mit mir der Auffassung, dass Ihre Erwartungen sich in der Regel erfüllen? Rechnen Sie mit einer schlechten Erfahrung, machen Sie sie meist auch; und wenn Sie sich auf etwas Positives einstellen, werden Sie selten enttäuscht.

Zumindest hoffe ich, dass Sie sich nun folgende Frage stellen: »Welchen Wert könnten diese Worte möglicherweise im Hinblick auf meinen Arbeitstag haben?« Denken Sie immer daran, dass die meisten Menschen acht Stunden am Tag fünf Tage in der Woche arbeiten. Daran lässt sich nicht rütteln, ganz egal, mit welchen Worten Sie anderen diese Tatsache mitteilen. Warum gönnen Sie sich also nicht einen guten Start, indem Sie es vermeiden, Ihre Tätigkeit verbal schlecht zu machen?

26.

Machen Sie sich bewusst, welchen Stress Ihre Versprechen nach sich ziehen können

Mir wurde erst vor ein paar Jahren bewusst, wie oft ich im Lauf des Tages jemandem etwas versprach – und wie oft ich es anschließend bedauert habe. Es war mir eine erstaunliche Entdeckung, dass mein Bedürfnis, ein Versprechen zu geben, eine Schlüsselrolle bei meinen Stressgefühlen spielte. Sobald ich einmal erkannt hatte, wie ich mich dadurch selbst überforderte, war es relativ einfach, ein paar kleinere Verhaltenskorrekturen vorzunehmen und so den Stress in meinem Berufsleben zu reduzieren.

Denken Sie einmal über all die Versprechen nach, die vordergründig noch nicht einmal wie solche wirken oder die wir vielleicht auch halb unbewusst leisten. Aussagen wie: »Ich rufe Sie dann später an«, »Ich komme bei Ihnen im Büro vorbei«, »Ich schicke Ihnen nächste Woche ein Exemplar meines Buches«, »Ich hole das gerne für Sie ab« oder: »Sie können mich jederzeit anrufen, wenn Sie möchten, dass ich für Sie einspringen soll.« Sogar so harmlose Kommentare wie »kein Problem« vermögen Ihnen Ärger zu bereiten, da sie als Angebot Ihrerseits aufgefasst werden können, etwas zu tun, zu dem Sie eigentlich gar nicht in der Lage sind oder das Sie tief in Ihrem Inneren einfach auch nicht wollen. In gewissem Sinn ermutigen Sie Ihr Gegenüber auf diese Weise indirekt sogar noch, Sie um mehr zu bitten, weil Sie ja gesagt haben, dass es kein Problem sei.

Ich habe diese Angewohnheit früher praktisch ständig an den Tag gelegt. Jemand bat mich um so einen simplen Gefallen wie: »Könnten Sie mir eine Kopie von dem Artikel schicken, über den wir gerade gesprochen haben?« und ich antwortete ganz automatisch: »Sicher, kein Problem.« Ich habe mir sogar noch eine Notiz gemacht, damit ich es auch gewiss nicht vergaß. Am Ende eines Tages oder auch einer Woche hatte ich dann aber eine ganze Seite voll von solchen Versprechungen, die es nun zu erfüllen galt. Dann habe ich es oft bedauert, sie überhaupt gegeben zu haben; manchmal war ich sogar ärgerlich. Ich war so sehr damit beschäftigt mit dem Versuch, meine Versprechen zu erfüllen, dass mir oft die Zeit knapp wurde und ich mich mit anderen Aufgaben beeilen musste, die wirklich erledigt sein wollten.

Sind Sie so wie ich, geben Sie sich vermutlich die größte Mühe, Ihren Versprechen nachzukommen. Je mehr Sie jedoch versprechen, desto schlimmer wird der Druck, auch Wort zu halten. Zu einem gewissen Zeitpunkt ist es dann ganz unvermeidlich, dass all Ihre Versuche, die anderen zufrieden zu stellen, in Stress ausarten.

Eines möchte ich allerdings klarstellen: Ich schlage Ihnen hiermit nicht vor, keine Versprechen mehr zu geben, auch will ich nicht sagen, dass Versprechen nicht notwendig oder wichtig wären; viele sind es sehr wohl. Ich möchte Ihnen nur verdeutlichen, dass ein bestimmter Prozentsatz Ihrer Versprechen – vielleicht ja ein relativ geringer – von vorneherein gar nicht gegeben werden sollte. Versprechen Sie nichts, geraten Sie später auch nicht unter Druck, etwas einhalten zu müssen. Ich erinnere mich, dass ich früher meinem Verleger oft gesagt habe: »Ich verspreche Ihnen, dass Ihnen dies oder jenes bis Ende der Woche vorliegen wird.« Dabei hatte man noch nicht einmal mit einem Versprechen meinerseits gerechnet, sondern bestenfalls mit meinen ehrlichen Bemühungen. Doch habe ich ein Versprechen erst einmal gegeben, will ich meist alles tun, was in meiner Macht steht, um es auch zu halten. Hätte ich nichts versprochen, sondern einfach so versucht, mein Bestes zu geben, wäre ich weniger unter Druck geraten. Das alles ist ziemlich diffizil und eine Sache allein schafft in der Regel ja auch keinen besonderen Stress, aber irgendwie kommt ja dann doch immer alles zusammen.

Ich habe mittlerweile gelernt, mir jede Bitte, die man an mich heranträgt, und jedes Angebot, das ich anderen mache, genau zu überlegen. Wenn mich also jemand um die Kopie eines Artikels bittet, wie es in dem vorigen Beispiel der Fall war, dann biete ich demjenigen ja vielleicht an, ihn ihm zuzuschicken – oder ich lasse mir eine andere Lösung einfallen, wie derjenige zu dem Artikel kommen könnte. Manchmal ist es angemessen, ein Versprechen zu geben, manchmal jedoch auch nicht.

Ebenso habe ich gelernt, unaufgefordert weniger oft anzubieten, für jemanden etwas zu tun. Anders ausgedrückt: Anstatt wie sonst zu sagen: »Ich schicke Ihnen bestimmt ein Exemplar von dem Buch, über das wir gerade geredet haben«, tue ich dieses Angebot nicht laut kund. Auf diese Weise kann ich das Buch auch später schicken, falls ich dazu noch Lust habe, aber ich bin nicht dazu verpflichtet.

Machen Sie sich die Auswirkungen Ihrer Versprechen bewusst, hat das zwei Vorteile für Sie: Zunächst einmal sparen Sie viel Zeit und Energie. Einige der Versprechen, die Sie geben, sind nämlich unnötig und werden auch nicht geschätzt. Für andere steht Ihnen gar nicht die Zeit zur Verfügung, sie zu halten. Mit das bedeutsamste Gut, das wir haben, ist eben unsere Zeit; und über Zeitmangel in der Arbeit beklagen sich die

Menschen eigentlich am häufigsten bei mir. Alle scheinen sich einig, dass die Zeit kaum einmal ausreicht, um alles zu schaffen. Geben Sie weniger Versprechen, bleibt Ihnen jedoch mehr Zeit für das, was wirklich wichtig ist für Sie.

Der zweite Vorteil, wenn Sie weniger versprechen, besteht darin, dass die Versprechen, die Sie machen, für Sie und die anderen auch einen höheren Stellenwert haben. Sie geben sich dann nämlich besondere Mühe, Ihr Wort all denen gegenüber zu halten, die Ihnen viel bedeuten und die Sie lieben. Werden Sie durch eine Unmenge Versprechen belastet, verlieren Sie schnell den Blick für das, was wirklich wichtig ist. Dann halten Sie womöglich nicht Wort gegenüber Menschen, die Sie sehr mögen. Sind Sie weniger überfordert, weisen Sie allem den richtigen Stellenwert zu und können Ihre Prioritäten setzen.

Ich will Ihnen jetzt nicht *versprechen*, dass diese Strategie hilfreich für Sie sein wird – sondern ich gehe einfach davon aus, dass sie es ist.

27.

Überprüfen Sie Ihre Rituale und Angewohnheiten und nehmen Sie eine Korrektur vor, wenn nötig

Wer sich seinen Lebensunterhalt verdienen muss, verfällt schnell in bestimmte Gewohnheiten – einige davon sind positiv, andere weniger; einige entspringen der Notwendigkeit, andere Versäumnissen; manches tun Sie nur, weil andere es ebenso machen; manches auch, weil Sie es »eben schon immer so gemacht haben«. Einige dieser Angewohnheiten werden in einem solchen Ausmaß Teil unserer Persönlichkeit, dass wir sie nie in Frage stellen und schon gar nicht ändern. Bisweilen nehmen wir eine Gewohnheit an und behalten sie dann unser ganzes Berufsleben lang bei.

Sich derartige Angewohnheiten und Rituale einmal genauer anzusehen und, wenn nötig, auch zu verändern, kann sich, was unsere Lebensqualität angeht, ungemein bezahlt machen. Unsere Angewohnheiten stellen nämlich oft einen enormen Stressfaktor für uns selbst dar. Da sie solchen Stress schaffen – mit oder auch ohne unser Wissen –, können sie uns das Leben noch anstrengender erscheinen lassen, als es ohnehin schon ist.

Hier führe ich Ihnen nun ein paar weit verbreitete Angewohnheiten und Rituale aus einer Vielzahl von Möglichkeiten vor Augen. Einige davon mögen Ihnen ja vielleicht bekannt vorkommen, andere weniger.

Vielleicht haben Sie ja die Angewohnheit, nicht genug Zeit einzuplanen, bevor Sie zur Arbeit gehen, und sind deshalb ständig in Eile. Möglicherweise nehmen Sie immer ein reichhaltiges Mittagessen zu sich, obgleich Sie sich beklagen, nicht ausreichend Sport treiben zu können, und Sie fühlen sich anschließend am Nachmittag müde. Vielleicht fahren Sie ja mit dem Auto zur Arbeit – obwohl Sie Alternativen hätten wie den Zug oder Bus, die zudem billiger wären und Ihnen die Möglichkeit böten, zu lesen oder sich zu entspannen. Vielleicht trinken Sie zu viel Kaffee und sind deshalb häufig nervös und überdreht.
Möglicherweise gehen Sie nach der Arbeit auf ein paar Drinks in eine Bar oder trinken zu Hause Wein oder anderen Alkohol, weil das zu Ihrem Ritual gehört. Vielleicht sind Sie morgens ein bisschen mürrisch oder rechthaberisch, anstatt freundlich zu Ihren Kollegen zu sein, die darauf mit weniger Hilfsbereitschaft reagieren – und es kann auch sonst unnötigen Ärger heraufbeschwören. Vielleicht verbringen Sie zu viel Zeit mit Zeitung lesen, wodurch Ihre Lieblingslektüre zu kurz kommt. Möglicherweise gehen Sie abends zu spät zu Bett – oder auch zu früh. Oder der kleine Imbiss, den Sie spät in der Nacht als Mittel zur Entspannung noch zu sich nehmen, beeinträchtigt Ihren Schlaf. Nur Sie wissen, welche Angewohnheiten genau Ihnen das Dasein erschweren.
Sie können sicher erkennen, dass in jeder dieser Gewohnheiten das Potenzial steckt, in Ihrem Leben eine Menge Stress zu schaffen – Ihnen den Tag zu vergällen und Sie dazu zu veranlassen, in der Arbeit in allem ein Problem zu sehen und sich verrückt zu machen. Trifft das auf Sie zu, ist allein der Wille, diese Angewohnheiten einmal zu überprüfen, schon ein hilfreiches Unterfangen.
Wir wollen nun kurz erkunden, wie einige Veränderungen der obigen Beispiele Ihnen helfen können, den Stress in Ihrem Leben zu reduzie-

ren. Auch wenn es vordergründig simpel scheint, handelt es sich dabei doch um gewaltige Veränderungen. Anstatt sich also beispielsweise zu sagen: »Das könnte ich nie tun«, öffnen Sie sich und stellen Sie sich vor, die jeweilige Veränderung zu vollziehen.

Oft besteht der Unterschied zwischen einem stressigen Tag und einem, der befriedigend oder gut zu bewältigen ist, rein in der Frage, ob wir in ständiger Eile sind oder nicht, besonders gleich am Morgen. Einfach eine Stunde zeitiger aufzustehen oder sich ein bisschen früher fertig zu machen, kann ungeheuer viel ausmachen.

Ich habe Leute kennen gelernt, die ihr Mittagessen durch einen einstündigen Spaziergang ersetzt haben. Ihr Leben hat sich auf Grund dieser einen Entscheidung total verändert. Sie sind schlanker und erheblich gesünder geworden; sie fühlen sich wohler und haben viel mehr Energie; sie sparen sich das Geld für das Essen und investieren es in ihre Zukunft. Oft treffen sie sich bei ihren Spaziergängen mit Freunden, wodurch sie eine Stunde lang ihre sozialen Kontakte pflegen. Sie sind entspannter und ruhiger denn je.

Viele Menschen, die regelmäßig trinken, fühlen sich am nächsten Tag flau und missgestimmt. Wenn sie den Alkohol aufgeben oder zumindest die Menge reduzieren, geht es ihnen meist besser, als sie es je für möglich gehalten hätten. Sie nehmen ab und geben zudem weniger Geld aus, denn Alkohol zu trinken ist eine kostspielige Angewohnheit. Die meisten Menschen, die ihren Alkoholkonsum zurückschrauben, haben von sich den Eindruck, dass sie geduldiger sind und dass sich auch ihre Beziehungen verbessern.

Fahren Sie mit dem Auto zur Arbeit, bieten sich Ihnen vielleicht auch andere Alternativen an. Ich kenne Leute, die zu dem Entschluss gelangt sind, lieber den Zug oder andere öffentliche Verkehrsmittel zu benutzen,

was sich sehr positiv ausgewirkt hat. Anstatt frustriert das Lenkrad zu umklammern, nutzen sie die Zeit, um zu lesen oder eine Kassette anzuhören. Sie machen ein Nickerchen, meditieren, denken oder entspannen sich einfach.
Es handelt sich eigentlich nur um eine Hand voll möglicher Veränderungen, die Sie in Betracht ziehen sollten. Jeder ist anders und wir alle haben unterschiedliche Gewohnheiten, die mit unserem Glück und unserer Zufriedenheit kollidieren. Ich habe natürlich keine Ahnung, welche Angewohnheiten Sie genau verändern wollen, aber ich bin mir ziemlich sicher, dass Ihnen bestimmt mindestens eine einfallen wird. Versuchen Sie es einmal. Was haben Sie schon groß zu verlieren – doch höchstens ein bisschen Stress!

28.

Bleiben Sie auf das Hier und Jetzt konzentriert

Es wurde schon viel über den magischen Zustand geschrieben, »im gegenwärtigen Augenblick zu sein«. Ich denke, dass das eine dieser ewigen Wahrheiten ist, von denen man nie genug bekommen kann. Wenn Sie Ihre Aufmerksamkeit darauf trainieren, sich mehr auf den gegenwärtigen Augenblick zu konzentrieren, werden Ihnen in Ihrem Berufsleben einige beachtliche Vorteile auffallen. Sie werden sich dann erheblich weniger gestresst und in Hetze fühlen, Sie sind effizienter und einfacher im Umgang. Außerdem wird Ihnen Ihre Arbeit dann mehr Freude bereiten denn je, Sie werden ein guter Zuhörer sein und ständig dazulernen.

Sehr oft wandert unsere Aufmerksamkeit in Richtung Zukunft ab. Wir denken über vieles nach, machen uns Sorgen über enge Termine und mögliche Probleme, überlegen, was wir am Wochenende alles tun wollen, wie unsere Arbeit wohl beurteilt werden wird. Wir stellen uns seelisch schon auf Ablehnungen, Auseinandersetzungen und Dinge ein, die womöglich schief gehen könnten. Wir überzeugen uns selbst, wie schwierig etwas werden könnte, lange bevor es überhaupt spruchreif ist. Oder es wird unsere Aufmerksamkeit auf die Vergangenheit gelenkt – wir bedauern einen Fehler, der uns in der vergangenen Woche unterlaufen ist, oder eine Auseinandersetzung, die wir am Morgen hatten. Manchmal sorgen wir uns ob des schlechten Verdienstes im vergangenen Vierteljahr oder spielen eine peinliche Situation immer wieder durch. Und ganz egal, ob sich die jeweilige Sache nun in der Zukunft ereignen wird oder sich in der Vergangenheit zugetragen hat, wir finden immer einen Weg, uns das Schrecklichste auszumalen. Ein Großteil dieser geistigen Aktivität bezieht sich auf Künftiges, das vielleicht eintreten mag – oder eben auch nicht. Und selbst wenn es so weit kommt, ist die Vorstellung in der Regel viel schlimmer als das tatsächliche Ereignis, was der Sache kaum dienlich ist. Oder es geht um etwas in der Vergangenheit, das eigentlich aus und vorbei ist; etwas, das wirklich passiert ist, das sich unserer Kontrolle jedoch längst entzogen hat.

Diese ganzen geistigen Aktivitäten spielen sich natürlich ab, während wir eigentlich arbeiten sollten. Aber wie effektiv können wir sein, wenn wir uns praktisch auf alles konzentrieren, bloß nicht auf den gegenwärtigen Augenblick?

Ich habe beides ausprobiert: Ich habe gearbeitet, während ich geistig auf Abwegen war, und auch bei voller Konzentration. Und ich kann Ihnen mit absoluter Sicherheit sagen, dass man viel entspannter, kreativer und effizienter ist, wenn man sich gut konzentriert. Ich denke, eine meiner Stärken ist die Fähigkeit, mich auf genau eine Sache zu konzentrieren. Ob ich nun gerade mit jemandem telefoniere oder direkt mit einem Menschen zu tun habe, ich bin stets ganz bei ihm beziehungsweise ihr, ohne mich von irgendetwas ablenken zu lassen. Auf diese Weise ist es mir möglich, nicht nur zu hören, sondern auch zu verstehen, was gesagt wird.

Das Gleiche tue ich, wenn ich schreibe. Tritt nicht gerade ein echter Notfall ein, bin ich völlig von dem in Anspruch genommen, woran ich gerade arbeite. So bleibt meine gesamte Aufmerksamkeit und Energie auf diese eine Sache gerichtet – das ideale Umfeld für kreatives und effizientes Arbeiten. Ich bin zu dem Schluss gekommen, dass eine einzige Stunde konzentrierter Arbeit an Produktivität einem ganzen Tag Arbeit entspricht, an dem man abgelenkt war. Das gilt auch, wenn ich vor einer Gruppe von Menschen einen Vortrag halte. Es hat mich große Mühe gekostet, so weit zu kommen, dass ich mit mehreren Leuten zu tun haben kann, ohne mich weit weg zu wünschen. Anders ausgedrückt: Wenn ich in Chicago bin, denke ich nicht an meinen Vortrag in Cleveland am nächsten Tag. Ich glaube, dass diese Konzentration auf das Hier und Jetzt mich zu einem erheblich besseren Redner gemacht hat und es mir auch ermöglicht, sehr hart zu arbeiten und viel zu reisen, ohne mich übermäßig erschöpft zu fühlen.

Dieses Vermögen, im Hier und Jetzt zu sein, hat viel mehr mit dem zu tun, was sich in Ihrem Kopf abspielt, als mit dem, was in Ihrem Büro passiert. Ablenkungen von außen gibt es immer – Telefonanrufe, Unterbrechungen, Besprechungen und so weiter. Der Knackpunkt ist, wie schnell Sie Ihre Energie wieder auf das lenken können, was Sie gerade tun, wobei Sie vom einen zum anderen und wieder zurückspringen.

Sind Sie voll auf eine Arbeit konzentriert, steigert sich nicht nur Ihre Effektivität, sondern es macht Ihnen vor allem auch viel mehr Spaß. Es hat etwas wahrhaft Magisches, wenn man völlig von dem gefangen genommen wird, was man gerade tut. Sie fühlen sich so viel zufriedener. Bestimmt wird Ihnen diese Strategie gefallen.

29.

Seien Sie vorsichtig mit dem, was Sie sich wünschen

Viele von uns verbringen viel Zeit damit, sich zu wünschen, dass alles anders wäre. Wir träumen von einem besseren Job, mehr Verantwortung, weniger von diesem und mehr von jenem. Allein schon die Zeit, die wir manchmal damit vertun, uns nach etwas zu sehnen, würde unsere Lebensqualität verbessern. Bisweilen ist das, was wir uns so wünschen, jedoch kaum des Aufwands und der Mühen wert. Deshalb will ich Ihnen nahe legen, mit Ihren Wünschen wirklich vorsichtig zu sein. Anliegen dieser Strategie ist es nicht, Sie zu veranlassen, nicht mehr zu träumen oder nach einem besseren Leben zu streben, sondern Ihnen bewusst zu machen, dass Ihr Leben momentan vielleicht gar nicht so schlecht ist. Mein Ziel ist es, Sie dazu zu bringen, das, was Sie sich zu wünschen glauben, auch gut zu überdenken, weil Sie es nämlich schließlich vielleicht bekommen, und das kann dann mehr Konsequenzen haben, als Sie sich womöglich vorgestellt hatten – mehr Frustration, mehr Ärger, mehr Reisetätigkeit, mehr Verantwortung, mehr Konflikte, mehr Anforderungen an Ihre Verfügbarkeit und so weiter. Denken Sie in diesen Kategorien, hilft Ihnen das oft, wieder zufriedener zu sein und sich klar zu machen, dass alles vielleicht gar nicht so schlecht ist, wie Sie manchmal meinen.

Ich habe schon viele Menschen kennen gelernt, die sich jahrelang ausgemalt haben, wie viel besser ihr Leben doch wäre, wenn bestimmte Dinge einträten – zum Beispiel wenn sie endlich befördert würden –, dass sie die positiven Seiten ihrer gegenwärtigen Position als Selbstverständlichkeit betrachtet haben. Anders ausgedrückt: Sie haben sich so sehr darauf konzentriert, was ihnen an ihrem Beruf alles nicht passt, dass sie völlig vergessen haben, sich an dem zu freuen, was es an Angenehmem gab.

Ein Mann beispielsweise träumte von einem Job bei der gleichen Firma, von dem er glaubte, dass er »so viel besser« sei. Er bemühte sich eine ganze Weile um diese Position, wobei er sich ständig über seine gegenwärtige Arbeit beklagte. Erst als er den neuen Job schließlich hatte, wurde ihm klar, welche Nachteile er mit sich brachte. Sicher hatte er nun mehr Prestige und auch ein etwas höheres Gehalt, doch war er jetzt gezwungen, mehrere Tage pro Woche unterwegs zu sein. Er vermisste seine drei Kinder schrecklich und verpasste auch einige Veranstaltungen, die ihm eigentlich etwas bedeuteten: Fußballspiele, Konzerte, Elternabende und andere wichtige Termine. Zudem wurde die Beziehung zu seiner Frau stark belastet, weil ihr relativ friedlicher Alltag dem angeblich »besseren Leben« zum Opfer fiel. Zudem musste der Mann seine sportlichen Aktivitäten, an denen ihm so viel lag, auf Grund seiner vielen, weniger flexiblen Termine praktisch ganz aufgeben.

Eine meiner Bekannten ließ nichts unversucht, ihren Chef davon zu überzeugen, dass sie lieber zu Hause am PC für die Firma arbeiten würde, als jeden Tag ins Büro zu fahren. Sie hatte schließlich Erfolg. Das Problem war nur, dass ihr erst einen Monat später bewusst wurde, dass es ihr trotz des gefürchteten Verkehrs Spaß machte, jeden Tag in die Stadt zu kommen; das bot ihr nämlich die Möglichkeit, sich zum Mittagessen und nach der Arbeit mit Freunden zu treffen. Sie war so in ein soziales Umfeld eingebunden, konnte mit Menschen zusammen sein. Es fehlten ihr auch die Essen im Café, ihre Lieblingsmusik, die sie immer auf dem Weg zur Arbeit gehört hatte, und andere einfache Freuden, die sie bis dahin stets für eine Selbstverständlichkeit gehalten hatte. Nach einer Weile hatte sie das Gefühl, zu Hause in ihrer eigenen Falle zu sitzen.

Andere Menschen sehnen sich nach Macht und Ruhm. Erst wenn sie beides haben, wird ihnen klar, welch eine Belastung das fehlende Privatleben darstellt. Sie sind dann nicht mehr anonym, was für die meisten von uns eine Selbstverständlichkeit ist, sondern man sieht ihnen ständig über die Schulter. Oft sind diese Menschen auch erheblich mehr Kritik und Kontrolle ausgesetzt.

Ich möchte betonen, das ich all diesen Wünschen gegenüber keine generell negative Haltung einnehme. Oft ist es wichtig, mehr Geld zu verdienen, und überwiegt alles andere, das Ihnen vielleicht durch den Kopf gehen mag. Für viele ist der Verkehr so unerträglich, dass sie jeden Preis zu bezahlen bereit sind, nur um ihn zu meiden. Viele Leute genießen es, für alle sichtbar im Rampenlicht zu stehen. Es geht hier nicht um irgendwelche Einzelheiten oder Werturteile, der springende Punkt ist vielmehr, dass Sie sich wirklich einmal diese wichtige Frage stellen: »Was genau wünsche ich mir und warum?«

Denken Sie über Ihren Job und Ihre Karriere nach, ist es sinnvoll, in Betracht zu ziehen, was Sie an Ihrer Arbeit positiv finden, und sich nicht nur darauf zu konzentrieren, was besser sein könnte. Sind Sie glücklich und zufrieden, heißt das nicht, dass Sie nicht weiterhin hart arbeiten würden, um Ihre Karriere so erfolgreich wie nur möglich zu gestalten. Sie können beides haben – Zufriedenheit und Ehrgeiz, ohne dass Sie Ihre Gesundheit opfern müssten.

Bedenken Sie, dass ein Mehr an Verantwortung sicher eine gute Sache ist, dass daraus aber Einbußen an persönlicher Freiheit, an Privatleben und so weiter entstehen können. Gleichermaßen gibt Ihnen ein besser bezahlter Job ein erhöhtes Maß an finanzieller Sicherheit, was durchaus positiv ist, doch dann müssen Sie vielleicht etwas anderes dafür aufgeben, woran Sie bislang noch gar nicht gedacht haben und das Sie eigentlich immer für selbstverständlich gehalten haben. Das alles sollte man sich einfach einmal durch den Kopf gehen lassen. Vergessen Sie also nie, sich zu fragen, was genau Sie sich wünschen, weil Sie es nämlich vielleicht wirklich bekommen – und noch einiges mehr.

30.

Erkennen Sie die »Bodenschwellen« in Ihrem Alltag

Eine Metapher, die ich in meinem Leben als sehr hilfreich erfahren habe, ist die der Bodenschwellen. Anstatt die Angelegenheiten, mit denen ich im Lauf eines typischen Arbeitstages konfrontiert werde, als Probleme einzustufen, betrachte ich sie als Bodenschwellen. Wie Sie wissen, ist eine Bodenschwelle eigentlich etwas, das dazu gedacht ist, Ihre Aufmerksamkeit zu wecken und Sie zu veranlassen, langsamer zu fahren. Nun hängt natürlich alles davon ab, wie Sie sich einer solchen Schwelle nähern und wie Sie damit umgehen. Sie kann zu einer scheußlichen, unangenehmen, ja sogar Schaden bringenden Erfahrung werden – oder sie bedeutet einfach eine kurzzeitige Geschwindigkeitsreduzierung, keine große Sache also.

Wenn Sie aufs Gas treten, beschleunigen und eine flotte Sohle fahren, werden Sie mit einem lauten Schlag über die Schwelle rumpeln. Ihr Auto kann Schaden nehmen, Sie machen viel Lärm und können sich sogar verletzen. Zudem setzen Sie Ihr Auto unnötigem Verschleiß aus und auf andere Menschen machen Sie einen dummen und abstoßenden Eindruck. Nähern Sie sich einer Bodenschwelle jedoch sanft und mit Umsicht, kommen Sie mühelos darüber hinweg. Sie erleiden dann keine nachteiligen Auswirkungen und Ihr Auto bleibt völlig unbeschadet.

Sehen wir der Tatsache ins Auge: Über die Bodenschwelle müssen Sie auf alle Fälle. Wie es Ihnen – und Ihrem Auto – jedoch anschließend geht, steht auf einem anderen Blatt.

Fahren Sie Ski oder Rad, wissen Sie schon, wie die Sache läuft. Spannen Sie Ihren Körper an, ist es schwierig, den Schlag abzufedern. Sie geben dann eine seltsame Figur ab und fallen möglicherweise sogar hin. Die Schwelle kommt Ihnen gewaltiger vor, als sie es eigentlich ist.

Probleme lassen sich gleichermaßen betrachten. Sie können sich über sie ärgern, können darüber nachdenken, wie ungerecht und furchtbar sie sind, Sie können sich beklagen und mit anderen jammern. Sie können sich immer wieder bewusst machen, wie schwer das Leben doch ist und weshalb das jeweilige Problem Sie mit Recht besorgt sein lässt. Sie können sich anspannen. Leider gehen sehr viele Menschen so an ihre Schwierigkeiten heran.

Betrachten Sie Ihre Probleme jedoch als Bodenschwellen, stellen sie sich Ihnen ganz anders dar. Sie rechnen dann schon damit, dass sich im Lauf eines Tages ein paar solcher Bodenschwellen bemerkbar machen werden; wie beim Fahrrad fahren gehören solche Unebenheiten eben einfach mit dazu. Sie können dagegen ankämpfen und Widerstand leisten oder Sie können sich entspannen und diese Tatsache einfach akzeptieren. Tritt untertags eine Schwierigkeit auf, sagen Sie sich einfach: »Ach, da kommt mal wieder eine.« Dann machen Sie sich wie beim Ski oder Rad fahren keine großen Gedanken mehr darüber und federn den Schlag ab, indem sie ihm weniger Bedeutung beimessen. Sie können in aller Ruhe entscheiden, mit welcher Handlungsweise Sie am besten und sachtesten über diese Hürde kommen. Es ist wie beim Ski fahren: Je ruhiger und entspannter Sie bleiben, desto einfacher ist es zu steuern.

Wenn Sie Probleme als Bodenschwellen betrachten, ermutigt Sie das, sich zu sagen: »Wie komme ich wohl am besten damit klar?« So haben Sie einen gesunden Abstand, können die Angelegenheit objektiv betrachten, ohne zu einer vorschnellen Reaktion zu neigen, und einen gangbaren Weg suchen; Sie fühlen sich nicht unter Druck. Anders ausgedrückt: Sie gehen davon aus, dass es eine Lösung gibt, Sie müssen sie nur finden. Dieser Ansatz steht in absolutem Gegensatz dazu, derartige Belange sofort als Problem zu betrachten, wodurch man nicht in Versuchung gerät, sie als einen Notfall zu sehen.

Denken Sie an Ihren Arbeitsalltag, werden Sie mir sicher beipflichten, dass Sie so oder so die meisten Ihrer Probleme durchaus in den Griff kriegen; wenn nicht, würden Sie nämlich nicht lange auf Ihrem Posten bleiben. Wozu dann also in Panik verfallen und jedes Problem wie einen Weltuntergang behandeln?

Ich gehe davon aus, dass Sie, wenn Sie mit dieser Strategie ein wenig experimentieren und Ihre Probleme eben einfach als Bodenschwellen betrachten, angenehm überrascht sein werden, um wie viel einfacher Ihr Alltag zu handhaben sein wird. Probleme können wirklich schwierig sein, aber über eine Bodenschwelle kommt jeder hinweg.

31.

Spenden Sie als Unternehmen für einen guten Zweck

Manchmal ist es die beste Methode, den Wert von etwas schätzen zu lernen, indem man sein Augenmerk darauf richtet, wie es ist, wenn es fehlt. Und seien wir einmal realistisch: Haben Sie noch keine Organisation, für die Sie bevorzugt spenden, wie viel von Ihrem Profit geht dann wirklich an eine karitative Einrichtung? Fünf Prozent, zwei Prozent – oder gar nichts? Wer weiß? Eines jedenfalls steht fest: Im Geschäftsleben ist man stets gezwungen, sein Geld für irgendetwas auszugeben. Warten Sie also ab, bis alles bezahlt ist, bleibt Ihnen nie Geld zum Spenden.

Ob als Einzelperson oder als Unternehmen, es gibt immer gute Gründe, warum man für einen guten Zweck spenden sollte – Bedürfnis, Befriedigung, Mitgefühl, der Wunsch, zu Diensten zu sein und sich erkenntlich zu zeigen, um unsere Zukunft zu sichern, um anderen Gutes zu tun, spirituelle Erfüllung und – klar – auch um Steuern zu sparen. Haben Sie jedoch eine bevorzugte Organisation, für die Sie wirklich gerne spenden, steigert das Ihren Wunsch zu geben. Ihr Unternehmen wird so auf einen guten Zweck und ein Ziel hin ausgerichtet. Anstatt den Überblick zu verlieren oder in letzter Minute noch ein paar steuerliche Korrekturen vorzunehmen, wissen Sie dann jeden Monat genau, wie viel Geld Ihr Unternehmen abwirft. Das ist recht befriedigend. Außerdem hat man so einen Anreiz, seine Sache gut zu machen. Anders ausgedrückt: Planen Sie fünf Prozent an Spendengeldern ein, bedeutet das, dass Notleidende umso mehr bekommen, je besser Ihr Geschäft floriert. Dadurch wird Ihr Unternehmen zu einem Vorbild, wie eine Firma agieren sollte. Sie heben sich dann von den anderen ab, weil Sie richtig handeln. Immer wenn Sie sich von anderen positiv unterscheiden, werden Ihre guten, ehrlichen Absichten Ihnen selbst wieder Nutzen bringen.

Haben Sie eine bevorzugte gemeinnützige Organisation, wirkt sich das auch auf die Stimmung in Ihrem Unternehmen positiv aus. Es schafft eine Art Teamgeist, man kommt zusammen, um für eine gute Sache und ein gemeinsames Ziel zu arbeiten. Jeder, der mit Ihnen geschäftlich zu tun hat, empfindet Befriedigung, weil Ihr Unternehmen positiven Einfluss ausübt, und zwar nicht nur auf die Angestellten, Aktionäre und Kunden, sondern generell auch auf Belange, die außerhalb des Unternehmens liegen. Die Menschen werden so ermuntert, in Begriffen wie Geben und Nehmen zu denken, was sie auch jenseits ihres Arbeitsplatzes so handeln lässt. Liegt das Hauptgewicht auf gutem Willen und dem Wunsch, etwas zu teilen, schafft das ein angenehmeres und harmonischeres Arbeitsumfeld. Zu geben vermittelt den Menschen ein gutes Gefühl, was ihre eigene Person und auch ihre Bemühungen angeht. Das wiederum hilft ihnen, sich zu entspannen, den Dingen einen angemessenen Stellenwert zuzuweisen und nicht in allem ein Problem zu sehen und sich verrückt zu machen.

Sind Sie der Inhaber eines Unternehmens, ist es nicht schwer, diese Strategie in die Tat umzusetzen. Sie machen einfach einen Anfang. Wenn Sie bei einer kleinen Firma angestellt sind, geht es ebenfalls leicht. Sie tragen Ihr Anliegen einfach dem Besitzer oder dem zuständigen Mitarbeiter vor. Anders liegt der Fall, wenn Sie für ein großes Unternehmen arbeiten. In einer großen Firma geht man oft stillschweigend von der Tatsache aus, »dass sich schon irgendjemand der Sache annehmen wird«, oder vielleicht haben Sie ja sogar den Eindruck, dass sich eigentlich niemand für Ihre Vorschläge interessiert. Selbst wenn das stimmt, ist es dennoch einen Versuch wert. Ich habe schon viele Firmenchefs kennen gelernt. Meiner Erfahrung nach sind sie nicht anders als andere auch. Sie haben ein Herz und in gewissem Maß auch Mitgefühl. Die meisten Menschen geben gern. Machen Sie also nicht den Fehler anzunehmen, dass Ihr Arbeitgeber gar kein Interesse daran habe, sich eine bestimmte karitative Organisation zu suchen. Ich glaube vielmehr, dass die meisten Arbeitgeber sehr gern einen Beitrag leisten und es vielleicht auf andere Weise sogar schon tun. Vielen kommt Ihr Vorschlag bestimmt sehr gelegen – man wird Ihnen danken. Und wenn Sie sich ins Zeug legen und trotzdem nichts dabei herauskommt, kann man auch nichts machen. Dann setzen Sie eine ähnliche Strategie eben in Ihrem Privatleben um.

Können Sie sich vorstellen, welch eine Auswirkung es auf die Gesellschaft hätte, wenn jeder kleine Betrieb und jedes Unternehmen fünf oder zehn Prozent des Profits für Bedürftige spenden würde? Ziemlich erstaunlich, wenn man einmal darüber nachdenkt. Irgendwann einmal, wenn Sie auf Ihr Berufsleben zurückblicken, werden Sie bestimmt auf Verschiedenes stolz ein. Spenden an gemeinnützige Organisationen stehen dann sicher ganz oben auf Ihrer Liste. Indem Sie Ihr Unternehmen zum Handeln ermutigen, tun Sie der Welt etwas wirklich Gutes. Danke, dass Sie sich so einsetzen.

32.

Sprechen Sie nie schlecht über jemanden hinter seinem Rücken

Bevor ich neulich als Gastredner einen Vortrag hielt, nahm ich noch an einer Personalversammlung teil; ein junger Mann kam auf mich zu, der mir recht sympathisch schien, bis er begann, schlecht über andere zu sprechen. Er stöhnte und beklagte sich über seinen Chef und viele seiner Kollegen. Innerhalb von zehn Minuten war ich über die »schmutzige Wäsche« in seiner Firma voll im Bilde. Hätte ich seiner Version der Geschichte Glauben geschenkt, hätte ich annehmen müssen, dass das ganze Unternehmen total verquer ist – bis auf ihn natürlich.

Das Traurige an der Sache war, dass er anscheinend nicht einmal merkte, was er da tat – seine Äußerungen waren einfach Teil des Gesprächs. Offensichtlich war es für ihn etwas ganz Normales, über jemanden herzuziehen.

Leider stellt dieser Mann mit seiner Angewohnheit keinen Einzelfall dar. Da ich jemand bin, der mit unterschiedlichen Gruppen von Menschen in verschiedenen Teilen des Landes zu tun hat, muss ich Ihnen mitteilen, dass es gang und gäbe ist, hinter dem Rücken schlecht über jemanden zu reden. Der Grund, weshalb diese Tendenz so weit verbreitet ist, liegt vielleicht darin, dass nur wenige sich die Konsequenzen bewusst machen.

Es gibt zwei gute Gründe, warum man nie schlecht über jemanden sprechen sollte. Zunächst einmal ist das per se schrecklich und wirft wirklich ein schlechtes Licht auf Sie. Wenn ich höre, wie jemand über einen anderen herzieht, sagt das nämlich nichts über den Menschen aus, über den etwas gesagt wird, sondern umso mehr über das Bedürfnis dieser Person, Urteile zu fällen. Für mich ist jemand, der anderen auf diese Weise in den Rücken fällt, unaufrichtig und falsch. Ich habe meine Zweifel, dass der Mann, von dem ich vorhin berichtet habe, all das zu seinen Kollegen gesagt hat, was er mir erzählt hat. Anders ausgedrückt: Er hat immer ein freundliches Lächeln aufgesetzt und Nettigkeiten von sich gegeben, während er sich hinter ihrem Rücken völlig anders verhalten hat. Ich finde das nicht fair, es wirft ein trauriges Licht auf diesen Menschen.

Aber ganz davon abgesehen, dass ein derartiges Verhalten gemein und unfair ist und einen schlecht dastehen lässt, ist es wichtig, sich bewusst zu machen, dass über jemanden schlecht zu sprechen auch einem selbst Probleme bereitet. Es verursacht Stress, Sorgen und andere negative Gefühle.

Das nächste Mal, wenn Sie hören, dass jemand heimlich über jemand anderen herzieht, stellen Sie sich vor, wie dieser Mensch sich jetzt wohl selbst dabei fühlen mag – jenseits von Selbstvertrauen und Sicherheit. Wie fühlt man sich, wenn man Unfreundliches, Beleidigendes und Negatives über jemanden äußert, der nicht einmal anwesend ist und sich auch nicht verteidigen kann? Natürlich ist das eine rhetorische Frage. Die Antwort ist so offensichtlich, dass es schon fast peinlich ist, überhaupt groß darüber zu reden. Wenn ich früher einmal schlecht über jemanden gesprochen habe, hatte ich hinterher immer ein ungutes Gefühl. Ich weiß, dass ich mir dann stets die Frage gestellt habe: »Wie konnte ich mich nur zu so etwas hinreißen lassen?« Das kann einem einfach nichts bringen. Sie fühlen sich vielleicht einen Augenblick lang erleichtert, dass Sie sich etwas von der Seele geredet haben, aber dann müssen Sie mit Ihren – unschönen – Worten den restlichen Tag lang leben, wenn nicht noch länger.

Spricht man schlecht über jemanden, schafft das Besorgnis. Der Mann, mit dem ich mich damals unterhalten habe, achtete beispielsweise darauf, ganz leise zu sprechen. Er wollte nicht, dass man ihn hört. Wäre es nicht weniger stressig und viel freundlicher, etwas Nettes über andere in einem respektvollen Ton zu sagen? Tun Sie das, müssen Sie sich auch keine Gedanken machen, ob womöglich jemand Ihr Gespräch mithört oder anderen von Ihren beleidigenden Äußerungen erzählt – nämlich vielleicht genau dem Menschen, über den Sie gerade hinter seinem Rücken schimpfen. Sprechen Sie schlecht über jemanden, stehen Sie unter Druck, Sie sind wachsam, müssen Ihr Geheimnis hüten. Das ist den Aufwand nicht wert.

Ziehen Sie heimlich über andere her, werden Sie auch den Respekt und das Vertrauen all derer verlieren, denen Sie Derartiges mitteilen. Die meisten dieser Menschen sind schließlich Ihre Kollegen oder Freunde. Man muss sich einmal klar machen, dass selbst wenn Ihr Gegenüber Spaß an Ihren Aussagen zu haben scheint und sich an dem Klatsch beteiligt, er insgeheim doch weiß, dass Sie in der Lage sind, jemanden schlecht zu machen; er ist ja schließlich Zeuge dieses Verhaltens geworden. Ganz unvermeidlich wird er sich also die Frage stellen: »Wenn er mir gegenüber schlecht über jemanden spricht, wird er dasselbe dann nicht auch mit mir machen?« Und das Schlimmste ist, dass die Antwort Ja lautet.

Eines der nettesten Komplimente, das ich je von jemandem, mit dem ich viel zu tun hatte, bekommen habe, war: »Ich habe dich nie je irgendetwas Schlechtes über jemanden sagen hören.« Leider habe ich, wie schon erwähnt, durchaus hinter dem Rücken über andere geredet, worauf ich allerdings keineswegs stolz bin. Das Kompliment habe ich mir jedenfalls zu Herzen genommen und tue nun stets mein Bestes, um unter allen Umständen zu vermeiden, über jemanden schlecht zu sprechen.

Hundert Prozent schafft natürlich niemand. Gelegentlich einmal einen Kommentar abzugeben oder jemandem seine Gefühle mitzuteilen wird keinen großen Stress bei Ihnen auslösen und auch Ihren guten Ruf nicht ruinieren. Aber es ist dennoch eine gute Sache, davon Abstand zu nehmen, heimlich schlecht über jemanden zu sprechen.

33.

Akzeptieren Sie die Tatsache, dass Sie hin und wieder einen schlechten Tag haben

Kürzlich hatte ich einmal so einen richtig schlechten Tag, was aber rückblickend betrachtet irgendwie auch wieder ganz witzig war. Alles, was schief gehen kann, ging schief. Hier nur einige der Höhepunkte: Man hatte mich gebeten, in einen anderen Bundesstaat zu fliegen, um vor einem großen Publikum zu sprechen. Ich muss gestehen, dass ich dort gar nicht hinwollte, ich war nämlich gerade erst von einer Reihe von Reisen nach Hause gekommen und hatte meine Familie sehr vermisst. Ich war müde, litt an einem Jetlag und lag mit meiner Arbeit im Rückstand. Obwohl ich eigentlich andere Pläne hatte, informierte mich mein Verleger, dass es sich um einen überaus wichtigen Termin handelte und dass das Publikum meine Anwesenheit wirklich zu schätzen wüsste. Ich willigte also ein.

Unterwegs zum Flughafen geriet ich in einen der fürchterlichsten Verkehrsstaus, den ich je erlebt habe; die Fahrt von normalerweise fünfundvierzig Minuten dauerte über zwei Stunden. Ich habe das Ganze dann noch abgerundet, indem ich mir Kaffee übers Hemd gekippt habe. Als ich am Flughafen ankam, hatte der Flieger Verspätung und man hatte meinen Sitz an jemand anderen verkauft, so dass ich mich auf einen Platz in der Mitte quetschen musste. Das ist für mich schwierig, und zwar nicht nur, weil ich sehr groß bin und zudem zur Klaustrophobie neige, sondern auch, weil ich im Flugzeug immer gerne ein bisschen schreibe. (Diese Strategie schreibe ich übrigens auch gerade auf dem Flug von Miami nach San Francisco nieder.) Da der Flug Verspätung hatte, verpasste ich den Anschluss in Chicago und musste stundenlang warten, bis ich endlich den letzten Flieger an dem Abend nehmen konnte. Während ich am Flughafen von Chicago meine Zeit mit Lesen verbrachte, stolperte eine Frau über meinen Koffer und kippte ihre klebrige Limonade in meinen geöffneten Aktenkoffer. Sie entschuldigte sich und schüttete mir dabei den Rest auch noch über das Buch. Die Aufzeichnungen für meinen Vortrag, Ideen für diesen Titel hier, zudem meine Flugtickets, Rechnungen, Fotos von meinen Kindern und ein paar andere Sachen waren total verdorben.

Als ich schließlich an meinem Ziel ankam, fühlte ich mich erschöpft, dennoch war es schon fast Zeit zum Aufstehen. Ohne geschlafen zu haben nahm ich also eine Dusche und ging nach unten. Man hatte mir mitgeteilt, dass ich die Person, die mich zu der Veranstaltung begleiten sollte, zu einem bestimmten Zeitpunkt in der Hotel-Lobby treffen würde, aber niemand kam. Ich rief deshalb im Kongresszentrum an, wo ich meinen Vortrag halten sollte, und man ließ mich wissen, dass ich auf Grund der Sicherheitsbestimmungen ohne diese Begleitperson dort nicht eingelassen würde. Man sagte mir, ich solle bleiben, wo ich bin, und warten, bis derjenige mich abholt.

Wahrscheinlich haben Sie schon erraten, dass ich meinen Auftritt schließlich verpasst habe. Ich habe zweitausend Leute, die auf meinen Vortrag gewartet hatten, verprellt. Es war eben einfach einer dieser Tage …

Wie so oft hatte eigentlich niemand Schuld an all dem – es war einfach

eine Verkettung unglückseliger Umstände, Pech und mangelnde Kommunikation.
Eine Katastrophe, oder etwa nicht? Ein Notfall? Grund zur Panik? Kaum. Ich sehe die Sache so: Warum sollte es ausgerechnet mir anders gehen als allen anderen auch?
Sehen wir den Tatsachen ins Gesicht: Wir alle haben hin und wieder einen schlechten Tag. Diesmal war wohl ich an der Reihe. Es war schließlich schon lange her, dass ich einen derart fürchterlichen Arbeitstag hatte. Ich hatte bis dahin sogar noch nie einen Vortrag verpasst. Es musste eben einmal so kommen.
Meine Einstellung ist nicht krass, lässt nicht auf Apathie oder Gleichgültigkeit schließen. Ganz im Gegenteil, ebenso wie Sie lasse auch ich nichts unversucht, um mein pünktliches Erscheinen sicherzustellen. Ich bin überaus stolz darauf, nie etwas absagen zu müssen, und wenn ich dann an Ort und Stelle bin, gebe ich mein Bestes, um den Erwartungen meines Publikums gerecht zu werden. Aber wir sind eben alle nur Menschen. Mehr als hundert Prozent kann man eben nicht geben. Oder ist Ihnen etwas anderes bekannt?
Ich bin zu dem Schluss gekommen, dass es einem hilft, die Tatsache einfach zu akzeptieren, dass dergleichen jedem hin und wieder passiert. Wenn es sich nicht um einen Vortrag handelt, dann ist es eben etwas anderes. Das heißt nicht, dass Ihnen das Spaß machen sollte; es heißt nur, dass Sie sich mit dieser Tatsache abfinden sollten. Anstatt überrascht und frustriert zu sein und sich zu fragen, wie »ausgerechnet mir so etwas passieren kann«, können Sie lernen, Zugeständnisse an diesen – hoffentlich – einmaligen Alptraum zu machen. Lassen Sie in Ihrem Herzen Platz für menschliche Irrtümer und Launen der Natur und können Sie die Sache mit Humor angehen, müssen Sie sich selbst nicht

zu wichtig nehmen und können das Beste aus der Situation machen. So haben Sie dann auch die Möglichkeit, anderen zu vergeben, denen gelegentlich auch unschuldige Fehler unterlaufen und die auch ihre schlechten Tage haben.

Bewahren Sie Ruhe, anstatt in Panik zu verfallen, zeigen sich die anderen in der Regel der Situation ebenfalls gewachsen. Damals habe ich den Tag dann noch mit ein paar wirklich reizenden, talentierten Leuten verbracht. Wir haben die Konferenz gerettet, indem wir eine Signierstunde für meine Bücher angesetzt haben. Obwohl natürlich alles völlig anders geplant war, haben wir das Beste daraus gemacht und hatten schließlich viel Spaß miteinander. Die Welt hat nicht aufgehört sich zu drehen, bloß weil Richard Carlson ein Missgeschick hatte.

34.

Erkennen Sie Verhaltensmuster

Egal, wo Sie arbeiten oder was genau Sie machen, ist es hilfreich, Verhaltensmuster zu erkennen und auf diese Weise den Stress in Ihrem Leben zu reduzieren, da sich dann nämlich unnötige zwischenmenschliche Konflikte vermeiden lassen. Sie können den Dingen den ihnen angemessenen Stellenwert zuweisen, weil Sie weniger überrascht sind, wenn »irgendein Blödsinn« passiert. Lernen Sie Verhaltensmuster zu durchschauen, sind Sie in der Lage, Probleme zu erkennen, bevor Sie sich verselbstständigen, Sie können Streitigkeiten im Keim ersticken und Auseinandersetzungen unterbinden, die sonst unwillkürlich ausbrechen würden.

Schauen Sie sich die Personen, mit denen Sie zusammenarbeiten einmal genauer an, werden Sie mir vermutlich zustimmen, dass die meisten Menschen – Sie und ich übrigens auch – bestimmte Verhaltensweisen wiederholen und vorhersehbar reagieren. Anders ausgedrückt: Wir neigen dazu, uns immer über dasselbe aufzuregen, uns von bestimmten Umständen irritieren zu lassen, uns wegen der gleichen Vorkommnisse zu streiten und uns auf gewisses Verhalten hin zu verteidigen. Wie wir auf das Leben reagieren, besonders auf Stress, ist meist leicht vorauszusehen. Akzeptiert man diese Tatsache, ist es enorm hilfreich, die Leute, mit denen man arbeitet, einmal genau zu beobachten und ihre negativen oder destruktiven Verhaltensweisen, die sich logischerweise stets wiederholen, zu erkennen. Es könnte Ihnen beispielsweise auffallen, dass, wenn Sie ein Mitglied Ihres Teams provozieren, derjenige in die Defensive geht oder gern einen Streit anfängt. Das heißt natürlich nicht, dass es grundsätzlich nie angemessen wäre, jemanden zu provozieren – das kann durchaus der Fall sein. Es bedeutet nur, dass Sie derartige Interaktionen vielleicht nicht der Mühe wert halten, sobald Sie erkannt haben, was sich dann mit relativer Sicherheit abspielen wird. Auf diese Weise können Sie unnötige Konflikte vermeiden und Ihre Zeit und Energie effizienter einsetzen. Um dazu in der Lage zu sein, müssen Sie allerdings zunächst Ihre eigenen Verhaltensmuster kritisch prüfen. Vielleicht sind Sie ja derjenige, der gern einen Streit vom Zaun bricht oder nicht ungern an einer Auseinandersetzung teilnimmt?

Möglicherweise gibt es in Ihrem Büro ja einen Mitarbeiter, der nicht in der Lage ist, seine Projekte pünktlich fertig zu stellen – er ist immer ein oder zwei Tage zu spät dran. Auch wenn er sich stets eine einleuchtende Entschuldigung einfallen lässt, bleibt das Endergebnis doch das Gleiche: Die Arbeit liegt nicht pünktlich vor. Indem Sie sich dieses Verhaltensmuster und die Umstände, unter denen es mit Sicherheit auftritt, bewusst machen, können Sie sich selbst schützen und Sie sind zumindest weniger frustriert. Sie können versuchen zu vermeiden, mit diesem Kollegen am gleichen Projekt zu arbeiten, wenn Pünktlichkeit unabdingbar ist. Lässt sich eine Zusammenarbeit nicht umgehen, probieren Sie, etwas mehr Zeit einzuplanen oder früher anzufangen, da Sie ja wissen, was sonst passieren wird. Doch selbst im schlimmsten Fall fühlen Sie sich durch seine Unpünktlichkeit nicht so gestresst, weil Sie sich ja schon seelisch darauf eingestellt haben.

Vielleicht reagiert ja auch eine Ihrer Kolleginnen recht streitlustig, wenn sie sich kritisiert fühlt. Erkennen Sie dieses spezielle Verhaltensmuster, werden Sie es sich zweimal überlegen, ob Sie ihr Ihren Rat anbieten, da sie ihn ja als Kritik auffassen könnte. Um es noch einmal zu sagen: Es ist notwendig und angemessen, jemanden zu kritisieren oder seinen Rat anzubieten – darum geht es mir jetzt nicht. Was ich hier meine, sind diese typischen täglichen Kommentare, die nur böses Blut und unnötige Konflikte schaffen.

Vielleicht klatscht eine Ihrer Freundinnen oder Kolleginnen ja gern. Indem Sie dieses Verhaltensmuster erkennen, können Sie viel Kummer vermeiden und Gerüchten den Garaus machen, bevor sie überhaupt in Umlauf kommen. Sie wissen genau, dass diese Frau unweigerlich alles weitererzählt, was Sie ihr anvertrauen. Es ist ganz egal, ob Sie sie bitten, das zu unterlassen, oder nicht, ob sie es Ihnen verspricht oder nicht, und es spielt auch keine Rolle, dass eigentlich keine böse Absicht dahinter steht. Es bedeutet nicht, dass sie ein schlechter Mensch ist, sondern nur, dass es zu ihrem Verhaltensmuster zählt zu klatschen und sie eben nicht anders kann. Erkennen Sie dieses Verhaltensschema, lässt sich daraus ein enormer Vorteil ziehen. Sie können sich dann auf die Zunge beißen und Ihr Geheimnis für sich behalten, wenn Sie mit ihr zu tun haben – außer es macht Ihnen wirklich nichts aus, wenn sie anderen davon erzählt. Und treffen Sie die Entscheidung, ihr etwas mitzuteilen, dann regen Sie sich später nicht groß darüber auf, wenn andere davon wissen. Das war ja vorherzusehen; es gehört zum Verhaltensmuster.

In dem Stil könnte ich ewig weitermachen. Ein ordinärer Mensch ist stets ordinär; jemand, der zur Eifersucht neigt, tut das immer. Jemand, der anderen gern die Schau stiehlt, lässt keine Gelegenheit verstreichen. Ein unehrlicher Mensch handelt entsprechend, wann immer er sich daraus einen Nutzen erhofft. Jemand, der überempfindlich ist, fühlt sich schnell kritisiert, egal, wie vorsichtig Sie mit ihm umgehen. Eine Person, die stets zu spät kommt, wird sich auch verspäten, obwohl Sie sie gebeten haben, pünktlich zu sein, und so weiter. Sobald Ihnen das Verhaltensmuster klar ist, ist es fast schon masochistisch, in dieser Richtung weiterzumachen.

Vermögen Sie Verhaltensschemata zu durchschauen, halten Sie im Beruf alle Fäden in der Hand. Mit diesen Erkenntnissen können Sie besser entscheiden, was Sie sagen wollen – oder auch lieber nicht –, mit wem Sie Ihre Zeit verbringen möchten und wen Sie besser meiden. Es hilft Ihnen, zu dem Schluss zu kommen, dass manche Dinge mit manchen Menschen einfach nicht zu machen sind.

Fangen Sie also heute noch an, sich die Verhaltensmuster an Ihrem Arbeitsplatz einmal genauer anzusehen. Dann werden Sie bald viel weniger Stress haben.

35.

Erwarten Sie nicht so viel

Ich habe diese Überlegungen einmal einer Gruppe von Leuten vorgetragen, als jemand ganz hinten im Raum seine Hand hob und meinte: »Und Sie wollen ein Optimist sein, wenn Sie sagen, dass wir unsere Erwartungen herunterschrauben sollen?« Seine Frage war durchaus berechtigt und vielleicht geht Ihnen ja gerade etwas Ähnliches durch den Kopf.

Es handelt sich hier um eine kritische Frage, weil Sie auf der einen Seite hohe Erwartungen haben und auch davon ausgehen, dass etwas gut klappt. Sie wollen glauben, dass der Erfolg sich ganz unvermeidlich einstellt und dass Ihre Erfahrungen generell positiv sein werden. Und mit harter Arbeit und etwas Glück werden sich viele – wenn nicht fast alle – dieser Erwartungen ja auch erfüllen.

Auf der anderen Seite programmieren Sie sich auf Enttäuschungen und viel unnötigen Kummer, wenn Sie zu viel vom Leben erwarten, wenn Sie unrealistisch und fordernd sind. Außerdem verscherzen Sie es sich zumindest mit einigen Arbeitskollegen, weil die meisten Leute es nämlich nicht schätzen, wenn man unrealistische Erwartungen an sie heranträgt. Ihre Erwartungshaltung besteht darin, dass die Ereignisse in Ihrem Leben sich auf eine bestimmte, vorgeplante Weise entwickeln und dass die Menschen sich Ihren Vorstellungen entsprechend verhalten sollen. Tun sie das nicht, wie das oft der Fall ist, dann fühlen Sie sich gestresst und elend.

Oft wird Ihnen Ihr Tag, ja Ihr Leben, schon erheblich leichter, wenn Sie Ihre Erwartungen nur geringfügig reduzieren. Sie können Ihr emotionales Umfeld so gestalten, dass Sie, wenn etwas gut klappt, das nicht als Selbstverständlichkeit betrachten, sondern angenehm überrascht und dankbar sind. Und wenn sich Ihre Erwartungen nicht wie geplant erfüllen, dann wirft Sie das auch nicht aus der Bahn. Erwarten Sie weniger, sind Sie Auseinandersetzungen und anderer Unbill nicht so unvermittelt ausgesetzt. Anstatt negativ zu reagieren, können Sie sich dann einfach sagen: »Ach, da kümmere ich mich schon drum.« Vermögen Sie Haltung zu bewahren, werden Sie mit etwas Irritierendem fertig und Sie lösen das Problem – und das war es dann auch.

Das Leben plätschert nicht nett und ohne Ärger dahin. Die Menschen machen Fehler und jeder hat einmal einen schlechten Tag. Manchmal ist jemand grob oder unsensibel. Es gibt keinen wirklich sicheren Job, und ganz egal, wie viel Geld Sie auch verdienen, scheint es doch nie ausreichend zu sein. Telefonleitungen und Computer geben gelegentlich den Geist auf – und alles andere auch.

Als ich Melissa kennen lernte, arbeitete sie für eine Softwarefirma. Sie beschrieb die Tätigkeit als ihre erste »richtige Arbeit«. Sie war jung und ehrgeizig und hatte außergewöhnlich hohe Erwartungen. Das Problem war nur, dass viele dieser Erwartungen sich nicht erfüllten. Man behandelte sie nicht mit dem Respekt, den sie sich erhoffte, und oft wurden ihre Ideen nicht ernst genommen. Sie hatte das Gefühl, dass man sie nicht würdigte und als Selbstverständlichkeit betrachtete; sie war frustriert und ausgebrannt.

Ich schlug ihr vor, ihre Erwartungen zu reduzieren und ihre Tätigkeit doch einmal aus einem anderen Blickwinkel zu betrachten. Anstatt zu erwarten, dass diese Position ihr alles bedeuten solle, bat ich sie, den Job doch einfach als Sprungbrett für etwas Größeres und Besseres zu sehen. Sie nahm sich diesen Vorschlag zu Herzen und von da an ging es aufwärts. Ohne die geistige Auseinandersetzung mit den Erwartungen, die sich nicht erfüllten, war sie in der Lage, sich auf die wirklich wichtigen Aspekte ihrer Arbeit zu konzentrieren. Sie lernte gewaltig dazu und ihr Stress nahm ab.

Etwa ein Jahr später erhielt ich von Melissa eine nette Nachricht per Voicemail; sie teilte mir mit, wie sehr es ihr geholfen habe, ihre Erwartungen herunterzuschrauben. Wörtlich sagte sie Folgendes: »Ich weiß nicht, warum ich aus allem so ein Aufhebens gemacht habe. Es ist eigentlich logisch, dass es in jedem Job etwas gibt, womit man sich arrangieren muss. Ich glaube, ich habe gelernt, nichts mehr unnötig aufzubauschen und mit allem spielend fertig zu werden.« Sie muss den Dreh wahrhaftig herausgehabt haben; seit ich zuletzt mit ihr gesprochen habe, wurde sie nämlich schon zweimal befördert.

Viele Leute verwechseln Erwartung und Leistung. Ich will Ihnen keineswegs nahe legen, Ihren Leistungsstandard zu senken oder ein schlechtes Ergebnis zu akzeptieren. Auch sage ich nicht, dass man die Leute nicht zur Verantwortung ziehen sollte. Ich will Ihnen hier eher zeigen, wie Sie Platz in Ihrem Herzen schaffen für schlechte Stimmungen, Fehler, Irrtümer und Funktionsstörungen. Anstatt so viel Zeit damit zu vertun, sich zu ärgern, weil alles irgendwie schief läuft, kommen Sie dann mit allem spielend zurecht. Dann kann Ihnen das Leben mit seinen Herausforderungen nicht mehr so viel anhaben. Auf diese Weise schonen Sie Ihre Energien, was Sie schließlich produktiver werden lässt.

Erliegen Sie keinem Irrtum: Sie wollen natürlich noch immer alles Menschenmögliche unternehmen, um die jeweilige Situation für sich zu nutzen: hart arbeiten und sich einsetzen, vorausplanen, kreativ sein, sich gut vorbereiten, andere um Hilfe ersuchen, Teamgeist an den Tag legen. Egal, wie sehr Sie sich auch bemühen, wird das Leben sich aber nicht immer so zeigen, wie Sie es geplant hatten. Mit diesen Unwägbarkeiten wird man jedoch am besten fertig, wenn man es gar nicht anders erwartet. Lassen Sie also etwas von Ihren Erwartungen ab und sehen Sie, wie viel angenehmer Ihr Leben sich gestalten kann. Sie werden nicht enttäuscht sein.

36.

Klopfen Sie sich selbst auf die Schulter

Wir alle erleben Zeiten, da wir uns nicht richtig gewürdigt fühlen – so als würde niemand verstehen, wie hart wir arbeiten und wie viel Mühe wir uns geben. Mein wichtigster Ratschlag lautet immer, andere zu loben und ihnen zu sagen, wie sehr wir sie schätzen; Hinweise darauf finden Sie über dieses ganze Buch verstreut. Es gibt jedoch Zeiten, da kein Mensch diesen Rat zu befolgen scheint, da uns niemand lobt und seiner Anerkennung Ausdruck verleiht.

Bisweilen ist es notwendig, seine Tätigkeit zu unterbrechen und sich selbst auf die Schulter zu klopfen. Nehmen Sie sich ein paar Augenblicke Zeit, um sich durch den Kopf gehen zu lassen, was Sie geleistet haben und wie Ihre Absichten und Ihr Handeln beschaffen sind. Lassen Sie geistig Revue passieren, was Sie geleistet haben. Denken Sie darüber nach, wie hart Sie arbeiten und was Sie im Hinblick auf Ihre Ziele und auch für Ihre Arbeitskollegen schon erreicht haben.

So einfach sich das auch anhören mag, es hilft wirklich! Ich habe das viele Male gemacht und bin zu dem Schluss gekommen, dass so alles seinen angemessenen Stellenwert bekommt. Manchmal werde ich mir dann bewusst, wie beschäftigt ich gerade bin, und dann hege ich Mitgefühl all den Leuten gegenüber, denen es ebenso geht. Ich vermag zu erkennen, warum jemand manchmal etwas vergisst oder unfähig ist, Aufmerksamkeit zu zollen – er oder sie ist eben völlig auf die eigene Arbeit und das eigene Leben konzentriert.

Manchmal sind wir so in Beschlag genommen, dass wir vergessen, eine Pause einzulegen und einmal nachzudenken. Nehmen wir uns jedoch einen Augenblick Zeit, können wir wieder die richtige Perspektive finden und uns bewusst machen, dass wir einen wertvollen Beitrag leisten für uns selbst, unsere Familie, die Leute und die Firma, für die wir tätig sind, und vielleicht sogar für die Menschheit. Vermögen wir unsere eigene Leistung aus unserem Inneren heraus zu beurteilen, ist das gewichtiger und befriedigender, als es von anderen zu hören. Wollen Sie zu einer positiven Einstellung sich selbst und Ihren Leistungen gegenüber gelangen, müssen Sie sich erst einmal selbst anerkennen und auch ehrlich würdigen, was Sie geschafft haben. Fast jedem gefällt es, wenn ihm jemand auf die Schulter klopft; das gibt einem ein gutes Gefühl. Ist es jedoch einmal nicht der Fall, lassen Sie sich nicht unterkriegen oder negativ beeinflussen. Das Lob anderer ist einem nie sicher und es zu einer Vorbedingung für die eigene Zufriedenheit zu machen, ist deshalb keine gute Idee. Schließlich können Sie sich ja immer selbst loben und auf die Schulter klopfen.

Seien Sie ehrlich und aufrichtig, was Ihre Komplimente angeht. Leisten Sie gute Arbeit, sagen Sie sich das auch. Wenn Sie Überstunden machen, rechnen Sie sich das hoch an. Verschönern Sie jemandem das Leben oder tun Sie der Gesellschaft etwas Gutes, dann wird durch Ihr Zutun die Welt verbessert. Sie haben es verdient, dass man Sie anerkennt. Wenn Sie sich also die Zeit nehmen, so mit sich umzugehen, dann werden Sie zu dem Schluss kommen, dass dies bestimmt der Mühe wert ist.

37.

Beschäftigen Sie sich weniger mit sich selbst

Für mich gibt es kaum eine Eigenschaft, die mir weniger zusagt, als wenn jemand zu sehr mit sich selbst beschäftigt ist. Ein Mensch, der in diese Kategorie fällt, nimmt sich selbst enorm wichtig. Er hört sich gern reden und weiß seine Zeit zu würdigen – die von anderen allerdings nicht. Meist sind diese Leute sehr egoistisch, was Zeit, Liebe und Geld angeht, zudem lassen sie anderen, die vom Schicksal weniger begünstigt sind, wenig Mitgefühl zuteil werden. Sie sind arrogant und wirken aufgeblasen und selbstgerecht. Derart selbstbezogene Menschen sehen und behandeln andere oft nur als Mittel zum Zweck, um zu bekommen, was sie sich vorstellen. Meistens können sie nur eine Sichtweise akzeptieren – nämlich die eigene. Sie haben Recht und alle anderen haben Unrecht – außer, man schließt sich ihrer Meinung doch noch an.

Selbstbezogene Menschen sind oft unhöflich, unsensibel gegenüber den Gefühlen anderer und vor allem an sich selbst interessiert – an ihren eigenen Bedürfnissen und Wünschen. Ihre Mitmenschen betrachten sie hierarchisch geordnet. Anders ausgedrückt: Sie denken, manche Menschen stünden unter ihnen und seien damit natürlich auch weniger wichtig als sie selbst. Außerdem sind selbstbezogene Menschen schlechte Zuhörer, weil sie schlichtweg kein großes Interesse an ihrem

Gegenüber haben, und wenn doch, dann höchstens ein sehr oberflächliches.

Natürlich stelle ich jetzt alles in den schrecklichsten Farben dar. Nur wenige Menschen sind so schlimm. Trotzdem entwerfe ich dieses negative Bild, weil ich es überaus wichtig finde, dass Sie sich bewusst machen, welche Art Mensch Sie wirklich nie und nimmer werden sollten. So können Sie sicherstellen, dass sich keine dieser hässlichen Eigenschaften je in Ihr Leben einschleicht – und wenn doch, dann können Sie wenigstens gleich die notwendigen Gegenmaßnahmen ergreifen.

Bringen Sie Selbstwertgefühl und Selbstbezogenheit nicht durcheinander; die beiden haben nichts miteinander zu tun. Man kann sogar sagen, dass sie ihrem Wesen nach Gegensätze darstellen. Ein Mensch mit hohem Selbstwertgefühl liebt andere und steht mit sich selbst in Einklang. Da er emotional gesehen ja schon hat, was er braucht – nämlich ein positives Selbstbild –, kümmert er sich instinktiv selbstlos um andere. Er legt großes Interesse an den Tag zu erfahren, was andere zu sagen haben, und auch daraus zu lernen. Er zeigt Mitgefühl und trachtet stets danach, zu Diensten, nett und großzügig zu sein. Er ist bescheiden und behandelt alle mit Respekt und Freundlichkeit.

Es gibt viele gute Gründe, weniger selbstbezogen zu sein. Zum einen können Sie ja schon an meiner Beschreibung vorhin erkennen, dass es sich um einen sehr hässlichen Wesenszug handelt. Darüber hinaus ist es überaus stressig, wenn man sich selbst so in den Mittelpunkt stellt. Selbstbezogene Menschen sehen viel häufiger in allem ein Problem und machen sich verrückt, alles nervt oder frustriert sie. Nie scheint ihnen etwas gut genug zu sein.

Selbstbezogene Personen weisen zudem auch oft sehr schlechte Lernerfolge auf. Da sie nicht gut zuhören und kein Interesse an ihrem Gegenüber zeigen, verpassen sie die Gelegenheit, etwas von anderen zu lernen. Zudem teilt sich Selbstbezogenheit den anderen überaus deutlich mit, was dazu führt, dass keiner Lust hat, denjenigen zu unterstützen oder ihm besonders behilflich zu sein. Es fällt schwer, jemand Arrogantem Beifall zu zollen; man ist versucht, diesen eigentlich gerne scheitern zu sehen.

Nicht nur deshalb ist es also ratsam, sich einmal selbst zu prüfen und sein Ausmaß an Selbstbezogenheit einer ehrlichen Kontrolle zu unterziehen. Beurteilen Sie sich. Haben Sie den Eindruck, in diese Richtung zu gehen, dann ist es vielleicht an der Zeit, die eigene Einstellung zu korrigieren. Tun Sie das, profitieren alle davon. Dann wirken Sie auf andere inspirierender und Sie werden Ihr Dasein als einfacher und zugleich erfüllter erleben.

38.

Lassen Sie sich keine goldenen Handschellen anlegen

Seit ich zum ersten Mal den Ausdruck »goldene Handschellen« gehört habe, hat er einen tief greifenden Einfluss auf meine Entscheidungen, was meinen Lebensstil betrifft. Ich kenne viele Menschen, die wegen solcher geistiger Handschellen in der Falle sitzen. Ich schreibe diese Strategie nieder, um zu verhindern, dass Ihnen oder Ihren Lieben Ähnliches passiert. Oder, falls man Ihnen schon solche Handschellen angelegt hat, dann kann ich Ihnen ja vielleicht zumindest einen Anstoß für eine mögliche Problemlösung geben.

Der Begriff »goldene Handschellen« bedeutet, dass Sie *aus freien Stücken* ziemlich nah an Ihrer aktuellen Einkommensgrenze leben – wenn nicht sogar darüber. Das heißt, dass Sie gezwungen sind, Ihren Job oder die Richtung, die Ihre Karriere nimmt, so fortzusetzen und beispielsweise viele Überstunden zu machen, wobei Sie die Vorzüge eines bestimmten Einkommens genießen und sich außerdem darauf verlassen. Der Aufwand, den es bedeutet, dieses hohe Einkommen auch zu verdienen, macht Ihnen allerdings weniger Freude, wenn er Ihnen nicht gar auf die Nerven geht. Anders ausgedrückt: Die Vorteile Ihres guten Einkommens werden durch den Stress überschattet, den es bedeutet, einen derart hohen Lebensstandard auch aufrechtzuerhalten.

Vielleicht haben Sie ja das Gefühl, keine Zeit für Ihr Privatleben zu haben, und Sie wünschen sich, dass es anders wäre. Oder es steht Ihnen vielleicht nur ganz wenig wertvolle Zeit zur Verfügung, die Sie mit Ihren Freunden, Kindern, dem Ehepartner oder anderen lieben Menschen verbringen können; oder Sie haben den Eindruck, zu viel unterwegs zu sein und auch andere Opfer bringen zu müssen. Sind einem goldene Handschellen angelegt, heißt das, dass Sie bewusst oder unbewusst die Wahl getroffen haben, einen Teil Ihrer Lebensqualität – Zeit, Hobbys, Beziehungen – dranzugeben, um ein bestimmtes Auto zu fahren, ein schickes Zuhause zu haben und materiellen Komfort und Privilegien genießen zu können. Wir gewöhnen uns an einen gewissen Lebensstil und können uns dann gar nicht mehr vorstellen, mit weniger auszukommen. Lassen Sie nicht außer Acht, dass ich bei der Beschreibung des Problems vorhin die Wendung »aus freien Stücken« gebraucht habe. Ganz offensichtlich betrifft diese Strategie nämlich nicht die Menschen, die von der Hand in den Mund leben oder kaum das Nötigste zum Überleben haben und jeden Dollar, den sie verdienen, gleich wieder ausgeben müssen, um die tagtäglichen Bedürfnisse zu befriedigen. Es geht hier vielmehr um all die Fälle, wenn der jeweilige Lebensstil zumindest teilweise auf der eigenen freien Wahl beruht. Unterziehen Sie Ihre Situation einmal einer gründlichen und ehrlichen Betrachtung, kommen Sie vielleicht zu dem Ergebnis, dass Ihnen mehr Alternativen zur Verfügung stehen, als Sie sich bislang vorgestellt haben. Und bevor Sie jetzt zur nächsten Strategie blättern, lesen Sie bitte weiter. Selbst wenn Sie nämlich momentan auf Grund Ihres gegenwärtigen Einkommens nicht in der Falle sitzen, ist es dennoch wichtig, sich diesen Trend einmal bewusst zu machen, damit Sie ihn später in Ihrem Berufsleben – oder wenn die Umstände sich ändern – vermeiden können.

Ein paar wichtige Fragen sind: Hat die verführerische Werbung für dieses schicke neue Auto Sie überzeugt, dass Sie sich das Privileg, so einen Wagen zu fahren, wahrhaftig verdient haben? Sind die hohen Monatsraten das wirklich wert? War die neue Kleidung, die Ihnen ein so tolles Selbstwertgefühl vermitteln sollte, es wert, Überstunden zu machen? Ist es wirklich eine Ehre, all diese Kreditkarten bei sich zu haben und praktisch jederzeit alles, was das Herz begehrt, kaufen zu können, und am Ende dann womöglich einen Berg Schulden zu haben? Ist eine Vierzimmerwohnung, die Sie sich eigentlich gar nicht leisten können, wirklich besser als eine Dreizimmerwohnung, die Sie viel weniger kostet? Macht Zelten Ihnen vielleicht genauso viel Spaß, wie in einem Hotel zu wohnen? Müssen Ihre Kinder unbedingt eine Privatschule besuchen? Brauchen Sie zwei Telefonanschlüsse? Schmeckt es Ihnen in einem Restaurant immer besser, als wenn Sie sich ein Sandwich einpacken oder ein gemütliches Picknick veranstalten? Wäre es wirklich so ein Opfer, öffentliche Verkehrsmittel zu benutzen oder einer Fahrgemeinschaft beizutreten und auf diese Weise Geld für Parken und Benzin zu sparen? Brauchen Sie das alles wirklich? Ist mehr immer besser und erstrebenswert?

Der Einschätzung der meisten Leute nach war Mark ein überaus erfolgreicher Geschäftsmann. Er arbeitete seit über zwanzig Jahren für die gleiche Firma und war darin die Erfolgsleiter nach oben geklettert. Er hatte eine wichtige Position inne, die ihm eine Herausforderung bedeutete, freute sich an seinem hohen Gehalt und den verschiedenen Vergünstigungen, die die Firma bot, und war überaus angesehen. Er wohnte in einem schönen Haus, fuhr ein teures Auto und seine Kinder besuchten eine Privatschule. Mit den Jahren verlor Mark allerdings das Interesse an seiner Karriere und er sehnte sich nach etwas anderem. Er liebte

die Natur und träumte von einem neuen Beruf im Bereich des Umweltschutzes.
Das Problem war nur, dass Mark über seine Verhältnisse lebte. Je mehr er das Interesse an seiner Tätigkeit verlor, desto mehr Geld gab er aus, um dieses Gefühl der Leere zu kompensieren. Er kaufte einen neuen Lieferwagen, ein kostspieliges Boot und ein paar andere Freizeitartikel. Seine Ausgaben rechtfertigte er, indem er von bestimmten Gehaltserhöhungen und Bonuszahlungen in den kommenden Jahren ausging. Es wurde so schlimm, dass er das künftige Einkommen von drei oder vier Jahren im Voraus ausgab. Mark ging praktisch sich selbst in die Falle, weil er nun, um seinen Lebensstil und die ständig steigenden Rechnungen bezahlen zu können, gezwungen war, wegen des relativ hohen Gehalts in der gleichen Arbeitsstelle zu bleiben. Er hatte keine Wahl mehr und sein Traum musste noch warten.
Es mag schwer sein, diese Tatsache zu akzeptieren, aber den meisten Menschen sind nicht die Hände gebunden, es bestehen durchaus effektive Möglichkeiten, mit solchen goldenen Handschellen umzugehen. Sie können in vielen Fällen die Entscheidung treffen, Ihren Lebensstandard zu senken – genau: zu senken –, weniger zu konsumieren und somit auch weniger Geld auszugeben und ein einfacheres Leben zu führen. Ich weiß, dass diese Strategie dem typischen Naturell, sich immer mehr zu wünschen, zuwider läuft, ebenso dem allgemeinen Trend, den Lebensstandard ständig anheben zu wollen. Wenn Sie jedoch nur eine Minute darüber nachdenken, kann dieser eine simple Vorschlag Ihr Leben viel einfacher und weniger stressvoll machen.
Ich denke, wir alle sollten uns einmal die Frage stellen, ob unser Lebensstandard wirklich sinken würde, wenn wir weniger unter Stress und Aufregungen litten. Wäre unser Lebensstandard denn geringer, wenn wir in

der Lage wären, mehr Zeit für uns und unsere Lieben zu haben? Sind wir wirklich schlechter dran, wenn wir weniger finanzielle Verpflichtungen eingehen und dafür vielleicht etwas mehr Zeit herausschlagen, um das Leben zu genießen?

Ich will hier nicht gegen diverse Errungenschaften, materiellen Komfort oder den Wunsch, die Lebensqualität zu verbessern, anwettern. Ich glaube an Ihr Recht, sich voll zu entfalten und alles zu besitzen, das Sie sich verdient haben. Ich gebe auch zu, dass weniger Geld auszugeben und im Rahmen der jeweiligen Finanzmittel zu leben, harte Entscheidungen beinhalten kann. Bedenken Sie jedoch, dass es Ziel meines Buches ist, Ihnen zu helfen, sich weniger gestresst zu fühlen und im Arbeitsleben nicht in allem ein Problem zu sehen. Und einer Sache bin ich mir absolut sicher: Es ist wirklich schwierig, sich nicht verrückt zu machen, wenn man mit goldenen Handschellen festsitzt.

Ich will hier nicht vorschlagen, dass jetzt jeder, der ein gutes Einkommen hat, sein Haus verkaufen und in ein kleineres aufs Land ziehen soll; oder dass Sie jetzt das, was Sie sich beruflich so hart erarbeitet haben, für etwas weniger Stress aufgeben; oder dass Sie ein geringeres Gehalt generell als brauchbare Alternative betrachten. Ich will Ihnen nur zeigen, dass goldene Handschellen eine enorm schmerzliche Stressquelle sein können und Ihnen Ihr Leben erheblich einfacher erscheinen wird, wenn Sie sie ablegen. Schauen Sie sich Ihren Lebensstil also einmal genauer an und entscheiden Sie dann, ob diese Strategie für Sie in Frage kommt. Auf den ersten Blick ist es ja vielleicht schwierig, aber vielen Leuten ist dieses Gefühl von Freiheit die Sache wert.

39.

Keine Angst vor der Voicemail

Ich muss immer ein wenig kichern, wenn jemand zu mir sagt: »Mann, du hinterlässt ja wirklich lange Voicemails.« Auch wenn ich das durchaus manchmal tue, ist es möglicherweise ein stressauslösender Irrtum, sie für »lang« zu halten. In Wirklichkeit bedeutet selbst noch die längste Nachricht, die man auf einen Anrufbeantworter spricht – insofern sie zumindest einigermaßen sachbezogen ist –, eine enorme Zeitersparnis und ist ein hervorragendes Kommunikationsmittel.

In den meisten Fällen dauert die längste Voicemail, die Sie hinterlassen können, drei Minuten. In dieser Zeit können Sie überaus detaillierte, spezifische Informationen übermitteln und sorgsam und genau auf bestimmte Fragen antworten, wobei Sie dem anderen sogar noch den Luxus zuteil werden lassen, über Ihre Kommentare nachdenken zu können, sie – wenn nötig – mehrmals anzuhören, und das, wenn er oder sie gerade Zeit hat. Eine Voicemail ist eine hervorragende Möglichkeit, den eigenen Standpunkt zu erklären, ohne unterbrochen zu werden. Der andere erhält so die Gelegenheit, die Nachricht in Ruhe abzuhören, also ohne die üblichen Spontanreaktionen, wie in die Defensive zu gehen, eine Entscheidung zu treffen oder voreilige Schlüsse zu ziehen, bevor ihm überhaupt alle Fakten bekannt sind.

Natürlich kenne ich Ihre Telefongewohnheiten nicht, aber wenn sie den meinen ähneln, dann dauert ein Privatgespräch mindestens sechs oder sieben Minuten, in der Regel sogar erheblich länger. Meist beinhalten diese Telefonate, dass man sich ein paar Minuten lang nach dem Wohlergehen des anderen erkundigt, sowie einige andere Abschweifungen, die nichts mit dem eigentlichen Anlass für das Gespräch zu tun haben. Auch wenn ich mich bemühe, meine Telefonate möglichst knapp zu halten, schätze ich, dass die durchschnittliche Gesprächsdauer doch locker bei zehn Minuten liegt.

Als Autoren haben mein Freund Benjamin und ich vier Anthologien zusammengestellt – dazu gehören »Das kleine Buch für die Seele« sowie »Das kleine Buch des Herzens« –, wobei wir uns in neunzig Prozent aller Fälle der Voicemail bedient haben. Wir wohnen nämlich dreihundert Meilen voneinander entfernt, doch hat diese effektive Art der Kommunikation unsere Zusammenarbeit leicht und angenehm gemacht. Da wir beide einen Vollzeitjob haben, konnten wir während unserer Arbeitspausen auf dem Anrufbeantworter des anderen unsere Gedanken und Ideen hinterlassen. In der Mittagspause haben wir dann unsere Voicemail abgehört, ebenso natürlich gleich am Morgen und noch spät am Abend. Nach vielen Gesprächen sind wir übereingekommen, dass vermutlich keines der beiden Bücher je fertig geworden wäre, wenn wir versucht hätten, uns alles persönlich mitzuteilen. Es wäre einfach viel zu schwierig gewesen, unsere überfrachteten Terminpläne zu koordinieren, um Zeit für langwierige Sitzungen zu schaffen, in denen wir dann unsere Gedanken austauschten.

Vielleicht meinen einige ja nun, dass ich irgendwie unfreundlich bin oder keine Freude an persönlichen Gesprächen habe. Das stimmt nicht. Wenn ich die Zeit dazu habe und die Verwendung der Voicemail meinen Zielen nicht dienlicher ist, unterhalte ich mich gerne mit den Leuten, mit denen ich arbeite. Aber sehen Sie, genau darin liegt nun das Problem. Sobald ich mich auf eine Unterhaltung einlasse, entwickle ich ein so großes Interesse an dem jeweiligen Thema, dass es mir schwer fällt aufzulegen. Es gibt Zeiten, in denen man einem persönlichen Gespräch den Vorzug geben sollte, und es gibt Zeiten, in denen eine Voicemail die perfekte Lösung ist. Und sicher will ich nicht vorschlagen, dass bei Herzensangelegenheiten die Voicemail die Interaktion ersetzen sollte.

Ich verkaufe keine Anrufbeantworter und ich weiß auch, dass die Voicemail nicht in jedem Fall des Rätsels Lösung ist. Eine echte Zeitersparnis ist sie aber in jedem Fall und in bestimmten Situationen auch ein hervorragendes Kommunikationsmittel. Viele Leute kommen damit bereits bestens zurecht. Und vielleicht ist diese Strategie für Sie ja auch unnötig. In diesem Fall können Sie sie ja jemandem näher bringen, von dem Sie meinen, dass er einen Nutzen daraus ziehen könnte. Haben Sie jedoch eine Aversion gegen Voicemails oder zählen Sie zu den Menschen, die sich über »lange Nachrichten« beschweren, dann sollten Sie Ihre Position einmal überdenken. Sie können Unmengen Zeit sparen, indem Sie bei beruflichen Telefonaten die Voicemail öfter benutzen; bei bestimmten Kommunikationsanlässen werden Sie dann sogar effektiver.

40.

Hören Sie auf, sich zu wünschen, woanders zu sein

Denken Sie einmal über die heimtückische Neigung nach, sich zu wünschen, woanders zu sein, stimmen Sie mir vielleicht zu, dass sie dumm, ja oft sogar selbstzerstörerisch ist. Bevor Sie jetzt aufspringen und sagen: »Moment mal, ich mache das aber nicht«, lassen Sie mich Ihnen erklären, was genau ich meine.

Es gibt viele Möglichkeiten, seine Zeit damit zu verbringen, sich anderswohin zu wünschen. Wir sind in der Arbeit und wünschen uns, zu Hause zu sein. Oder wir wünschen uns unter der Woche, dass schon Freitag wäre. Manchmal wünschen wir uns auch, dass beruflich etwas anders liefe. Wir wünschen uns andere Verantwortlichkeiten oder dass wir mit anderen Leuten zusammen sein können. Wir wünschen uns einen anderen Chef beziehungsweise andere Angestellte. Wir wünschen uns ein anderes Arbeitsumfeld oder eine andere Art, ins Büro zu gelangen. Wir wünschen uns, in einer anderen Branche tätig zu sein, dass der Wettbewerb besser funktionieren möge oder dass sich unsere Lebensumstände verändern sollen. Diese Liste ließe sich endlos fortsetzen. Das Problem ist, dass diese Wünsche nichts mit der Realität zu tun haben, sondern bestenfalls ein Gedankenspiel im Hinblick auf eine andere Realität sind.

Wenn Sie nicht aufpassen, fangen Sie womöglich an, sich gar Ihr Leben wegzuwünschen, da Sie ständig irgendwo anders sein wollen, als Sie es gerade sind. Aber so ist es eben nicht – Sie sind genau hier, an Ort und Stelle. Das ist die Realität. Eines meiner Lieblingszitate lautet: »Das Leben spielt sich ab, während wir damit beschäftigt sind, andere Pläne zu schmieden.« Eine etwas andere Version lautet: »Das Leben spielt sich ab, während wir uns anderswohin wünschen.« Möchten Sie an einem anderen Ort sein, ist das, als würden Sie einen Schritt Abstand vom Leben nehmen, anstatt richtig daran teilzuhaben und offen dafür zu sein, wie es eben ist.

Von einem praktischen Standpunkt aus betrachtet ist es dann auch sehr schwierig, auf etwas konzentriert zu sein und effektiv zu arbeiten, wenn Ihre Gedanken ständig dorthin abschweifen, wo Sie lieber wären.

Diese beiden Aspekte schließen sich praktisch aus. Ihre Konzentration leidet, weil Sie nicht wirklich bei der Sache sind, weil Sie nicht erkennen, was wirklich relevant ist. Außerdem ist es praktisch unmöglich, an einer Arbeit Spaß zu haben, wenn Sie sich mehr damit beschäftigen, wo Sie lieber wären, als Sie es tatsächlich sind. Überlegen Sie einmal, was Ihnen am meisten Spaß macht. In allen Fällen handelt es sich dabei um Aktivitäten, bei denen Sie völlig in der Sache aufgehen, sich wirklich auf das konzentrieren, was Sie gerade tun. Fehlt diese Konzentration, ist die Freude, die Sie dabei empfinden, reduziert. Welchen Spaß kann es schon machen, einen Roman zu lesen und dabei an etwas anderes zu denken?

Aber hier wird die Sache dann auch ein bisschen schwierig. Ziehen Sie keinerlei Befriedigung aus Ihrer Arbeit, ist es ein Leichtes zu sagen: »Klar, dass ich lieber woanders wäre, das hier macht mir keinen Spaß.« Aber nehmen Sie doch einmal einen Schritt Abstand und sehen Sie sich genauer an, was zu diesem Gefühl von Überdruss beiträgt. Die Frage ist, was zuerst kommt – die fehlende Freude oder der Konzentrationsmangel? Nicht immer natürlich, aber bisweilen ist die Langeweile oder fehlende Befriedigung, die wir empfinden, nicht durch unseren Beruf bedingt oder womit wir unsere Zeit verbringen, sondern durch einen Mangel an Konzentration. Die Tatsache, dass Sie sich überlegen, wo Sie lieber sein würden, nimmt Ihnen praktisch den Spaß an dem, was Sie gerade tun.

Ich schätze, Sie werden angenehm überrascht sein, ja sogar verwundert, was passiert, wenn Sie den Entschluss fassen, weniger Zeit darauf zu verwenden, sich anderswohin zu wünschen, und sich dafür mehr auf das zu konzentrieren, was Sie gerade tun. Dann finden Sie vielleicht wieder den Funken der Begeisterung und den entsprechenden Enthusiasmus für Ihre Arbeit, wodurch Sie dann mehr Spaß haben. Zudem werden Sie viel kreativer und produktiver, weil Sie sich ja besser konzentrieren.

Ich will hier nicht behaupten, dass es nicht angemessen oder wichtig ist, Zukunftspläne zu schmieden und auch einmal von etwas zu träumen. Ebenso wenig lege ich Ihnen nahe, keine Veränderungen vorzunehmen, wenn Sie sich dazu bemüßigt fühlen. Oft ist das wunderbar und auch angemessen. Wenn Sie sich jedoch mehr auf das einlassen, was Sie gerade tun, anstatt sich zu überlegen, was Sie gerne tun würden, dann werden sich sowohl das Wesen Ihrer Träume als auch Ihre geplanten Handlungsweisen langsam verändern. Haben Sie eine Traumvorstellung, wird sich der Weg, wie Sie dorthin kommen, klar und deutlich vor Ihnen abzeichnen. Anstatt sich von widersprüchlichen Gedanken und Sorgen ablenken zu lassen, arbeitet Ihr Verstand dann scharf und klug.

Viel Glück also mit dieser Strategie. Ich denke, Sie werden an Ihrer Arbeit bald mehr Spaß finden, als Sie es je für möglich gehalten hätten.

41.

Stellen Sie sich die Frage: »Mache ich das Beste aus diesem Augenblick?«

Eine der wichtigsten Fragen, die Sie sich meiner Meinung nach stellen sollten, ist: »Mache ich das Beste aus diesem Augenblick?«

Lassen Sie sich Folgendes einmal durch den Kopf gehen: Wenn Sie aus diesem Moment jetzt das Beste machen würden und das dann immer so beibehielten, dann würde sich Ihr Leben wie von Zauberhand neu gestalten, und, was am wichtigsten ist, nichts könnte Ihnen so leicht unter die Haut gehen. Von vielen Momenten wünschen wir uns, dass sie anders wären, wir beklagen uns, jammern und tun uns selbst Leid. Aber genau betrachtet ist es nicht nur Zeitverschwendung, Augenblick für Augenblick so zu verbringen, es ist auch absolut kontraproduktiv!

Wenn Sie diese Strategie anwenden, werden Sie auf der Stelle die Veränderung spüren. Immer wenn Sie sich überfordert und gestresst fühlen, stellen Sie sich nun die Frage: »Was mache ich jetzt gerade mit diesem Augenblick?« Denken Sie über etwas nach, das Ihnen Stress bereitet? Halten Sie sich wieder einmal vor Augen, wie unglaublich beschäftigt Sie doch sind? Rechtfertigen Sie gedanklich, dass Sie guten Grund haben, sich aufzuregen? Verstärken Sie eine negative Annahme? Sind Ihre Einstellung und Ihr Denken auf etwas Positives gerichtet? Denken Sie lösungsorientiert?

Ich habe vor vielen Jahren begonnen, diese Strategie zu üben, und bin dabei auf etwas wirklich Beachtliches gestoßen. Wenn ich negative Empfindungen habe, mich überfordert oder pessimistisch fühle, kann ich meinen Zustand meistens verbessern, indem ich mir eben diese Frage stelle. Wahrscheinlich sollte es mich gar nicht so verwundern, dass ich, wenn ich mich überfordert fühle, den gegenwärtigen Moment damit zubringe, an all das zu denken, was mich so stresst, anstatt einfach mein Möglichstes zu versuchen und mir einen guten Schlachtplan einfallen zu lassen.

Beschäftigen Sie sich mit dieser Strategie, werden Sie vermutlich erkennen, dass Sie garantiert damit rechnen können, in allem ein Problem zu sehen, wenn Sie nicht das Beste aus dem jeweiligen Augenblick machen. Sie grübeln dann über alles nach, was Ihnen auf die Nerven geht und was Ihnen an Ihrem Leben nicht passt. Gott sei Dank trifft der umgekehrte Fall aber auch zu. Sobald Sie aus einem Moment das Beste machen, ist es sehr unwahrscheinlich, dass Sie in allem ein Problem sehen und sich verrückt machen, weil Sie dann ja auf Lösungen und Freude konzentriert sind und nicht auf Sorgen und Probleme.

42.

Hören Sie auf zu hetzen

Für die meisten Menschen gibt es eigentlich nur zwei Geschwindigkeiten – schnell und noch schneller. Es hat den Anschein, dass wir die meiste Zeit hetzen, mit hohem Tempo agieren und drei bis vier Dinge gleichzeitig tun. Manchmal schenken wir anderen nur teilweise unsere Aufmerksamkeit und hören den Leuten, mit denen wir arbeiten, nur mit halbem Ohr zu. Unser Verstand ist durcheinander und hyperaktiv.

Der Grund, warum so viele von uns so oft hetzen, mag in unserer Angst begründet sein, dass wir nicht Schritt halten können und dann womöglich unterliegen. Unsere Konkurrenten, aber auch alle anderen um uns, legen ein so enormes Tempo vor, dass wir meinen, es ebenso machen zu müssen.

Es ist jedoch wichtig festzustellen, dass unsere Konzentration leidet, wenn wir so wahnsinnig überdreht sind. Wir verschwenden wertvolle Energie und machen dann oft Fehler. Wenn wir hetzen, ist es schwierig zu entscheiden, was wirklich absolut wichtig ist, da wir ja so besorgt sind, ob wir auch alles schaffen. Weil wir ein so rasantes Tempo vorlegen, sind wir schnell gestresst, nervös und aufgeregt. Und weil wir dann so hypersensibel sind, fällt uns vieles auch oft schnell auf die Nerven.

Hetzen wir, neigen wir leicht dazu, in allem ein Problem zu sehen und uns verrückt zu machen.
Wagen Sie einmal ein Experiment. Versuchen Sie ganz bewusst, einen Gang langsamer zu schalten – und zwar sowohl was Ihr Denken als auch was Ihr Handeln betrifft. Sie werden dann angenehm überrascht feststellen, dass Sie trotz des verringerten Tempos entspannter und erheblich effektiver werden. Der Grund liegt darin, dass Sie so Ihre Fassung wiederfinden und in der Lage sind, alles in einem größeren Zusammenhang zu sehen. Ihr Stresspegel wird dramatisch fallen und Sie werden sogar das Gefühl haben, plötzlich mehr Zeit zu haben. Ihre Fähigkeit zu denken und zuzuhören wird an Schärfe und Prägnanz zunehmen. Dann sind Sie in der Lage, Probleme vorherzusehen und finden sich nicht so oft unvermittelt mittendrin wieder.
Ich schätze, dass ich jetzt etwa mit der halben Geschwindigkeit agiere wie vor zehn Jahren. Und dennoch schaffe ich doppelt so viel Arbeit! Es ist wirklich recht erstaunlich, wie viel man leisten kann, wenn man ruhig und gesammelt ist. Und was vielleicht noch wichtiger ist: Ihnen macht Ihre Tätigkeit dann auch viel mehr Spaß, als wenn Sie herumhetzen. Ich erkenne die Notwendigkeit, produktiv zu sein, voll an und mir ist auch klar, wie viel Arbeit es zu bewerkstelligen gilt. So seltsam es einem auch vorkommen mag, aber oft schafft man in weniger Zeit viel mehr, wenn man nicht so hetzt.

43.

Werden Sie sich Ihrer inneren Weisheit bewusst

Ich kenne niemanden, der den Wert des analytischen Denkens bestreiten würde, wenn es darum geht, eine Situation erfolgreich zu meistern. Dennoch gibt es auch eine andere Art von Intelligenz, die jenseits dieses analytischen Denkens liegt und die nicht minder wichtig ist: Weisheit. Diese Weisheit versorgt Sie nicht nur mit den passenden kreativen Ideen, mit der richtigen Einschätzung, praktischem Menschenverstand und einer hervorragenden Orientierung, sie macht Ihnen auch das Leben leichter, weniger stressvoll. Im Gegensatz zum analytischen Denken, das einem Mühe kosten kann und oft auch von Zweifeln überschattet wird, entspringt diese innere Weisheit einem Gefühl von Vertrauen und einem Wissen, welche Richtung oder Handlungsweise Sie wählen sollen, außerdem einem inneren Zutrauen, wenn Sie Entschlüsse fassen, sich kreativ etwas überlegen oder ein Problem lösen.

Setzen Sie Ihren analytischen Verstand ein, müssen Sie sich oft sehr anstrengen, um Ihr Denken aktiv voranzutreiben; es bereitet Mühe. Analytisches Denken beinhaltet, sich den Kopf mit Daten voll zu stopfen, zu ordnen, abzuschätzen, zu kalkulieren, zu vergleichen und Überlegungen anzustellen. Innere Weisheit hingegen beinhaltet, den Verstand zu beruhigen und sich den Kopf frei zu machen. Greifen Sie auf Ihre innere

Weisheit zu, ist das, als würden Sie Ihre Gedanken nicht aktiv verfolgen, sondern es vielmehr Ihren Gedanken gestatten, auf Sie zuzukommen. Ist innere Weisheit gegenwärtig, scheinen weise, kluge und angemessene Einfälle wie aus dem Nichts an die Oberfläche zu sprudeln. Machen Sie sich Ihre innere Weisheit zunutze, wird Ihnen Ihr Dasein unendlich viel leichter werden.

Haben Sie je um eine Antwort gerungen? Sie denken und denken, zermartern sich das Hirn und analysieren die Daten. Sie gehen die gleichen Fakten immer wieder durch, doch nichts scheint zu passieren. Wenn Sie auf diese Weise denken, fühlen Sie sich oft unsicher, ängstlich und ziemlich gestresst. Sie machen sich schnell Sorgen, weil Sie sich so bemühen, auch ja alles in Betracht zu ziehen. Sie strengen sich übermäßig an, lassen nichts unversucht – und werden rasch müde dabei. Zu diesem Zeitpunkt fangen Sie dann auch mit Sicherheit an, in allem ein Problem zu sehen und sich verrückt zu machen.

Aus irgendeinem Grund hören Sie dann irgendwann doch auf zu denken – Ihr Verstand kommt zur Ruhe –, Sie vergessen, was Ihnen gerade so zu schaffen macht, und wie durch Zauberei stellt sich plötzlich eine Antwort ein; und zwar nicht nur irgendeine Antwort, sondern die perfekte! Hier ist die innere Weisheit in Aktion getreten.

Sie können lernen, zu Ihrer inneren Weisheit Zugang zu finden, indem Sie erkennen, dass es oft nicht angemessen ist, den Verstand einzusetzen. Sie müssen langsam ausreichend Selbstvertrauen entwickeln, um zu wissen, dass, wenn Sie eine Antwort auf ein Problem brauchen, es die beste Methode ist, das Denken zur Ruhe zu bringen, anstatt sich den Kopf mit Fakten voll zu stopfen. Greifen Sie auf Ihre innere Weisheit zurück, bedarf es eigentlich nur des Zutrauens, dass Ihr Verstand nicht abgeschaltet, sondern nur ruhiger wird. So wie man auf der hintersten

Kochplatte des Herdes langsam einen Topf köstliche Suppe köcheln lassen kann, funktioniert auch Ihr Verstand am besten, wenn er nicht auf Hochtouren arbeitet.

Carol ist als Verwalterin einer großen Wohnanlage in Texas tätig. Zu ihrem Aufgabenbereich gehört, sich kreative Lösungen einfallen zu lassen, um ihre Mieter bei Laune zu halten und neue Klienten für das Anwesen zu gewinnen. Sie teilte mir einmal mit, wie sie zu solchen neuen Ideen kommt. Sie sagte: »Fast alle, die in der Hausverwaltung tätig sind, scheinen auf die gleiche Weise zu denken – langweilig und vorhersehbar. Ich glaube, sie sind einfach festgefahren in ihrem Denken. Ich bin zu dem Schluss gekommen, dass man besser jenseits dieser engen Grenzen denkt – anders denkt. Wenn ich mir sage, dass ich mir etwas Neues einfallen lassen will, ganz egal wie simpel oder seltsam es auch sein mag, dann ist es das Beste, was ich tun kann, mir den Kopf frei zu machen und nicht mehr so viel darüber nachzudenken – und zum Joggen zu gehen. Wie durch Zauberei kommen mir dann viele gute Ideen in den Sinn. Im Lauf der Jahre hatte ich Hunderte von einfachen, aber kreativen Einfällen, welche die von mir verwalteten Anwesen zu etwas Besonderem gemacht haben; Kleinigkeiten, die aber doch viel ausmachen, wie beispielsweise unser gemeinsamer Gemüsegarten oder unser Videoverleih. Ich habe gelernt, meinem passiven Denken viel mehr Vertrauen zu schenken als meinem analytischen. Ich finde das auch viel entspannender und zudem effektiver.« Ich wollte von Carol wissen, wie effektiv ihre Einfälle denn letztlich gewesen seien. Sie antwortete mir: »Ich kann mit Stolz sagen, dass keine einzige Wohnung leer steht und ich eine Warteliste von einem Jahr habe.«

Das nächste Mal, wenn Sie sich geistig mit etwas herumschlagen, versuchen Sie doch, Ihren Verstand zur Ruhe kommen zu lassen und auf diese

Weise Zugang zu Ihrer inneren Weisheit zu finden. Sie werden vielleicht überrascht sein, wie schnell und leicht Ihnen alle Antworten einfallen werden. Mit etwas Übung können Sie lernen, Ihre Weisheit in Ihren Alltag zu integrieren; das geht ganz natürlich und mühelos. Ihre innere Weisheit ist ein machtvolles Instrument. Lernen Sie, darauf zu vertrauen, und Sie werden zweifelsohne weniger gestresst und effektiver sein.

44.

Führen Sie sich die Macht harmonischer Beziehungen vor Augen

Harmonie ist ein Thema, das gern übersehen wird, und dennoch ist es für den Erfolg entscheidend wichtig. Die Fähigkeit, ein Gefühl von Harmonie herzustellen, trägt zu einem entspannteren Dasein bei. Es hilft Ihnen, vertrauensvolle, lang andauernde Beziehungen zu etablieren, die auf gegenseitiger Ehrlichkeit und Aufrichtigkeit beruhen. So kommen Sie besser mit den anderen zurecht, sind effektiver bei Verhandlungen und insgesamt als Geschäftsmann oder -frau gewitzter und klüger. Mit Hilfe der Harmonie vermögen Sie sich von Ihrer besten Seite zu zeigen und auch bei anderen Gutes auszulösen; außerdem hält es Ihr Gegenüber davon ab, in Ihrer Gegenwart in die Defensive zu gehen. Die Bestandteile, die notwendig sind, um eine harmonische Beziehung aufzubauen, decken sich dabei mit denen, die Ihnen auch behilflich sind, freundlicher, geduldiger und entspannter zu werden. Vielleicht sollten Sie sich ja einmal überlegen, Harmonie auch als eine Form der Selbsttherapie einzuführen, als Möglichkeit, sich weiterzuentwickeln, und zwar in persönlicher wie auch in beruflicher Hinsicht.

Viele von uns neigen dazu, zu forsch vorzugehen, unser Gegenüber zu sehr zu bedrängen oder den anderen um etwas zu bitten, bevor wir noch das dazu nötige harmonische Verhältnis hergestellt haben. In den meisten Fällen geht so ein übereifriger, ehrgeiziger Versuch, etwas von jemand zu bekommen, ins Auge; dem anderen vergeht die Lust. Dann haben Sie vorschnell gehandelt, denn es fehlt an dem grundlegenden Kontakt zu der jeweiligen Person, der notwendig ist, damit man schließlich ans Ziel gelangt.

Besteht kein gutes harmonisches Verhältnis zu jemandem, ist das Problem schwer zu erfassen. Vielleicht fehlt Ihnen ja etwas Verbindendes oder das Gefühl von Vertrauen. Egal aus welchem Grund – die Chemie zwischen Ihnen beiden stimmt nicht. Ohne Harmonie wirken Sie auf andere aber fordernd, unrealistisch, herablassend oder arrogant. Manchmal lässt es sich gar nicht so eindeutig sagen, woran es genau liegt – aber irgendetwas fehlt eben.

Viele Menschen erfahren die Bedeutung eines harmonischen Verhältnisses, wenn sie einem Menschen zum ersten Mal begegnen. Anders ausgedrückt: Wenn Sie jemandem etwas verkaufen oder ihn um etwas bitten möchten, liegt es auf der Hand, dass derjenige auch ein positives Gefühl Ihnen gegenüber haben muss. Ein tieferes Verständnis des Begriffs Harmonie entwickelt sich dann jedoch nach dieser ersten Begegnung. Es ist dabei wichtig zu wissen, dass ein harmonisches Verhältnis nicht etwas ist, das sich einmal etabliert und dann ewig anhält. Man muss sich vielmehr ständig mit seinem Gegenüber abstimmen, um so sicherzustellen, dass man mit demjenigen auch wirklich synchron geht.

Die beste Art und Weise, zu jemandem ein harmonisches Verhältnis aufzubauen, ist, davon auszugehen, dass es grundsätzlich zunächst *nicht* besteht. Anders ausgedrückt: Halten Sie es nicht für selbstverständlich, dass Ihre Beziehung zu jemandem intakt ist, nur weil Sie denjenigen kennen und auch schon Geschäfte mit ihm gemacht haben. Nehmen

Sie sich stattdessen die Zeit, den Kontakt immer wieder neu aufzubauen. Geben Sie sich als interessierter Zuhörer und reden Sie selbst nicht so viel. Seien Sie überaus respektvoll und höflich. Machen Sie Ihre ehrlichen Absichten deutlich sowie Ihre persönliche Anteilnahme. Stellen Sie Fragen und seien Sie geduldig. Der Schlüssel zu einem harmonischen Verhältnis zu jemand liegt darin, dass Sie dem anderen das Gefühl vermitteln, dass er oder sie in diesem Moment das Wichtigste in Ihrem Leben ist. Sie sollten so auf Ihr Gegenüber konzentriert sein, sich so einbringen, dass er oder sie das Gefühl hat, etwas Besonderes zu sein. Vortäuschen sollten Sie diese Art von Aufrichtigkeit allerdings nicht; Sie müssen wirklich so sein.

Dan nahm an, dass der Handel unter Dach und Fach sei. Er hatte seinen neuen Klienten geschickt am Telefon davon überzeugt, eine umfassende Lebensversicherung abzuschließen. Dan hatte Walter, seinen Kunden, nie beschwatzt; aber er hatte den Dreh raus und kannte sein Produkt gut. Es stand für ihn außer Frage, dass die Versicherung in Walters Interesse war. Walter wusste, dass er unterversichert war und hatte sich deshalb entschlossen, diese Versicherung abzuschließen. Die beiden hatten verabredet, sich über Mittag zu treffen, um die Papiere zu unterzeichnen. Kaum hatten die beiden Platz genommen, da zog Dan auch schon das Antragsformular heraus und reichte Walter einen Stift. Mit einem Mal jedoch stimmte etwas nicht. Walter fühlte sich plötzlich angespannt, er wurde zögerlich und begann zu überlegen. Kurz darauf stand er auf und verkündete Dan, dass er »über das Ganze noch einmal nachdenken müsse«, bevor er eine endgültige Entscheidung traf. Es erübrigt sich wohl zu sagen, dass aus dem Abschluss nichts wurde. Dan hatte das harmonische Verhältnis auf ein Minimum reduziert. Hätte er die Mühe auf sich genommen, seinen Klienten besser kennen zu lernen, hätte

Walter sich wohler im Umgang mit ihm gefühlt und hätte vermutlich keinen Rückzieher gemacht.

Hat sich eine ehrliche harmonische Beziehung erst einmal etabliert, funktioniert die restliche Interaktion viel reibungsloser. Ich kenne Leute, die sich, wenn ich sie treffe, stets irgendwie die Zeit nehmen, ihr harmonisches Verhältnis zu mir weiter zu stabilisieren. Sie fragen mich, wie es mir geht, und warten meine Antwort wirklich ab, bevor sie mich um einen Gefallen bitten. Sie scheinen nicht in Hetze oder mit etwas anderem beschäftigt zu sein. Sie sind vielmehr ganz auf mich konzentriert und behandeln mich, als ob ich ihnen etwas bedeuten würde. Mit solchen Leuten komme ich gern ins Geschäft; und in ihrer Gesellschaft halte ich mich natürlich auch gerne auf.

Nehmen Sie sich die Zeit und Energie, um mit anderen ein harmonisches Verhältnis aufzubauen, wird sich Ihr Leben auf der Stelle verändern. Sie bekommen dann zu anderen einen besseren Kontakt, wodurch intensivere Interaktionen entstehen – persönlich wie beruflich. Man wird Ihnen vertrauen, Sie lieben und bewundern und Sie werden viel effektiver im Umgang mit anderen.

45.

Finden Sie schnell Ihr Gleichgewicht wieder

Daran lässt sich nichts ändern: Es gibt Zeiten, da unterlaufen Ihnen Fehler, manchmal sogar gewaltige. Und es gibt ebenfalls Zeiten, in denen Sie überreagieren, jemanden verletzen, etwas Offensichtliches übersehen, sich ungefragt einmischen, sich vertun, sich verplappern und so weiter. Ich bin noch keinem begegnet, der frei von diesen ach so menschlichen Fehlern wäre. Die wichtigste Frage ist somit vielleicht weniger, *ob* Sie etwas vermasseln oder nicht, sondern eher, wie schnell Sie anschließend Ihr Gleichgewicht wieder finden.

Wir können einen relativ unbedeutenden Rückschlag oder Fehler zu einer großen Sache aufbauschen, indem wir unsere Handlungsweise – oder die von jemand anderem – überanalysieren und zu hart mit uns ins Gericht gehen. Oder wir sagen etwas Falsches und wollen es nicht einfach dabei belassen. Oder wir verteidigen unsere Handlungsweise und weigern uns, uns zu entschuldigen.

Ich erinnere mich an einen Vorfall, der mir vor ein paar Jahren passierte, als ich nämlich etwas für mich in Anspruch nahm, das mir eigentlich gar nicht zustand. Aus irgendeinem Grund verteidigte ich meine Handlungsweise und war starrköpfiger als sonst. Das Ergebnis war, dass die Frau, die sich durch mich gekränkt fühlte, verärgert und verletzt war.

Andere Leute wurden in diese Sache mit hineingezogen und insgesamt viel Energie verschwendet. Ich habe diese Geschichte dann einem Freund erzählt, der daraufhin sagte: »Richard, mir scheint, du hast ihr wirklich die Schau gestohlen.« Dann legte er mir seine Gründe dar, die mir sehr schlüssig schienen. Ich genierte mich und kam mir ziemlich blöd vor. Später rief ich diese Frau dann an und bat sie aufrichtig um Entschuldigung, was sie Gott sei Dank auch akzeptierte. Es stellte sich heraus, dass sie einzig und allein gewollt hatte, dass ich ihre Handlungsweise anerkannte und sie um Verzeihung bat. Hätte ich das eher getan – und so mein inneres Gleichgewicht wieder gefunden –, wären mir eine ganze Menge Frustration und vergeudete Energie erspart geblieben.

Dieser und ähnliche Vorfälle haben mir geholfen zu lernen, wie man nach einem Irrtum sein Gleichgewicht schneller wiedergewinnt. Es gibt noch immer Zeiten, in denen ich überreagiere, mein Verhalten verteidige, es übersehe, meiner Wertschätzung Ausdruck zu verleihen, etwas Unüberlegtes sage und auch andere weit verbreitete Fehler begehe. Der Unterschied jedoch besteht darin, dass ich jetzt viel häufiger in der Lage bin, diese Fehler einzusehen, sie zuzugeben und darüber hinwegzukommen – eben mein Gleichgewicht wieder zu finden. Das Ergebnis ist, dass ich versuche, für alles offen zu sein, und so auch persönlich weiterkomme, anstatt mein Verhalten zu verteidigen und beispielsweise meinem Kollegen zu beweisen, dass ich Recht und er Unrecht hat, wenn er mir einen Vorschlag unterbreitet oder mich auf konstruktive Weise kritisiert. Und wissen Sie was? In den meisten Fällen weist so ein Vorschlag durchaus ein Körnchen Wahrheit oder Weisheit auf. Der Knackpunkt liegt darin, den Willen zu haben, sich selbst und anderen zu verzeihen, dass sie nur Menschen sind und deshalb Fehler machen. Sobald wir die Wahrheit in der alten Redensart erkennen, dass »Irren menschlich und zu verzeihen etwas Göttliches ist«, schaffen wir das emotionale Klima, um praktisch nach jedem Fehler wieder ins Gleichgewicht zu kommen und uns weiterzuentwickeln.

Ich bin zu dem Schluss gelangt, dass, seit ich mein Gleichgewicht schneller wieder finde, mir mein Arbeitsleben erheblich weniger stressig vorkommt und ich mehr aus meinen eigenen Fehlern wie auch aus denen von anderen lerne. Wenn Sie sich diese Strategie einmal durch den Kopf gehen lassen, möchte ich wetten, dass es Ihnen genauso ergehen wird.

46.

Regen Sie Massnahmen zur Stressreduzierung in Ihrer Firma an

Vor einigen Jahren sprach ich einmal mit einem Mann, der sich wirklich darüber aufregte, dass die Firma, für die er arbeitete, nichts unternahm, um den Stress im Büro etwas zu reduzieren. Er hatte das Gefühl, dass die Chefs »egoistische, uneinfühlsame Menschen sind, denen ihre überarbeiteten Mitarbeiter absolut gleichgültig sind«.

Ich stellte dem Mann folgende Frage: »Welche Veränderungen würden Sie denn vornehmen, wenn Sie etwas zu sagen hätten?« Er hatte sich offensichtlich schon Gedanken gemacht, denn er antwortete sehr spontan: »Wenn es nach mir ginge, würde ich meinen Angestellten gestatten, sich zwangloser zu kleiden und freitags kürzer zu arbeiten; ich würde eine firmeneigene Sporthalle errichten, für Kinderbetreuung sorgen und jedem Massagen anbieten.« – »Mann«, antwortete ich, »das wäre ja toll! Wie war denn die Reaktion, als Sie diese Veränderungen angeregt haben?« Es entstand eine lange Pause, bis er schließlich zugab, dass er diese Ideen nie jemandem gegenüber hatte verlauten lassen.

Dieser Mann ging – wie so viele andere auch – davon aus, dass der Arbeitgeber schon wisse, was er alles tun könnte. Außerdem unterstellte er den Menschen, welche die Fäden in der Hand hielten, das Schlimmste

– dass sie Monster seien und dass ihnen die Gesundheit und das Wohlergehen der Angestellten völlig egal seien. Er irrte sich.

Ich war ganz gerührt von der Voicemail, die ich etwa sechs Monate später von ihm erhielt. Er sagte, dass er total überrascht war über die positive Reaktion, nachdem er seinen Vorschlag unterbreitet hatte. Mehrere Leute, der Chef eingeschlossen, hatten zu ihm gesagt: »Warum ist mir das bloß nicht eingefallen?« und: »Prima Idee!« Er teilte mir mit, dass natürlich nicht alle, aber doch einige seiner Vorschläge wirklich in die Tat umgesetzt worden seien und dass zudem die Anregungen einiger anderer Kollegen ernsthaft erwogen würden.

Natürlich ist das nicht immer der Fall, aber sehr oft haben Arbeitgeber ein ehrliches Interesse an den Menschen, die in ihrer Firma tätig sind. Häufig wird allerdings in Sachen Stressreduzierung nichts unternommen, weil schlichtweg niemand irgendwelche Verbesserungen vorschlägt. Es gibt stets viele Klagen und alle wünschen sich Veränderungen, aber kaum jemand ist gewillt, einmal logische, wohl durchdachte Vorschläge aufs Tapet zu bringen.

Selbst wenn Sie Ihren Arbeitgeber nicht überreden können, etwas anders zu machen, ist es bisweilen schon Stress reduzierend, seine Sicht der Dinge zu erfahren. Die Veränderungen, die Sie gerne hätten, mögen ja undurchführbar sein, dennoch stellen Sie dann vielleicht fest, dass es in Ihrer Firma durchaus Leute gibt – wie Sie ja auch –, die sehr gern etwas verbessern würden. Allein dieses Wissen kann schon Lohn genug sein und einem ein besseres Gefühl der Firma gegenüber vermitteln, für die man tätig ist. Und in den seltenen Fällen, wo es wirklich den Anschein hat, als würde sich niemand um den Stress der Angestellten scheren, nun, dann wissen Sie zumindest, dass Sie alles Menschenmögliche getan haben, um eine Veränderung herbeizuführen.

Ich habe eine Bekannte, die für ein riesiges Unternehmen in New York tätig ist. Sie fragte, ob es möglich sei, vier Tage pro Woche zu Hause zu arbeiten, aber weiterhin jeweils am Mittwoch ins Büro zu kommen; so könnte sie ein bisschen weiter von der Stadt wegziehen und hätte mehr Zeit für ihren Sohn. Die Firma stimmte zu. Diese Frau hat dem Unternehmen gegenüber jetzt absolut positive Gefühle und leistet hervorragende Arbeit. So profitiert jeder.

Andere Firmen gestalten auf Wunsch die Freitage etwas zwangloser, schaffen Fitnessräume oder führen andere Vergünstigungen für die Angestellten ein, die ihnen das Leben im Büro ein bisschen leichter machen.

Ein Unternehmen, mit dem ich vor Jahren häufig zu tun hatte, besaß beispielsweise einige Ferienhäuser und gestattete seinen Arbeitnehmern, sich dafür vormerken zu lassen und die Häuser dann kostenlos zu nutzen. Die gleiche Firma hatte auch Automaten mit alkoholfreien Getränken, die es gratis gab, und hin und wieder wurden interessante Gastredner eingeladen, die für die Angestellten einen Vortrag hielten. Die Liste ließe sich endlos fortsetzen.

Natürlich sind nicht alle Firmen so aufgeschlossen für Neuerungen und sicher wollen Sie sich eine Abfuhr ersparen. Aber es ist fast immer der Mühe wert, Vorschläge zu machen, die den Angestellten das Leben weniger stressvoll gestalten. Wenn ausreichend Menschen an diesen Veränderungen interessiert sind und sie den Managern und Entscheidungsträgern bekannt sind, wer weiß, was dann passiert?

Vergessen Sie nie, dass zufriedene Angestellte, die sich nicht total überfordert fühlen, in der Regel viel produktiver, weniger feindselig und loyaler sind. Sie haben auch keine Ressentiments gegenüber ihrem Arbeitgeber und kündigen dann womöglich, weil sie sich gestresst und missachtet fühlen. Manchmal kann es schon etwas bringen, wenn man seinen Arbeitgeber einmal sachte an diese Tatsache erinnert. Ich hoffe, bei Ihnen klappt das auch.

47.

Räumen Sie mit Ihrer Angst auf, vor einer Gruppe zu sprechen

Ich hatte früher immer den absoluten Horror davor, vor irgendwelchen Gruppen von Leuten sprechen zu müssen. Ich hatte wahrhaftig solche Angst, dass ich während meines Studiums deswegen sogar zweimal in Ohnmacht gefallen bin. Und da bin ich wohl nicht der Einzige. Ich habe erfahren, dass in der Öffentlichkeit zu sprechen in Amerika auf Platz eins der Angst auslösenden Situationen steht. Es hat den Anschein, dass vor einer Gruppe von Leuten etwas sagen zu müssen für viele Menschen schlimmer ist als eine Flugreise, ja sogar als der Tod.

Ich habe diese Strategie spaßeshalber einmal einem guten Freund von mir vorgetragen, weil ich wissen wollte, ob er nachvollziehen konnte, warum ich gerade diese Strategie in einem Buch bringen wollte, das sich mit der Reduzierung von Stress am Arbeitsplatz beschäftigt. Seine Antwort lautete: »Ich weiß schon, dass in der Öffentlichkeit zu sprechen enorm Angst macht, aber wie sollte es einem helfen, im Beruf weniger schnell in allem ein Problem zu sehen und sich verrückt zu machen, wenn man weniger verunsichert ist?«

Das ist eine gute Frage – aber ich weiß die Antwort darauf.

Eine Furcht, die derart ausgeprägt ist, existiert nicht im luftleeren Raum. Anders ausgedrückt: Sie macht sich nicht nur bei all den Anlässen bemerkbar, wenn man Sie beauftragt, vor einer Gruppe von Leuten zu sprechen. Dieser Stress hängt schon wie ein Damoklesschwert über Ihnen, wenn überhaupt nur eine Aussicht besteht, dass Sie je vor irgendwelchen Menschen etwas sagen müssen. Ganz egal, ob Sie nun eine Präsentation machen sollen oder eine Verkaufsveranstaltung, die Ergebnisse einer Studie vortragen, eine umfassende Rede halten oder einfach jemandem ein paar Überlegungen mitteilen sollen, der Stressfaktor bleibt stets der gleiche – nämlich ein enorm hoher –, da Sie ja solche Angst haben.

Ein anderer Aspekt, den man nicht übersehen sollte, ist folgender: Wenn Sie sich fürchten, vor einer Gruppe von Leuten zu sprechen – selbst nur ein bisschen –, dann vermeiden Sie womöglich eine Situation, die Ihrer Karriere überaus zuträglich sein könnte, die zu einer Beförderung führen oder mehr Verantwortung nach sich ziehen könnte – oder Sie sonst irgendwie weiterbringt. Ich erinnere mich, dass ich früher viele Entscheidungen im Hinblick auf die Möglichkeit getroffen habe, in der Öffentlichkeit sprechen zu müssen, bevor ich schließlich meine Angst davor überwand. Erst dann konnte ich mich bei der Arbeit entspannen und mich richtig konzentrieren. Dadurch ist mein Berufsleben einfacher und weniger stressig geworden. Es steht außer Frage, dass mir die Überwindung dieser Angst auch geholfen hat, als Autor mehr Erfolg zu haben. Hätte ich das nicht geschafft, bezweifle ich stark, dass ich Bücher schreiben würde, weil die Schriftstellerei es nämlich erforderlich macht, auch an Werbeveranstaltungen teilzunehmen, und das oft vor riesigen Menschenmengen.

Wenn Sie irgendwelche Ängste haben, rate ich Ihnen dringend, diese Strategie eingehend für sich zu prüfen. Sobald Sie Ihre jeweilige Furcht nämlich überwunden haben, sind Sie viel weniger gestresst und dementsprechend umgänglicher im Berufsleben. Das hilft Ihnen dann, kreativer und lösungsorientierter zu denken, weil Sie durch Ihre Angst ja nicht mehr abgelenkt werden. Sie sind weniger angespannt und deshalb sehen Sie dann auch nicht mehr in allem ein Problem und machen sich nicht so verrückt.

Die Methode, wie man seine Angst überwinden lernt, ist, sich Situationen auszusetzen, in denen Sie vor Gruppen sprechen müssen. Sie können ja klein anfangen – selbst ein oder zwei Personen reichen zunächst schon aus. Sie können auch Kurse besuchen, es gibt Trainer, Bücher und Kassetten, wo Sie sich Rat holen können. Die Methoden und Strategien sind vielfältig. Dann aber müssen Sie doch den ersten Schritt wagen und vor einer Gruppe von Leuten sprechen. Tun Sie das, werden Sie bestimmt wie ich zu dem Schluss kommen, dass Sie reich belohnt werden, wenn Sie Ihre Angst überwinden, indem nämlich die Qualität Ihres Berufslebens, ja des Lebens als solchem verbessert wird.

48.

Vermeiden Sie Kommentare, die ungewollte Gespräche nach sich ziehen können

Diese Strategie öffnet einem wirklich die Augen und hat mir in meinem Leben schon sehr genutzt. Es hat sich gezeigt, dass man mit ihrer Hilfe viel Zeit sparen kann; und sie hat mir zu der Einsicht verholfen, dass ich mir ungewollt oft selbst Stress schaffe.

Wie die meisten Menschen geben auch Sie bestimmt hin und wieder naive, relativ harmlose Kommentare zu allen möglichen Vorkommnissen ab. Sie sagen beispielsweise: »Hast du von dem oder jenem dies oder das gehört?«, »Weißt du das von John?« oder auch: »Hast du das gewusst?« Manchmal bringen Sie so eine Unterhaltung in Gang; bisweilen erhalten Sie auch ein Gespräch aufrecht, ohne dass Ihnen das überhaupt bewusst würde. Sie schmücken auch die Kommentare von anderen aus, teilen jemandem eine Anekdote oder ein Beispiel mit, gehen zu sehr ins Detail oder stellen zu viele Fragen. Dann wundern Sie sich vielleicht – so wie ich –, warum Sie derart viel Zeit am Telefon verbringen und Sie nicht genug von Ihrer Arbeit bewältigen.

Oberflächlich betrachtet ist das alles vielleicht gar nicht groß der Rede wert, bis Sie sich schließlich klar machen, wie viel Zeit und Energie Sie mit irgendwelchen Gesprächen vertun, die in keiner Weise wichtig sind oder zu einem ungünstigen Zeitpunkt stattfinden. Bedenken Sie, wie oft

Sie sich deswegen gestresst fühlen. Wie oft lassen Sie einen Tag Revue passieren und wünschen sich, dass Sie nur eine halbe Stunde mehr Zeit hätten, um noch etwas zu erledigen oder um zumindest den Rückstand aufzuholen? Oder überlegen Sie sich einmal, wie oft Sie in Eile sind, weil Sie etwas fertig stellen wollen.

Wenn Sie sich einmal genauer ansehen, wie Sie Ihre Zeit verbringen, kommen Sie vielleicht zu dem gleichen Schluss wie ich: dass Sie oft in unwichtige Gespräche verwickelt sind, im direkten Kontakt mit jemandem oder auch am Telefon, obwohl Sie dazu eigentlich überhaupt keine Zeit haben. Wie Sie schon ahnen, kann diese Tendenz viel zu Ihrem allgemeinen Stressgefühl am Arbeitsplatz beitragen. Diese Angewohnheit kann Sie in Zeitdruck bringen, kann Sie zu ständiger Hetze zwingen. Wird Ihnen diese Neigung nicht bewusst, geben Sie schnell den Leuten, mit denen Sie untertags zu tun haben, die Schuld an Ihrem Gefühl der Überforderung, doch in Wirklichkeit haben Sie sich das Problem größtenteils selbst eingebrockt.

Natürlich gibt es Zeiten, da Sie sich gern auf ein Gespräch mit Freunden oder Kollegen einlassen, und das ist ja auch gut so und positiv. Der Knackpunkt ist, dass Sie sich klar machen müssen, wann Sie aus Gewohnheit und nicht aus freien Stücken mit jemandem reden. Schon die geringste Veränderung Ihres Bewusstseins kann Ihnen in diesem Zusammenhang das Arbeitsleben angenehmer machen.

Ich hatte immer geglaubt, dass es sich völlig meiner Kontrolle entzieht, wenn ich ewig mit jemandem rede und Diskussionen über irgendwelche Nichtigkeiten führe. Nun weiß ich, dass das nur zum Teil zutreffend ist. Die Wahrheit ist, dass einiges wirklich nicht meiner Kontrolle unterliegt; für den Rest bin ich mit meinen naiven Kommentaren und Fragen aber durchaus selbst verantwortlich. Ich habe ebenfalls gelernt, dass es möglich ist, ein Gespräch abzukürzen und dabei doch höflich und respektvoll zu bleiben. Meine Erfahrung ist auch, dass ich besser bestimmte Fragen vermeide, die zu langen und unnötigen Diskussionen führen – außer ich will mich wirklich darüber unterhalten und habe auch die nötige Zeit dazu.

Die Ergebnisse sind beachtlich. Selbst wenn ich im Augenblick beschäftigter bin denn je, habe ich das Gefühl, mehr Zeit zu haben. Darüber hinaus weiß ich jetzt, dass der Moment günstig ist, wenn ich mir die Zeit nehme, mich mit jemandem zu unterhalten.

Diese Strategie ist überaus bedeutungsvoll: Wenn Sie nämlich nur eine Stunde pro Woche mehr arbeiten, weil Sie sich auf die Zunge beißen und sich Ihren Kommentar verkneifen, ist das genau die eine Stunde mehr, die Ihnen immer gefehlt hat. Sie kann manchmal den Unterschied zwischen einer stressigen und einer friedlichen Woche ausmachen.

Ich will Ihnen hier nicht vorschlagen, ungesellig oder unhöflich zu sein; Sie sollten nur ein bisschen darauf achten, was und wie viel Sie sagen – wenn das, was Sie von sich geben aller Wahrscheinlichkeit nach weitere ungewollte Gespräche nach sich zieht. Sie werden sich wundern, welche Kraft in dieser Strategie steckt.

49.

Erkennen Sie den Menschen hinter seiner Funktion

Es ist oft fast unvermeidlich, die Menschen in ihrer – beruflichen – Funktion zu sehen und dabei außer Acht zu lassen, welche Art von Persönlichkeit eigentlich dahinter steht. Anders ausgedrückt: Man unterliegt schnell der Versuchung zu übersehen, dass ein Geschäftsmann und eine Geschäftsfrau, egal welcher Branche, eben nicht nur Geschäftsleute sind, sondern einzigartige Menschenwesen, die eben auch einen bestimmten Beruf, eine Funktion haben. Ein Bäcker hat auch ein Privatleben, eine individuelle Lebensgeschichte und Schwierigkeiten, mit denen er fertig werden muss. Die Stewardess ist müde und kann es kaum erwarten, endlich nach Hause zu kommen. Der Tankwart hat eine Familie, Unsicherheiten und Probleme. Die Managerin hat vielleicht gerade Streit mit ihrem Mann und Unmengen anderer Schwierigkeiten, von denen keiner etwas ahnt. Ihre Sekretärin liebt ihren Mann und ihre Kinder so sehr, wie Sie das auch tun, und empfindet auch die gleichen Gefühle von Frustration wie alle anderen. Egal, ob es sich um Ihr Personal oder um Ihren Chef handelt – es geht allen gleich; wir sitzen alle im gleichen Boot.

Das Problem, wenn man andere nur in ihrer Funktion sieht, wird auf unterschiedliche Weise verstärkt. Wie häufig lautet Ihre erste Frage:

»Was machen Sie beruflich?« Oder wie oft beschreiben wir jemanden als »der Buchhalter« oder »der Rechtsanwalt« – so, als würde die Funktion die Person ausmachen. Das lässt sich in gewissem Maße vermeiden, wenn wir anfangen, unser Gegenüber mit anderen Augen zu betrachten und zu beurteilen, was uns dann auch das Leben viel angenehmer macht.

Ich habe vor kurzem von einem Chef gehört, der so in seinem Rollenverständnis gefangen war, dass er wahrhaftig seine Bleistifte in den Postausgang legte, damit seine Sekretärin sie für ihn spitzte. Er hätte für diese Arbeit selbst bloß ein paar Sekunden gebraucht, aber seiner Vorstellung nach war das ihre Aufgabe, und der sollte sie »um Himmels willen auch nachkommen«. Entweder übersah er, wie schlecht die Frau sich dabei fühlen musste, oder es war ihm völlig egal.

Wenn Sie die anderen zuerst als Menschen betrachten und ihre Funktion hintanstellen, dann spürt Ihr Gegenüber Ihre tiefgründigere Sichtweise. Anders ausgedrückt: Sie werden dann auch in einem anderen Licht gesehen; man behandelt Sie dann oft besser, hört Ihnen zu und räumt Ihnen Vergünstigungen ein, in deren Genuss andere nicht kommen. Können Sie die Menschen jenseits der Rolle sehen, die sie spielen müssen, dann öffnen Sie auch Tür und Tor für bereichernde, erfüllende und ehrliche Interaktionen. Sie lernen die Menschen besser kennen – die, mit denen Sie nur kurz in Kontakt kommen, und natürlich die, die Ihnen nahe stehen. Die Leute werden Sie mögen und Ihnen vertrauen. Sie werden keine Mühen scheuen, Ihnen behilflich zu sein. Immer wieder war mir das Personal in Geschäften oder am Flughafen oder auch ein Taxifahrer überaus behilflich, bloß weil ich sie vor allem wie Menschen behandelt habe.

Ich nehme an, dass in meinem Beispiel von vorhin die Sekretärin ihrem

Chef die Bleistifte wohl sowieso gespitzt hätte, wenn er sie wie einen Mitmenschen und nicht nur in ihrer Funktion gesehen hätte. So aber gab ihr sein Verhalten das Gefühl, der letzte Dreck zu sein, weshalb sie schließlich auch kündigte; schade für den Chef, denn sie war eine tüchtige Sekretärin. Ein kleiner Trost ist, dass ihm später bewusst wurde, wie schlecht er die Frau behandelt hatte. Hoffentlich hat er daraus gelernt.

Eines meiner Lieblingsgeschäfte hat das zuvorkommendste und netteste Personal, das ich je irgendwo angetroffen habe. Und dennoch werde ich oft Zeuge, wie andere Kunden diese Verkäufer und Verkäuferinnen wie Objekte behandeln – nicht wirklich unfreundlich oder respektlos, aber so, als wären sie gar nicht da, als stünde da nicht ein Mensch hinter dem Ladentisch, der lächelt und Freude an seinen Kindern hat und an seiner Freizeit, wie alle anderen auch; so, als wäre derjenige eben bloß ein Kassierer, der hier auf Erden weilt, um anderen zu Diensten zu sein und das Geld entgegenzunehmen. Ich habe Leute beobachtet, die ohne aufzusehen, ohne ein Lächeln, ohne einen Gruß durch die Gänge eines Geschäfts gegangen sind. Dergleichen ist Ihnen sicher in dem Laden, in dem Sie gerne einkaufen, auch schon aufgefallen, ebenso in Restaurants, auf Flughäfen, in Bussen, Großmärkten – wo auch immer.

Diese Strategie ist einfach und lässt sich unschwer in die Tat umsetzen. Natürlich müssen Sie sich nicht mit jedem, mit dem Sie zusammenkommen – oder auch -arbeiten –, gleich anfreunden oder engen Umgang pflegen. Darum geht es hier nicht. Ebenso wenig sollten Sie vergessen, dass derartige Funktionen eben mit zum Leben gehören. Wenn jemand für Sie arbeitet, dann ist es sicher auch angemessen, dass er Sie auf eine bestimmte Weise behandelt.

Ich lege Ihnen hier nur nahe, daran zu denken, dass jeder Mensch etwas Besonderes ist und vor allem so viel mehr als nur das, was er – beruflich – macht. Jeder, mit dem Sie zu tun haben, hat Gefühle – Traurigkeit, Freude, Ängste und was sonst noch alles. Allein dieses Wissen vermag in Ihrem Leben schon einige einfache, aber dennoch bedeutsame Veränderungen zu bewirken. Sie können dem anderen einen schönen Tag bereiten, indem Sie einfach einmal lächeln oder Blickkontakt herstellen. So leisten Sie einen Beitrag, dass die Welt für Sie und andere lebenswerter und schöner wird.

50.

Vermeiden Sie es, alles im Hinblick auf die persönlichen Kosten zu betrachten

Eine stressige Angewohnheit, der viele von uns in der Arbeit erliegen, ist, dass wir zu oft berechnen, was uns etwas kostet. Anders ausgedrückt: Wir kalkulieren gedanklich die Kosten von dem durch, was wir gerade tun oder auch besitzen – wo wir doch auch etwas anderes tun oder besitzen könnten. Natürlich gibt es Zeiten, in denen dieses Verhalten enorm hilfreich ist, zum Beispiel wenn wir unsere Zeit mit Fernsehen verbringen oder unseren Schreibtisch aufräumen, während wir diese Stunden dazu verwenden könnten, den Bericht für den nächsten Tag fertig zu schreiben. Unter solchen Umständen ist es vielleicht hilfreich, sich bewusst zu machen, dass das Fernsehprogramm einen einiges kosten wird – im Extremfall sogar den Job.

Ich erinnere mich noch, dass Kris und ich uns mit einem Fünftel an einem Segelboot beteiligt hatten. Das einzige Problem war, dass wir in den zwei darauf folgenden Jahren nur einmal einen Fuß auf dieses Boot gesetzt haben – und selbst damals wegen eines Picknicks mit unseren besten Freunden und nicht, um zu segeln. In diesem Fall hat es Kris und mir geholfen, uns bewusst zu machen, dass dieses Picknick uns wahrhaftig über zweitausend Dollar gekostet hat. Du meine Güte, aber wenigstens hatten wir noch unseren Spaß dabei …

Bisweilen jedoch ist es wichtig, dass wir das, was wir tun, nicht mit einem Preisschild versehen. Ich kenne beispielsweise eine keineswegs geringe Anzahl von Leuten, die sich kaum einmal einen Tag freinehmen, um zu entspannen oder etwas zum Vergnügen zu tun, weil es sie »zu viel kostet«. Sie machen den Fehler zu berechnen, wie viel sie in diesen Tagen, ja Stunden verdienen könnten. Und selbst wenn sie einmal freimachen, fällt es ihnen schwer, sich zu entspannen, weil sie gedanklich so sehr damit beschäftigt sind, was sie stattdessen tun könnten oder was ihnen alles entgeht. Sie denken oder sagen dann etwa: »Wenn ich jetzt einen Mandanten treffen und dabei meinen Stundensatz von fünfzig Dollar kassieren würde, könnte ich heute vierhundert Dollar verdienen. Eigentlich dürfte ich gar nicht hier sein.« Und auch wenn diese Rechnung arithmetisch gesehen richtig ist, machen sich diese Menschen auf diese Weise doch jede Hoffnung auf ein ruhiges, innerlich reiches Dasein zunichte; um ein weniger stressiges Leben führen zu können, müssen Sie nämlich Ihr Bedürfnis nach Erholung, Freude, Ruhe und Familie zumindest hin und wieder anerkennen und ihm auch Priorität einräumen. Und selbst wenn Ihre Verdienstmöglichkeiten erheblich unter dem obigen Beispiel liegen, sollten Sie sich dennoch eine Grenze setzen, wie weit Sie es sich gestatten wollen, aus dem Gleichgewicht zu geraten.

Eine meiner liebsten Jugenderinnerungen ist, dass mein Vater mir einmal bei einem Wohnungswechsel geholfen hat. Der Umzug fand unter der Woche statt und mein Dad hatte sich einfach einen Tag freigenommen. Rückblickend betrachtet war das eine Zeit, da mein Vater mehr zu tun hatte denn je. Er managte ein riesiges Unternehmen und musste überaus komplexen Aufgaben gerecht werden. Seine Zeit war also extrem gefragt und wertvoll. Ich dachte damals, ich würde den finanziellen Aspekt besonders schlau beurteilen, als ich zu ihm sagte: »Dad, das ist wahrscheinlich der kostspieligste Umzug meines Lebens«, wobei ich auf die Tatsache anspielte, dass er ohne weiteres ein paar Leute hätte anstellen können, die mir für einen Bruchteil der Kosten hätten zur Hand gehen können. Das wäre weniger stressig, viel billiger und auch viel einfacher für meinen Vater gewesen. Ohne überhaupt darüber nachzudenken, sah er mich an und erwiderte: »Rich, man kann kein Preisschild an der Zeit anbringen, die man mit seinem Sohn verbringt. Nichts auf der Welt würde ich lieber tun.« Diese Worte sind mir zwanzig Jahre lang im Gedächtnis geblieben und ich werde sie wohl mein ganzes Leben nicht vergessen. Ich brauche Ihnen wahrscheinlich nicht zu sagen, dass diese Äußerung meines Vaters mir mehr bedeutete als die Tausende von Stunden, die er »für seine Familie« im Büro verbracht hat. Er hat mir das Gefühl gegeben, etwas Besonderes zu sein, ein Gefühl von Wichtigkeit und Anerkennung. Und ihm selbst wurde so klar, dass das Leben mehr war als bloß »wieder so ein Stresstag im Büro«.

Wenn Sie den Stress in Ihrem Leben reduzieren und ein glücklicherer Mensch sein wollen, ist es meiner Meinung nach nützlich, bestimmte Dinge ohne finanzielle Erwägungen zu betrachten – Zeit für sich selbst zu haben oder sie mit jemandem, den Sie mögen, zu verbringen, zum Beispiel mit Ihren Kindern. Nehmen Sie sich die Zeit, etwas zu machen, das Ihnen gut tut, oder sich jemandem zu widmen, den Sie sehr lieben, reduziert das in all Ihren Lebensbereichen den Stress, einschließlich im Beruf. Wenn Sie wissen, dass bestimmte Bereiche Ihres Lebens unter keinen Umständen zum Verkauf stehen – für keinen Preis der Welt –, dann zeigt Ihnen das, dass Ihr Leben wertvoll ist und darüber hinaus Ihnen allein gehört.

Nur zu, gestatten Sie es sich, sich etwas Gutes zu tun. Nehmen Sie sich

Zeit für sich selbst – machen Sie regelmäßig Spaziergänge, halten Sie sich in der Natur auf, lesen Sie mehr, lernen Sie zu meditieren, lassen Sie sich massieren, hören Sie Musik, gehen Sie zum Zelten, verbringen Sie mehr Zeit mit Ihren Lieben oder auch allein – aber tun Sie etwas. Und wenn Sie sich dann etwas gönnen, denken Sie bloß nicht darüber nach, dass Sie in diesem Moment eigentlich produktiver sein könnten. Also ich sehe das so: Sobald Sie Ihr Privatleben und Ihre wahren Prioritäten akzeptieren lernen, werden Sie entdecken, dass Ihnen das Leben einfacher vorkommt. Sie werden überrascht sein von den vielen guten Ideen, die Ihnen plötzlich in den Sinn kommen, wenn Sie es sich gestatten, auch Ihren Spaß zu haben – und zwar ohne sich dabei zu überlegen, was Sie das kostet.

51.

Wenn Sie jemanden um Rat bitten, befolgen Sie ihn auch

Eine sehr interessante Dynamik in zwischenmenschlichen Beziehungen, die ich immer wieder beobachten konnte, ist der Drang vieler Menschen, einem anderen mitzuteilen, was einen bedrückt, den Rat, den man daraufhin bekommt, aber völlig zu ignorieren. Der Grund, warum ich dieses Verhalten so interessant finde, ist, dass ich im Lauf der Jahre bei Gesprächen, die ich zufällig mit angehört habe, viele beeindruckende, kreative Ratschläge vernommen habe. Oft hatte es den Anschein, als würde der jeweilige Rat das Problem leicht und schnell lösen. Viele dieser Vorschläge, die eigentlich für andere gedacht waren, habe ich mir dann als Möglichkeit, mein eigenes Leben zu verbessern, zu Herzen genommen.

Natürlich teilen wir manchmal unsere Sorgen einem anderen nur mit, weil wir uns abreagieren wollen oder weil wir einfach jemanden brauchen, der uns zuhört.

Aber hin und wieder sind wir total durcheinander, wissen nicht, was wir tun sollen, und bitten dann wirklich aktiv jemanden um Rat, indem wir beispielsweise sagen: »Wenn ich bloß wüsste, was ich tun soll« oder: »Fällt dir dazu etwas ein?« Dennoch reagieren wir auf den Vorschlag, den uns daraufhin der Ehepartner, ein Freund, ein Arbeitskollege oder sonst jemand macht, indem wir ihn sofort ausblenden und einfach übergehen.

Ich weiß nicht, warum so viele von uns den Rat, den sie bekommen, nicht zur Kenntnis nehmen. Vielleicht ist es uns ja peinlich, dass wir Hilfe brauchen, oder man sagt uns etwas, das uns eigentlich nicht in den Kram passt. Möglicherweise sind wir ja auch zu stolz zuzugeben, dass ein Freund oder Familienmitglied etwas weiß und wir nicht. Manchmal erfordert der Rat, den man uns erteilt, auch einiges an Aufwand oder eine Veränderung im Lebensstil. Es gibt sicher noch viele andere Faktoren.

Ich muss zugeben, dass ich vieles falsch mache. Aber eine meiner Eigenschaften, auf die ich besonders stolz bin, ist meine Fähigkeit, wirklich auf einen Ratschlag zu hören und ihn anzunehmen; das hat mir in meinem Privatleben und auch beruflich schon viel geholfen. Mir sind nämlich nicht alle Patentrezepte bekannt, die ich bräuchte, um mir mein Leben so effektiv und friedlich wie möglich zu gestalten. Meist jedoch kann mir jemand etwas vorschlagen, das mir hilft. Nicht nur ich profitiere dann oft von den Ratschlägen, die man mir erteilt, sondern auch die Person, die sie mir unterbreitet, ist dann höchst erfreut, dass ich wirklich zuhöre und den Rat annehme. Man hat mir beispielsweise gesagt, dass ich zu viel rede – stimmt. Man hat mir gesagt, dass ich besser zuhören soll – stimmt auch. Man hat mir nahe gelegt, einen besonderen Kurs zu besuchen oder es mit einer Diät zu versuchen; das habe ich dann auch getan und es hat mir geholfen. Immer wieder habe ich andere gebeten, mir meine Schwächen in meiner Einstellung und in meinem Verhalten mitzuteilen. Und solange ich dafür offen bin und nicht in die Defensive gehe, kann ich fast immer daraus lernen. Manchmal macht ein einfacher Vorschlag ungeheuer viel aus.

Der Trick dabei ist, sich einzugestehen, dass andere uns – oder unsere

Lebensumstände – oft besser beurteilen können, weil wir selbst zu wenig Abstand haben oder persönlich zu sehr involviert sind. Selbst wenn Sie also nicht jeden Rat befolgen wollen, den man Ihnen erteilt, sollten Sie vielleicht doch insgesamt etwas aufgeschlossener sein. Dann wird Ihr Leben leichter werden.

52.

Nutzen Sie Ihren Weg zum Arbeitsplatz

Ich habe mich kürzlich einmal mit einem leitenden Angestellten eines relativ großen Unternehmens unterhalten, der sich über seinen »scheußlichen Weg ins Büro« beklagte, der ihn morgens und abends jeweils fast anderthalb Stunden kostete. »Ach je«, sagte ich, »das ist wirklich unschön, aber dann können Sie zumindest ein paar gute Bücher lesen.« Seine Antwort entsetzte mich regelrecht. Er antwortete nämlich mit tödlichem Ernst: »Was reden Sie denn da? Ich habe keine Zeit zum Lesen.« Zunächst dachte ich, er würde einen Scherz machen. Als mir dann aber klar wurde, dass dem nicht so war, fragte ich: »Ja hören Sie sich im Auto denn keine Kassetten von Büchern an?« Er schüttelte den Kopf. »Was machen Sie denn dann jeden Tag drei Stunden lang?« Seine Antwort fiel ein bisschen vage aus; er schien gar nicht recht zu wissen, was er auf den Fahrten ins Büro überhaupt tat. Ich schätze, dass er die Zeit damit zubrachte, sich über den Verkehr zu ärgern und sich selbst zu bemitleiden. Sicher hörte er kurz die Nachrichten, erledigte einige Telefonate von seinem Handy aus und saß dann die meiste Zeit nur da und wünschte sich, dass alles anders wäre. Bedenken Sie, dass es sich bei ihm um einen überaus gebildeten, erfolgreichen Geschäftsmann handelt. Ich fragte mich, was er wohl von einem Angestellten hielte, der drei Stunden am Tag verplemperte, ohne überhaupt zu wissen, womit.

Nehmen wir einmal an, dass dieser Mann fünfzig Wochen im Jahr arbeitet. Das bedeutet, dass er siebenhundertfünfzig Stunden für seinen Arbeitsweg braucht. Das ist unglaublich viel Zeit, die da verschwendet wird, besonders wenn es doch eine hervorragende Alternative gibt.

Nicht alle, aber viele gute Bücher sind mittlerweile auf Kassette erhältlich. Ist Ihr Weg ins Büro lang genug, können Sie sich auf der Fahrt ein ganzes Buch anhören. Betrachten Sie die Sache so, vermögen Sie zu erkennen, wie überaus wertvoll die Zeit doch eigentlich ist, die Sie auf dem Weg ins Büro verbringen. Ich bin ein großer Fan von solchen Kassetten. Mit zwei kleinen Kindern, einem hektischen Terminplan, vielen Reisen und einer Unmenge Interessen bleibt mir leider fast keine Zeit zum Lesen. Hörbücher haben dieses Problem gelöst. Mein täglicher Weg ins Büro ist nicht übermäßig lang, aber ich nutze diese Zeit und natürlich auch die Verkehrsstaus, in denen ich bisweilen feststecke; da ich in der Bucht von San Francisco wohne, gibt es davon mehr als genug. In dieser Zeit höre ich mir alle möglichen guten Bücher an – Romane, Ratgeber – was auch immer.

Zählen Sie zu den Millionen von Menschen, die täglich zur Arbeit fahren müssen und dabei in Verkehrsstaus geraten – freuen Sie sich darüber! Jetzt kennen Sie eine Möglichkeit, wie Sie Ihre Zeit gut nutzen können. Und wenn Sie mit dem Bus oder Zug unterwegs sind, können Sie ebenfalls eine Kassette anhören oder das Buch sogar lesen. Vielleicht wollen Sie ja auch einen »Hörbuch-Klub« mit Ihren Freunden ins Leben rufen. Zu dritt oder viert können Sie dann ein paar Kassetten kaufen und sie sich gegenseitig leihen. So kommen Sie zu stundenlangem Hörvergnügen ohne große Kosten. Versuchen Sie es einmal. Wenn

Sie dann vom Büro nach Hause kommen, müssen Sie sich nicht mehr über Ihren langen Arbeitsweg beklagen, sondern können das neueste Buch diskutieren, das Sie sich gerade angehört haben.

53.

Lassen Sie sich auf keine Schlacht ein, die Sie nicht gewinnen können

Einer der Hauptfaktoren für selbst geschaffenen Stress ist die Neigung, sich häufig an Schlachten zu beteiligen, die wir praktisch nicht gewinnen können. Aus irgendeinem Grund halten wir unnötige Diskussionen und Konflikte in Gang, wir beharren darauf, Recht zu haben, oder wir versuchen, jemanden zu verändern, obwohl kaum eine Aussicht auf Erfolg besteht. Wir wollen mit dem Kopf durch die Wand, aber anstatt damit aufzuhören und den Weg des geringsten Widerstands zu gehen, kämpfen wir immer weiter.

Nehmen wir einmal an, Sie sind mit dem Auto in die Arbeit unterwegs und ein aggressiver Autofahrer fährt zu dicht auf. Sie ärgern sich und regen sich auf. Ihre gesamte Aufmerksamkeit ist auf den Rückspiegel konzentriert. Wenn Sie wütend genug sind, fahren Sie vielleicht sogar langsamer oder steigen unvermittelt auf die Bremse, um sich zu rächen. Sie denken, wie schlecht die Welt doch ist und dass Aggressivität im Straßenverkehr heute an der Tagesordnung ist.

Selbst wenn Ihre Einschätzung dieses Fahrers richtig sein sollte, ist das eine Schlacht, die Sie eindeutig nicht gewinnen können. Indem Sie trotzdem an ihr teilnehmen, werden Sie bloß frustriert. Im schlimmsten Fall verursachen Sie sogar einen Unfall. Das ist es nicht wert, da Sie so oder so verlieren. Indem Sie erkennen, dass es sich hier um eine Schlacht handelt, an der teilzunehmen Ihnen nichts bringt, ermöglichen Sie es diesem Autofahrer, weiterzufahren und sich woanders einen Unfall einzuhandeln. Basta, Thema beendet. Kümmern Sie sich nicht darum und machen Sie einfach mit Ihrem Alltag weiter.

Ein arroganter, chauvinistischer Finanzbeamter stritt einmal mit zwei aufgeweckten Kolleginnen herum. Sie stellten seine Schlussfolgerung hinsichtlich einer komplizierten Steuersache in Frage, doch er hörte überhaupt nicht zu. Die beiden Frauen legten ihm ihren Standpunkt schlüssig dar und bewiesen ihre Behauptungen mit den entsprechenden Dokumenten. Obwohl er selbst nichts in der Hand hatte, um die Richtigkeit seiner Ansicht zu untermauern, ließ er die beiden Frauen abblitzen, ohne ihr Material überhaupt eines Blickes zu würdigen. Schließlich war er derjenige, der die Entscheidungen traf, und damit war der Fall für ihn erledigt.

In Wirklichkeit stand bei dieser Sache jedoch *sein* Ruf auf dem Spiel, nicht der seiner Kolleginnen. Sie versuchten ja, ihm einen Gefallen zu tun, ihm einen peinlichen Fehler zu ersparen und den Stress, ihn später korrigieren zu müssen. Außerdem war dieser Irrtum ja unbeabsichtigt und sowieso nicht von großer Bedeutung. Die Frauen hatten somit alles getan, was in ihrer Macht stand. Es war klar, dass sie diese Schlacht nicht gewinnen konnten – nichts würde diesen Mann veranlassen, seine Meinung zu ändern. Die beiden konnten nun die ganze kommende Woche noch damit zubringen, sich in ihre Frustration gegenseitig etwas vorzujammern – oder sie konnten einfach loslassen und sich auf ihre Rechtschaffenheit und hervorragende Arbeit besinnen. Gott sei Dank hatten es diese beiden Frauen gelernt, Kleinigkeiten nicht zu dramatisch zu nehmen. Man könnte sagen, dass sie in der Lage waren, in all dem kein Problem zu sehen und sich deswegen nicht verrückt zu machen – eindeutig ein gutes Beispiel für dieses Verhalten. Bedenken Sie, dass die beiden, wenn mehr auf dem Spiel gestanden hätte oder ihre persönliche Integrität oder auch eine beträchtliche Summe Geld involviert gewesen wäre, ihre Bemühungen womöglich auf eine höhere Ebene verlegt hätten. Doch das war in diesem Fall wirklich nicht der Mühe wert. Ihre Entscheidung hatte nichts mit Apathie zu tun; beide Frauen hatten wirklich Power. Es ging einfach nur darum, so klug zu sein, sich das richtige Schlachtfeld auszusuchen.

Natürlich müssen Sie, wenn etwas sehr Wichtiges auf dem Spiel steht, einen klaren Standpunkt beziehen, was dann auch den Einsatz lohnt. In der Regel ist das jedoch nicht der Fall und daraus entstehen dann die tagtäglichen Frustrationen. Mit den echten Problemen kommen die meisten von uns ja ziemlich gut zurecht. Der Stress, den Sie empfinden, ist oft die Folge von diesen Schlachten, die man sowieso nicht gewinnen kann und bei denen das Resultat eigentlich egal ist.

Vielleicht sind Sie ja wegen der Klagen einer Kollegin frustriert. Sie können nun Stunden um Stunden damit verbringen, ihr mitzuteilen, warum sie sich nicht so aufregen soll, und dabei viel Energie verschwenden. Aber egal, was Sie auch tun, ihre Beschwerden nehmen kein Ende. Jede wertvolle Einsicht, die Sie ihr vielleicht mitteilen, führt nur zu einem »Ja, aber …« – und Ihr Rat ist für die Katz. Wenn diese so typische Interaktion bei Ihnen ein Gefühl von Frustration auslöst, dann kommt das, weil Sie eine Schlacht schlagen, die Sie nicht gewinnen können. Wahrscheinlich wird sich diese Frau bis an ihr Lebensende beklagen. Ihr Engagement, Ihre Anteilnahme, Ideen und Einsichten haben absolut keinen Effekt. Heißt das, dass Sie sich um nichts mehr kümmern sollten? Natürlich nicht. Es bedeutet nur, dass Sie die Idee aufgeben sollten, dass Sie diese Frau je von ihrem Gejammer abbringen könnten. Punktum. Sie können ihr alles Gute wünschen und ihr als Freund zur Seite stehen, aber wenn Sie in Ihrem Leben weniger Stress haben wollen, dann halten Sie sich aus dieser Schlacht heraus.

Wir lassen uns auf derart dumme Interaktionen ein, weil wir entweder so starrköpfig sind oder selbst den Wunsch verspüren, uns zu beweisen, manchmal auch aus reiner Gewohnheit und bisweilen, weil wir uns nicht gut genug überlegt haben, was wir dadurch zu erreichen hoffen oder wohin uns unsere Bemühungen führen. Was auch immer der Grund sein mag, diese Neigung ist ein großer Fehler, wenn Sie es sich zum Ziel gesetzt haben, nicht mehr in allem ein Problem zu sehen und sich verrückt zu machen. Der bekannte Fußballtrainer Vince Lombardi soll einmal gesagt haben: »Wenn Sie etwas falsch machen, dann hilft es auch nichts, wenn Sie das mit großer Intensität tun.« Ich könnte es nicht besser ausdrücken.

Ich bin mir sicher, dass einer der Hauptgründe, warum ich ein glücklicher Mensch bin, darin besteht, dass ich in der Regel in der Lage bin, zwischen einer Schlacht zu unterscheiden, die den Einsatz lohnt, und einer, die man besser gleich sein lässt. Ich hatte immer das Gefühl, dass mein persönliches Wohlbefinden viel wichtiger ist als jedes Bedürfnis, mich selbst zu beweisen und an irgendwelchen unsinnigen Streitereien teilzunehmen. Auf diese Weise kann ich mir meine Liebe und Energie für die wirklich wichtigen Dinge aufheben.

Ich hoffe, dass Sie sich diese Strategie zu Herzen nehmen, weil ich weiß, dass sie Ihnen hilft aufzuhören, in allem ein Problem zu sehen und sich verrückt zu machen.

54.

Betrachten Sie Stress und Frustration als etwas, das von Ihrem Erfolg ablenkt

Ich kann Ihnen nicht sagen, wie oft man mir diese Frage schon gestellt hat: »Meinen Sie nicht, dass man gestresst und gefordert sein muss, damit man auch Erfolg hat?« Ich bin noch keinem begegnet, der mich davon überzeugt hätte, dass die Antwort auf diese Frage »ja« lauten sollte.

Viele Leute meinen, dass Stress und Erfolg so eng zusammengehören, wie Klebstoff am Papier haftet. Die Annahme ist: »Man muss einen hohen Preis bezahlen, um sich seine Träume zu erfüllen, und enormer Stress ist ein unvermeidlicher und grundlegender Bestandteil dieses Prozesses.« Diese Leute betrachten Stress als Motivationsquelle. Dementsprechend suchen sie nicht nur nach Nachweisen, wo es in ihrem Arbeitsleben Stress gibt, sondern sie nehmen sogar an, dass Stress ein wertvolles Gefühl ist, etwas, das sie brauchen, um ihre Motivation aufrechtzuerhalten und alles professionell im Griff zu haben. Doch sie wirken dabei zunehmend gestresst und benehmen sich auch so – sie verlieren schnell die Geduld und sind schlechte Zuhörer. Sie gestatten sich keine angemessenen Pausen zwischen den einzelnen Terminen und fühlen sich deshalb immer genötigt zu drängeln und zu hetzen. Sie werden nervös und überdreht. Sie verlieren den angemessenen Blickwinkel und die innere Weisheit. Sie rennen am Morgen aus der Tür und beklagen sich, wie viel sie zu tun hatten, wenn sie am Abend nach der Arbeit wieder nach Hause kommen. Kurz gesagt: Sie sehen in allem ein Problem und machen sich verrückt – welch ein Aufhebens.

Das Problem ist Folgendes: Nehmen Sie an, dass Stress ein positiver und notwendiger Faktor ist, dann schaffen Sie sich – bewusst oder unbewusst – noch jede Menge mehr davon. Sehen Sie Stress jedoch als eine Ablenkung, die eigentlich mit Ihren Zielen und Wünschen kollidiert, dann können Sie ihn langsam abbauen.

Stress ist wahrhaftig etwas, das ablenkt. Er durchkreuzt Ihr klares und logisches Denken. Er erschwert es Ihnen, innere Weisheit, Einsichten und Kreativität an den Tag zu legen. Stress ist außerdem etwas Ermüdendes, er raubt Ihnen nämlich überaus wertvolle Energie, und zwar physisch wie auch emotional. Und schließlich ist Stress die Ursache vieler Beziehungsprobleme. Je gestresster Sie sind, desto ungeduldiger werden Sie. Sie gehen Ihrer Fähigkeit verlustig, sich auf etwas zu konzentrieren. Ihre Qualitäten als Zuhörer leiden. Außerdem verlieren Sie Ihr Mitgefühl und Ihren Sinn für Humor.

Ich gebe ja zu, dass ein gewisses Maß an Stress unvermeidlich ist. Und sicher kann es schwierig sein und hohe Anforderungen an Sie stellen, Erfolg zu haben, ganz egal, was genau Sie beruflich machen. Stress jedoch als wertvoll zu definieren, macht die Sache nur noch schlimmer. Unter dem Aspekt lässt sich leicht erkennen, dass man Stress nicht als etwas Positives betrachten sollte. Stress stellt keineswegs Ihre Hauptmotivationsquelle dar, zudem vermag er Ihre Laune und Ihre Energien zu schwächen. Und ganz im Gegensatz zu der Annahme, dass Stress Ihnen hilft, Bestleistungen zu erbringen, verschafft er Ihrer Konkurrenz diese Möglichkeit.

Mein Vorschlag ist folgender: Wenn Sie anfangen, in der Arbeit in allem ein Problem zu sehen und sich gestresst zu fühlen, erinnern Sie sich sanft daran, dass, selbst wenn Ihre Aufgabe gerade sehr schwierig ist, diese Stressgefühle Ihnen keineswegs dienlich sind und es deshalb nicht wert sind, verteidigt zu werden. Verhalten Sie sich so, wird Ihnen auffallen, dass der vermeintlich notwendige Stress langsam abnimmt. Und dann werden Sie den Erfolg erleben, der sich einstellt, wenn Sie Stress als Ablenkung und nicht als Verbündeten betrachten.

55.

Akzeptieren Sie die Tatsache, dass fast immer jemand wütend auf Sie sein wird

Es fällt schwer, diese Überlegung zu akzeptieren, besonders wenn Sie, wie ich, Ihre Mitmenschen gerne zufrieden stellen oder, was noch schlimmer ist, auf Zustimmung erpicht sind. Ich bin jedoch zu dem Schluss gekommen, dass man viel Zeit damit vergeudet, sich mit dieser unangenehmen Seite des Lebens herumzuschlagen – nämlich mit Enttäuschung –, wenn man sich nicht mit dem Unvermeidlichen arrangiert.

Die Tatsache, dass praktisch immer irgendjemand Ihretwegen wütend oder enttäuscht sein wird, lässt sich nicht umgehen, weil Sie bei Ihren Versuchen, den einen nicht zu enttäuschen, eben einem anderen eine Enttäuschung zufügen. Selbst wenn Ihre Absichten völlig lauter und positiv sind, können Sie sich beispielsweise nicht an zwei Orten gleichzeitig aufhalten. Wenn also zwei Personen etwas von Ihnen wollen, brauchen oder erwarten und Sie logischerweise nicht alles machen können, dann wird eben einer der beiden eine Enttäuschung erleben. Werden Dutzende, ja Hunderte von Anforderungen an Ihre Zeit gestellt und Sie aus allen Richtungen mit Wünschen bombardiert, dann muss man eben einiges davon sein lassen; Fehler passieren.

Ihr Chef oder Kunde möchte, dass Sie etwas tun – das einzige Problem ist, dass Ihr Kind oder Ehepartner Sie zur gleichen Zeit braucht. Oder Sie sind Kellnerin in einem gut besuchten Restaurant und an jedem Tisch ist viel los; Sie tun Ihr Möglichstes, aber einige Gäste werden dennoch verärgert sein. Vier Personen haben Sie gebeten, vor fünf Uhr zurückzurufen. Du liebe Güte, schon das zweite Telefonat hat ja viel länger gedauert als erwartet. Die beiden Personen, die Sie deshalb nicht mehr anrufen konnten, werden verärgert sein; hätten Sie jedoch Ihren Gesprächspartner zur Eile gedrängt, wäre der böse gewesen. Egal, was man tut, einer ist immer verärgert. Oder Sie stürzen sich bei einem bestimmten Projekt besonders in die Arbeit, haben dann aber nur noch wenig Zeit, eine andere Aufgabe adäquat zu erledigen. Wieder lassen Sie jemanden im Stich. Sie vergessen einen Geburtstag. Selbst wenn Sie an neunzehn andere Geburtstage gedacht haben, haben Sie es geschafft, diesen Menschen zu verletzen. Und so geht es immer weiter.

Sie können sich anstrengen, wie Sie wollen – Sie können alles mit einkalkulieren, jegliche Eventualität einplanen, dennoch unterlaufen Ihnen Fehler. Und wenn Ihnen solche Fehler passieren, wenn Sie zeigen, dass auch Sie nur ein Mensch sind, wenn Sie so engagiert sind, dass auch Sie einmal etwas Zeit für sich selbst brauchen, wenn Sie ein Versprechen, eine Konferenz oder Abmachung vergessen – dann ist jemand verletzt, böse, wütend oder enttäuscht. Im Grunde meines Herzens weiß ich, dass ich mir immer die allergrößte Mühe gebe, und ich kann Ihnen trotzdem versichern, dass es keinen Ausweg aus dem Dilemma gibt – oder zumindest habe ich bislang noch keinen gefunden.

Hier nun ein Beispiel aus meinem Leben: Eine Zeit lang erhielt ich jede Woche eine unglaubliche Menge Leserbriefe. In sehr vielen dieser Briefe bat man mich um eine persönliche Antwort und so wie ich es sah, hatte auch jeder eine verdient. Schließlich ist jemand, der keine Zeit und Mühe gescheut hat, um mir zu schreiben, jemand Besonderer für mich. Bis zum heutigen Tag weiß ich jeden Brief, den ich je bekommen habe, zu schätzen – bei manchen kamen mir sogar die Tränen. Aber so viel Post kann einen auch frustrieren, weil der Tag für jeden schließlich nur vierundzwanzig Stunden hat und man vielen verschiedenen Verpflichtungen und Aufgaben gerecht werden muss. Ich habe einen hektischen Zeitplan, wenn ich auf Reisen bin, und enge Termine für meine Bücher. Ich habe unzählige Vorträge vorzubereiten und auch ständig zu halten, muss Werbeveranstaltungen und Dutzenden von anderen Anforderungen an meine Zeit tagtäglich gerecht werden. Und was mir am wichtigsten ist: Ich habe eine Familie, die ich sehr liebe und mit der ich gern zusammen bin, und natürlich auch einige enge Freunde.

Um die Sache ganz nüchtern zu betrachten: Wenn ich nur zehn Minuten auf jeden Brief verwenden würde, den ich bekomme, nähme das praktisch meine ganze Zeit in Anspruch. Dann könnten Sie dieses Buch jetzt gar nicht lesen, weil ich nämlich nicht eine Minute gehabt hätte, um es überhaupt zu schreiben. Was also kann ich tun? Ich habe eine Dame eingestellt, die mir bei der Beantwortung meiner Post gern zur Hand geht. Jede Woche hilft sie mir, so viele Briefe wie möglich auszuwählen, die ich dann persönlich beantworte; den Rest übernimmt sie für mich. Ihre Antworten sind nett, einfühlsam und respektvoll. Eine Zeit lang dachte ich, ich hätte auf diese Weise mein Problem gelöst.

Irrtum! Obwohl die breite Mehrheit meiner Leser versteht, in welch einer Zwangslage ich mich befinde, gibt es dennoch einen kleinen Prozentsatz, der enttäuscht ist, und auch ein paar, die absolut wütend auf mich sind, weil ich nicht den Anstand habe, persönlich zu antworten. Das Problem ist auch hier, dass man einfach nicht jedem gerecht wer-

den kann, egal, wie viel Mühe man sich auch gibt. Mir geht es da nicht anders als Ihnen.
Finden Sie sich mit dieser Tatsache ab, ist Ihnen eine schwere Last von den Schultern genommen. Natürlich würden Sie nie jemanden absichtlich verletzen oder enttäuschen. In der Regel tun wir alles, was in unserer Macht steht, um das zu vermeiden – und dennoch passiert es eben. Und wenn Sie wissen, dass das unvermeidlich ist, dann fällt Ihre spontane Reaktion auf die Enttäuschung des anderen viel friedlicher aus. Anstatt sich aufzuregen, sich zu verteidigen oder Schuldgefühle zu entwickeln, bewahren Sie Haltung und zeigen Mitgefühl. Sie wissen, dass Sie einfach nicht anders können. Es lag nicht in Ihrer Absicht, Sie haben alles getan, was Ihnen möglich war, und dennoch ist es eben passiert; und es wird auch wieder passieren. Es ist Zeit loszulassen. Und indem Sie etwas einfach so geschehen lassen, finden Sie Ihren Frieden.

56.

Lassen Sie sich nicht von Ihren eigenen Gedanken stressen

Oft stellt man mir die Frage: »Was ist das Allerwichtigste, das man tun kann, damit man nicht mehr in allem ein Problem sieht und sich verrückt macht?« Ich muss gestehen, dass ich so ein Patentrezept nicht auf Lager habe. Aber ziemlich weit oben auf meiner Liste steht sicherlich, dass man sich nicht von seinen eigenen Gedanken stressen lassen soll.
Überlegen Sie einmal, wie oft wir in Gedanken mit uns selbst sprechen. Das passiert fast unentwegt, tagtäglich unser ganzes Leben lang. Wir sitzen im Auto und denken an etwas – an einen Termin, eine Auseinandersetzung, einen möglichen Konflikt, einen Fehler, eine Sorge – was auch immer. Oder wir sind im Büro oder unter der Dusche und tun genau das Gleiche – und all das kommt uns ganz real vor.
Wenn wir denken, verlieren wir jedoch schnell aus den Augen, dass wir Gedanken denken, nicht Realität. Lassen Sie mich Ihnen das erläutern. Es mag Ihnen ja vielleicht seltsam vorkommen, aber die meisten von uns neigen dazu, schlichtweg zu vergessen, dass sie denken, weil sie das ja ständig tun, so wie sie atmen. Und bis ich die Atmung erwähnt hatte, waren Sie sich doch gar nicht dessen bewusst, dass Sie ständig einatmen und wieder ausatmen – oder? Das Denken funktioniert ähnlich. Da es ein Teil von uns ist, messen wir ihm enorme Bedeutung bei und

nehmen jeden Gedanken, der uns durch den Kopf geht, ausgesprochen ernst. Wir behandeln unsere Gedanken dann, als ob sie Realität wären, und gestatten es ihnen so, uns zu stressen.

Denken Sie einmal darüber nach, werden Sie wahrscheinlich erkennen, welche praktischen Auswirkungen das hat. Haben Sie einen Gedanken, ist das eigentlich nichts weiter als eben ein Gedanke. Gedanken haben nicht die Macht oder Befugnis, Sie zu stressen – außer Sie geben unbewusst Ihre Einwilligung dazu. Gedanken sind nur Bilder und Ideen in Ihrem Kopf. Sie sind wie Träume, nur dass Sie dabei wach sind. Doch müssen Sie nun entscheiden, wie ernst Sie diese Gedanken nehmen wollen.

Ihnen gehen zum Beispiel auf dem Weg zur Arbeit Überlegungen durch den Kopf wie: »Du liebe Güte, heute wird es wieder fürchterlich werden. Ich habe sechs Konferenzen und muss bis Mittag auch noch zwei Berichte fertig kriegen. Und mir graut davor, Jane zu sehen. Ich weiß, dass sie mir wegen unserer gestrigen Meinungsverschiedenheit noch böse ist.« Zu diesem Zeitpunkt gibt es genau zwei Möglichkeiten, die eintreten können. Entweder nehmen Sie diese Gedanken ernst, fangen an, sich Sorgen zu machen, denken noch weiter darüber nach, analysieren, wie schwer doch das Leben ist, tun sich selbst Leid und so weiter. Oder Sie erkennen, was da gerade passiert ist; wenn Ihnen nämlich bewusst wird, dass Sie soeben eine kleine Gedankenattacke hatten, dann können Sie sich einfach klar machen, dass Ihnen nichts weiter als eine Serie von Gedanken durch den Kopf geschossen ist. Sie sind noch nicht einmal in der Arbeit – Sie sitzen noch immer in Ihrem Auto.

Das heißt natürlich nicht, dass dieser Tag keine Probleme mit sich bringen wird oder dass Sie sich einreden sollen, dass immer alles bestens ist. Aber überlegen Sie sich doch einmal, wie unlogisch es ist, einen schlechten Arbeitstag zu haben, ohne dass dieser Arbeitstag überhaupt begonnen hat! Das ist grotesk – aber genau das machen die meisten von uns ständig. Wir haben einen Gedanken nach dem anderen und wieder einen und immer wieder noch einen. Und dennoch vergessen wir, dass es nur Gedanken sind. Wir gehen damit um, als wären sie real.

Wenn Sie die Art verändern können, wie Sie Ihre Gedanken behandeln, werden Sie angenehm überrascht sein, wie schnell und drastisch Sie Ihren beruflichen Stress zu reduzieren vermögen. Wenn Sie wieder einmal so eine Gedankenattacke haben, kommen Sie sich selbst auf die Schliche. Sagen Sie sich dann etwas Beruhigendes wie: »Huch, jetzt ist es mal wieder so weit«, um sich selbst zu ermahnen, dass Sie Ihre Gedanken ein bisschen überbewerten.

Ich hoffe, dass Sie sich diese Strategie zu Herzen nehmen – dann wird alles anders.

57.

Gehen Sie gelassen mit Unfähigkeit um

Inkompetenz scheint, wie so viele Dinge, in Form einer kelchförmigen Kurve aufzutreten: Ein geringer Prozentsatz von Leuten ist ziemlich weit oben, die meisten halten sich irgendwo in der Mitte auf, und ein paar bilden unten die Basis. Bei den meisten Berufen entspricht das der Normalverteilung im Leben; sicher gibt es auch Jobs, bei denen nur absolut kompetente Spezialisten überhaupt als qualifiziert betrachtet werden. Einige Leute sind in ihrem Metier wirklich top, die meisten Durchschnitt, und es wird immer auch ein paar geben, bei denen man sich wundert, wie um Himmels willen sie sich überhaupt ihren Lebensunterhalt verdienen.

Es ist jedoch interessant, dass so viele Menschen diese Dynamik nicht verstehen, und wenn doch, dass sie bei ihren Reaktionen weder Mitgefühl noch praktischen Menschenverstand an den Tag legen. Obwohl Unfähigkeit einfach eine Tatsache und ganz unvermeidlich ist, hat es den Anschein, als wären die Leute überrascht, würden sie gar persönlich nehmen, sich ausgenutzt fühlen – und sie reagieren dann entsprechend scharf darauf. Viele Leute beklagen sich über die Inkompetenz anderer, sorgen sich deswegen und wünschen sich, dass sie ein Ende hätte. Ich habe Leute gesehen, die offensichtliche Unfähigkeit so fertig gemacht hat, dass ich dachte, sie würden einen Herzanfall oder Nervenzusammenbruch bekommen. Anstatt sie als notwendiges Übel zu betrachten, steigern sie sich total hinein, verstärken durch ihre Überreaktion oft noch das Problem und wollen frustriert mit dem Kopf durch die Wand.

Das alles führt natürlich zu gar nichts, bloß dass derjenige dann emotional am Ende ist und auch noch eine schlechte Figur abgibt.

Eine meiner liebsten Fernsehserien ist »Mad About You« – »Böse über dich«. Die geniale Komikerin Lisa Kudrow spielt da die Rolle der unglaublich unfähigen Kellnerin Ursula. Ich dachte, ihr Auftritt sei einzigartig, bis ich kürzlich in einem Restaurant in Chicago war. Meine Kellnerin arbeitete so schlecht, dass ich schon meinte, man würde mich mit versteckter Kamera filmen, um zu sehen, ob ich mich dadurch verrückt machen ließ. Soweit ich sagen kann, brachte es diese Frau fertig, so ziemlich jede Bestellung total durcheinander zu bringen. Ich wollte ein vegetarisches Sandwich und bekam rohes Roastbeef. Der Gast neben mir bestellte ein Milch-Shake und bekam eine Flasche Bier, die ihm die Kellnerin dann auch noch über sein teuer wirkendes Hemd kippte. So ging es immer weiter, wobei es mit jedem Tisch noch schlimmer wurde. Nach einer Weile fand ich das Ganze witzig. Als es ans Zahlen ging, hatte sie mir das Roastbeef in Rechnung gestellt, das Bier meines Nebenmanns sowie ein T-Shirt mit dem Logo des Restaurants...

Eine andere Geschichte erzählte mir eine Mitarbeiterin eines Immobilienbüros. Diese Dame verkauft nicht nur Eigenheime, sondern hilft ihren Kunden auch bei der Koordination der verschiedenen Fachleute wie Baugutachter, Banker und Beamte. Sie berichtete mir von einem Gutachter, mit dem sie zweimal gearbeitet hatte und einige ihrer Kollegen auch schon. Ihren Worten nach war dieser Mann einfach unglaublich. Sein Job war es, den Marktwert eines Eigenheims zu schätzen, das zum Verkauf stand, um sicherzustellen, dass die Bereitstellung eines Kredits für die Bank kein Risiko bedeutete. Offensichtlich schätzte der Mann das jeweilige Objekt immer doppelt so teuer ein. Die Maklerin verkaufte beispielsweise einmal eine Wohnung, die an die hundertfünfzigtausend Dollar wert war, die er jedoch auf dreihunderttausend taxiert hatte. Fast die identische Wohnung nebenan wurde für hundertfünfzigtausend Dollar veräußert. Die Maklerin behauptete, dass dieser Gutachter immer so vorging – er ließ alle gängigen rationalen Methoden außer Acht und verließ sich nur auf seinen »Instinkt«. Seine Inkompetenz muss sich für die Käufer bezahlt gemacht haben – aber stellen Sie sich doch einmal das Risiko vor, das der Kreditgeber bei einer derart realitätsfernen Beurteilung auf sich nahm.

Das wirklich Unglaubliche an dieser Geschichte ist, dass dieser Gutachter es geschafft hat, seit zehn Jahren im Geschäft zu bleiben. Trotz seiner langen Latte unverhohlen inkompetenter Entscheidungen wird er immer wieder von Bankern angestellt, die bei der Kreditvergabe auf sein Urteil vertrauen.

Ich will hier natürlich keineswegs behaupten, dass es angenehm ist, sich mit Unfähigkeit auseinander setzen zu müssen. Wenn Sie jedoch nicht die Ruhe verlieren wollen, ist es notwendig, sich nicht überraschen oder kalt erwischen zu lassen. Da hilft einem die Einsicht, dass Inkompetenz so vorhersehbar ist wie ein gelegentlicher Regentag – selbst wenn man im sonnigen Kalifornien lebt wie ich. Früher oder später passiert es eben doch. Anstatt sich also zu sagen: »Das darf doch nicht wahr sein« oder etwas Ähnliches, stellen Sie sich darauf ein, dass es hin und wieder einfach so kommen muss, ganz unvermeidlich. Akzeptieren Sie die Gegebenheiten, ermöglicht Ihnen das, sich zu sagen – oder zu denken: »So ist es eben nun mal.« Sie sind dann in der Lage, sich eine angemessene Sichtweise zu bewahren und zu bedenken, dass sich das die meiste Zeit nicht gegen Sie persönlich richtet. Anstatt sich also auf die Extrembeispiele zu konzentrieren und sich so Ihren Glauben an die um sich greifende Inkompetenz zu bestätigen, versuchen Sie die Tatsache anzuerkennen, dass viele Menschen ihre Sache gut machen – zumindest meistens. Mit etwas Übung und Geduld regen Sie sich dann nicht mehr wegen etwas auf, das sich sowieso Ihrer Kontrolle entzieht.

Ich will Ihnen hier nicht vorschlagen, Unfähigkeit zu billigen und ihr das Wort zu reden oder als Arbeitgeber inkompetentes Personal nicht durch besser arbeitendes, qualifizierteres zu ersetzen. Das ist ein ganz anderer Punkt. Ich will nur sagen, dass Sie – ganz egal, wer Sie sind oder was Sie tun – in Ihrem Beruf ganz automatisch mit einem gewissen Ausmaß an Inkompetenz konfrontiert werden und sich auch damit auseinander setzen müssen. Warum also nicht lernen, spielerisch damit umzugehen und sich nicht mehr so beeinträchtigen zu lassen?

Indem Sie geistig Zugeständnisse machen an etwas, das sowieso passiert, sind Sie in der Lage, Ihre Lebensqualität zu verbessern. Ich weiß, dass es frustrierend ist, sich mit Inkompetenz herumschlagen zu müssen – besonders wenn viel auf dem Spiel steht. Aber ich kann Ihnen garantieren, dass Sie nichts gewinnen, wenn Sie die Kontrolle verlieren und ausrasten.

Das nächste Mal, wenn Sie mit Unfähigkeit zu tun haben, versuchen Sie doch, das Beste daraus zu machen, die Situation möglichst wieder ins Lot zu bringen und mit Ihrer Routine einfach fortzufahren – selbst wenn es sich um einen eklatanten Fall handelt. Lassen Sie los. Anstatt das inkompetente Verhalten gedanklich aufzubauschen, versuchen Sie, ihm keine so große Bedeutung beizumessen. Wenn Sie daraus nicht die – negative – Schlagzeile des Tages machen, haben Sie eine Frustrationsquelle weniger.

58.

Geben Sie keine vorschnellen Kommentare ab

Es ist schwer zu sagen, wie hilfreich mir diese Strategie in meinem Berufsleben schon war, weil die Ergebnisse oft eher subtil, wenn nicht gar spekulativ sind. Mit Sicherheit kann ich jedoch behaupten, dass es sich für mich dabei um ein bedeutsames und wirkungsvolles Instrument handelt. Zu lernen, keine vorschnellen Kommentare abzugeben, hat mir schon viele unnötige und ungelegene Gespräche erspart. Es steht außer Frage, dass ich so Zeit und Energie gewinne und vermutlich auch mehr als einen Streit vermeiden konnte.

Viele von uns geben schnell einen Kommentar zu praktisch allem und jedem ab. Wir kommentieren auch gern den Kommentar von anderen, eine Meinung oder einen Fehler, den jemand womöglich begangen hat. Wir bringen unsere eigene Meinung an, geben einen Kommentar zu einer Vorgehensweise, einem Verhaltensmuster oder einer persönlichen Nörgelei ab. Oft wollen wir uns auch bloß etwas von der Seele reden. Manchmal, wenn wir wütend oder frustriert sind, platzen wir mit etwas heraus – als Ausdruck dessen, wie es uns gerade selbst geht oder auch als Spitze gegen jemanden. Wir kommentieren das Aussehen von anderen, ihr Verhalten oder ihre Denkweise. Manchmal sind unsere Kommentare kritisch, bisweilen auch als Kompliment gedacht oder gewinnend.

Oft teilen wir dem anderen unsere Vorstellung, unsere Überzeugung, eine Lösungsmöglichkeit, ein Vorurteil oder eine simple Beobachtung mit.
Natürlich werden wir manchmal auch gebeten, einen Kommentar abzugeben oder unseren Standpunkt mitzuteilen. Und meistens reagieren wir ja auch auf so einen Anlass und unsere Kommentare sind somit völlig angemessen. Viele unserer Kommentare sind vermutlich nützlich, hilfreich, notwendig oder einfach auch ganz unterhaltsam. Manchmal kann unsere Äußerung helfen, ein Problem zu lösen, etwas besser zu machen oder sonst einen positiven Beitrag leisten. Prima. Unter diesen Umständen geben Sie nur weiterhin Ihre Kommentare ab.
Viele unserer Kommentare sind jedoch bestenfalls unnötig – und schlimmstenfalls kontraproduktiv. Sie sind eine reine Angewohnheit, eine Spontanreaktion oder beruhen auf dem unerklärlichem Bedürfnis, ständig etwas von sich geben zu müssen. Einige dieser Kommentare führen zu Streitereien, verletzten Gefühlen oder zu einem Durcheinander; und genau die sollten Sie sich nach Möglichkeit ersparen.
Kürzlich traf ich eine Frau, die mir folgendes Beispiel erzählte: Sie hatte den ganzen Tag gearbeitet und wollte sich gerade auf den Heimweg machen. Sie sagte, sie habe davon geträumt, den Abend allein zu verbringen – ein heißes Bad zu nehmen und es sich vor dem Zubettgehen mit einem guten Buch gemütlich zu machen. Da sah sie noch ein paar Arbeitskollegen im Gang stehen und ging hin, um ihnen eine gute Nacht zu wünschen. Sie waren gerade in eine hitzige Diskussion über irgendein Thema verwickelt, das die Frau praktisch nichts anging. Niemand fragte sie nach ihrer Meinung. Da hatte sie jedoch eine Idee, die sie der Gruppe auch mitteilen wollte. Sie sagte also: »Wisst ihr, was ihr tun solltet?« Den Rest der Geschichte können Sie sich vermutlich schon denken.

Sofort wurde sie in das Gespräch hineingezogen, und da sie ja nun diejenige war, die den Einfall aufs Tapet gebracht hatte, wäre es natürlich nicht angemessen gewesen, jetzt einfach nach Hause zu fahren. Die Frau verbrachte also die nächsten anderthalb Stunden damit, ihren Standpunkt zu erklären und zu verteidigen. Zu einer Lösung kam damals niemand. Die Dame ging dann erschöpft heim, zu müde, um noch zu lesen. Und dabei hatte sie sich doch so auf einen gemütlichen Abend gefreut. Stattdessen kam sie nun sehr spät nach Hause, den Kopf voller Probleme, sie war verärgert und verwirrt.

Auch wenn die Dinge immer etwas anders liegen, gibt es Hunderte, ja Tausende von analogen Beispielen, da wir so etwas regelmäßig auch machen. Diese Frau hier hat nichts Falsches getan; sie wollte nur helfen und freundlich sein. Dennoch hat ihr einfacher, harmloser Kommentar zu einem stressigen Gerangel geführt, das sie total ausgelaugt hat. Gibt es nun Zeiten, wo es angemessen ist, an so einer Art von Gespräch teilzunehmen? Ja, sicher. Dennoch war es doch eigentlich ihr Ziel gewesen, einen ruhigen Abend allein in ihren vier Wänden zu verbringen.

Ich habe bei vielen Gelegenheiten praktisch ebenso gehandelt. Ich habe beispielsweise ein Telefongespräch beendet und, ohne groß zu überlegen, im letzten Moment noch schnell gesagt: »Was ist denn mit diesem oder jenem passiert?« Meine Frage veranlasste natürlich meinen Gesprächspartner, sich in allen Einzelheiten darüber auszulassen, was mich weitere zwanzig Minuten am Telefon kostete. Inzwischen wartete jedoch bereits jemand auf meinen Rückruf und ich war schon spät dran. Liegt es nicht auf der Hand, dass ich mir in so einem Fall selbst Stress schaffe?

Hin und wieder platzen wir alle einmal mit einem Kommentar heraus, der langfristige Konsequenzen hat. Ich habe einmal gehört, wie eine

Frau in einem kleinen Büro ihren Kollegen angebrüllt hat: »Sie sind der schlechteste Zuhörer, der mir je untergekommen ist. Es ist mir ein Gräuel, mit Ihnen zu reden.« Hätte sie weniger schnell einen derartigen Kommentar losgelassen, wäre sie vielleicht in der Lage gewesen, ihren Gefühlen auf eine weniger feindselige und somit angemessenere Art und Weise Ausdruck zu verleihen.

Die Frage ist, wie viel Stress Sie vermeiden können, indem Sie lernen, sich einfach auf die Zunge zu beißen, wenn es in Ihrem eigenen Interesse liegt. Ich habe viele Leute getroffen, die behaupten, dass diese kleine Veränderung in ihren Angewohnheiten ihnen zu einem ruhigeren Leben verholfen hat. Sie sagen jetzt weniger häufig Dinge, die ihnen dann später Leid tun, weil sie nämlich vorher nachdenken.

Diese Überlegung lässt sich auch in Ihrem Leben einfach in die Tat umsetzen. Meist bedarf es nicht mehr als einer winzigen Pause, bevor Sie etwas sagen – gerade so viel Zeit, damit Ihre innere Weisheit Ihnen mitteilen kann, ob das, was Sie da äußern wollen, auch in Ihrem eigenen Interesse liegt. Versuchen Sie es einmal. Dann ersparen Sie sich vielleicht viel Kummer.

59.

Verabschieden Sie sich von der Vorstellung, dass bestimmte Menschentypen einfach nicht miteinander auskommen

Wenn mir jemand seine Latte von Ärgernissen in der Arbeit mitteilt, kommt die Sprache zwangsläufig auch auf das »Aufeinanderprallen zweier Menschentypen«. Die Leute sagen dann etwa: »Mit einem bestimmten Menschentyp komme ich einfach nicht klar« und: »Manche Persönlichkeiten passen eben nicht zu mir.« Sie gehen dann von der Annahme aus, dass bestimmte Persönlichkeitsstrukturen einfach nicht miteinander auskommen können – ein schüchterner Mensch kommt nicht mit jemand Kontaktfreudigem klar, jemand Sensibler kann nicht gut mit einem aggressiveren Kollegen zusammenarbeiten, um nur einige Möglichkeiten zu nennen. Das ist jedoch eine ungünstige Einstellung, weil wir uns ja die Kollegen und Menschentypen, mit denen wir beruflich zu tun haben, kaum aussuchen können; wir bekommen in der Regel irgendjemanden vorgesetzt. Sind wir nicht in der Lage, uns von klischeehaften Vorstellungen, mit wem wir angeblich zusammenarbeiten können oder auch nicht, freizumachen, dann sind wir arm dran und zu lebenslanger Frustration verurteilt.

Es ist natürlich verständlich, warum manche Leute von solchen Annahmen ausgehen, dennoch gibt es in Wirklichkeit keine derartige Unvereinbarkeit von Menschentypen. Wenn ja, müssten unsere Verallgemeinerungen ja immer stimmen – was aber nicht der Fall ist. Ich hatte schon mit Dutzenden von »unpassenden« Kollegen und Kolleginnen zu tun, die ein prima Team bildeten und denen es Spaß machte, miteinander zu arbeiten; und Sie bestimmt auch.

»Ich verstehe ja, was Sie sagen wollen, aber wenn ich mit einem bestimmten Menschentyp aneinander gerate, ist das spezieller und ernster.« Dergleichen haben mir schon viele Angestellte erklärt. »Ich komme beispielsweise mit rechthaberischen Leuten aus, mit anderen aber nicht. Manchmal werden zwei Leute eben nicht warm miteinander, da kann man gar nichts machen.« Auch wenn das einmal der Fall sein kann, ist es ein Armutszeugnis, derart negativen Gefühlen einfach nachzugeben – und meiner Meinung nach auch unnötig.

Wie jeder andere habe natürlich auch ich meine Vorlieben, mit wem ich gerne arbeite. Zum Beispiel ziehe ich es vor, nicht mit jemandem zu arbeiten, der wahnsinnig hetzt und hyperaktiv ist. Ich bin jedoch zu dem Schluss gekommen, dass ich mit etwas sanfter Anstrengung von meiner Seite und von einer höheren Warte aus betrachtet mit praktisch jedem klarkomme, ganz egal, um was für eine Art Mensch es sich handelt. Der Knackpunkt liegt dabei wohl in dem Wort »sanft«. Es mag schwer verständlich sein, dass unser »Ärmel-hochkrempeln-und-los«-Ansatz nicht besonders gut funktioniert, wenn es darum geht, Unterschiede in der Persönlichkeit zu überwinden. Je mehr Anstrengungen Sie unternehmen und etwas erzwingen wollen, desto schwieriger scheint es zu werden.

Was bei mir gut funktioniert, ist, es als Teil meines Berufs zu betrachten, mit dem anderen auszukommen. Anders ausgedrückt: Ich übernehme die Verantwortung, dass die Beziehung klappt; ich spiele aktiv den Ball. Anstatt eine Beziehung als zum Scheitern verurteilt oder frustrierend abzuschreiben, versuche ich, sie als Herausforderung zu akzeptieren. Ich betrachte mich nicht als gut und mein Gegenüber als fehlerhaft, sondern bezeichne uns beide als »echte Originale«, die eben eine unterschiedliche Rolle spielen. So halte ich mich bei Laune und bewahre mir meinen Sinn für Humor. Ich versuche einfach auf sanfte Weise, nicht mehr darauf zu beharren, dass andere Menschen das Leben so sehen sollen wie ich und sich auch entsprechend verhalten sollen. So öffnet sich mein Herz und mein Blickwinkel erweitert sich.

Amy und Jan unterrichten beide den vierten Jahrgang an einer Grundschule. Diese Lehrerinnen sollten zusammenarbeiten, damit die Schüler den gleichen Lehrplan hatten. Das Problem war, dass die beiden Frauen sich nicht leiden konnten und ständig den Unterrichtsstil der anderen kritisierten. Offensichtlich waren beide der Auffassung, dass ihre Persönlichkeiten sich ausschlossen. Die Frauen fielen sich nicht nur ständig in den Rücken und verpassten sich irgendwelche Spitzen, sondern ergingen sich auch öffentlich in verbalen Auseinandersetzungen bei Elternabenden und Lehrerkonferenzen. Amy beschuldigte Jan, undiszipliniert und kleinkrämerisch zu sein, weshalb ihre Schüler nicht für die nächste, die fünfte, Klassenstufe vorbereitet seien. Jan konterte, dass Amy nicht nur inkompetent sei, sondern dass die Eltern nur wissen sollten, dass sie manche Schüler bevorzuge und Kinder, die sie nicht mochte, strenger beurteile. Die Unfähigkeit der beiden Lehrerinnen, ihre Andersartigkeit zu respektieren und ihren kindischen Konflikt beizulegen, beunruhigte die Eltern zunehmend. Das restliche Schuljahr war voller Stress, Ärger und Sorgen auf Seiten der Eltern, sowie voller selbstverschuldeter – und somit verdienter – Peinlichkeiten auf Seiten der beiden Lehrerinnen. Anstatt zu verstehen, dass Unterschiede in der Persönlichkeit und im Unterrichtsstil ein interessanteres Lernumfeld

schaffen können, nahmen die beiden ihre Differenzen persönlich und agierten ihren Frust aus. In so einem Fall kann – wie immer – keiner gewinnen.
Dem Aufeinanderprall unterschiedlicher Persönlichkeiten aus dem Weg zu gehen hat mir in meinem Berufsleben enorm geholfen. Ich kann jetzt erkennen, dass es mir oft zum Vorteil gereicht, wenn ich mit Leuten arbeite, die anders sind als ich, dass meine Arbeit sogar interessanter wird.
Ich möchte Ihnen vorschlagen, Ihre Auseinandersetzungen mit Menschen einer anderen Persönlichkeitsstruktur einmal unter diesem Aspekt zu betrachten. Ihnen wird eine Last von den Schultern genommen, wenn Sie davon Abstand nehmen.

60.

Lassen Sie sich von etwas Vorhersehbarem nicht stressen

In vielen Branchen gibt es bestimmte Standard-Vorgehensweisen oder auch Probleme, die weitgehend vorhersehbar sind. Tritt derartiges zum ersten Mal auf oder werden Sie kalt erwischt, ist es verständlich, dass sie Ihnen Stress und Sorgen bereiten. Sobald Sie sich jedoch geistig schon auf diese Möglichkeit einstellen, können Sie vorhersagen, wie sich bestimmte Vorkommnisse abspielen werden, und dann ist es dumm, sich noch groß darüber zu ärgern oder aufzuregen. Ich habe allerdings festgestellt, dass viele Leute sich weiterhin stressen und beunruhigen lassen, selbst wenn sie erkannt haben, wie der Hase läuft. Sie regen sich auf, sind ärgerlich und beklagen sich über ein Schema, das vorhersehbar ist. Für mich ist das hausgemachter Stress in Reinkultur.

Ich hatte einige recht entspannte Freunde, die bei bedeutenden Fluglinien als Stewards beziehungsweise Stewardessen tätig waren. Obwohl sie selbst eigentlich zu dem Menschentyp zählen, der mit allem spielend fertig wird, haben sie mir einige interessante Geschichten von Kollegen erzählt, die wegen einigen absolut vorhersehbaren Vorkommnissen in ihrem Job total ausrasteten – Gott sei Dank, ohne dass die Passagiere es merkten.

Eine Stewardess fühlte sich total entnervt, wenn ihr Flug Verspätung hatte. Sie rief dann ihren Mann an, um sich über ihren stressigen Beruf zu beklagen und teilte ihren Freunden ihren Frust mit – die derartige Geschichten natürlich schon hundertmal gehört hatten. Anstatt sich zu sagen: »Klar gibt es hin und wieder mal eine Verspätung«, machte sie sich selbst fertig, indem sie völlig überzogen auf etwas reagierte, das sich eigentlich vorhersehen ließ. Ein anderer Flugbegleiter, diesmal ein Mann, wurde total ärgerlich, wenn er mit einem unhöflichen oder undankbaren Passagier zu tun hatte. Er war eigentlich nicht dumm und wusste deshalb, dass dergleichen ganz automatisch hin und wieder, ja sogar öfter passiert. Dennoch rastete er jedes Mal wieder aus und fühlte sich bemüßigt, seinen Ärger anderen auch mitzuteilen. Er wiegelte dann seine Kollegen auf, sich auch auf diese respektlosen Passagiere zu konzentrieren, anstatt auf die breite Mehrheit netter Leute.

Ich habe einmal einen Steuerberater kennen gelernt, der sich jeden März und April ärgerte, weil er Überstunden machen musste, weshalb er nicht um fünf Uhr nach Hause gehen konnte. Er sprang durch die Gegend und beschwerte sich, wie »unfair« das doch alles sei, obwohl es absolut vorhersehbar war. Es haben nämlich *alle* Steuerberater, die die Einkommensteuer-Rückerstattung ihrer Mandanten betreuen, zu dieser Zeit Hochbetrieb. Was soll ich dazu noch sagen?

Ich habe auch einmal einen Polizisten kennen gelernt, der es persönlich nahm, wenn jemand die Geschwindigkeit überschritt. Das frustrierte ihn und er hielt den Leuten böse Strafpredigten, wobei er offensichtlich übersah, dass es schließlich sein Job war, Leute zu schnappen, die zu schnell fuhren, und so die Sicherheit auf den Straßen zu verbessern. Auch das war ein vorhersehbarer Teil seiner Arbeit. Ich habe mit vielen Polizisten gesprochen, die mit diesem Aspekt ihrer Tätigkeit spielend fertig wurden – weil sie sich schon seelisch darauf einstellten, es war vorhersehbar. Die meisten sagten: »Klar, dass wir ein Bußgeld verhängen, aber weshalb sollte ich mich groß darüber aufregen?«

Bevor Sie mir jetzt erklären: »Das sind aber alles ziemlich alberne Beispiele« oder: »Wegen so einem Blödsinn würde ich mich nie aufregen«, unterziehen Sie doch einmal Ihren Berufszweig einer genaueren Prüfung. Es fällt einem nämlich immer leichter, anderen zu sagen, dass sie sich nicht aufregen sollen, als sich selbst einzugestehen, dass man aus einer Mücke einen Elefanten macht. Ich gebe ja zu, dass ich diesen Fehler selbst auch schon mehr als einmal begangen habe – und Sie sicher auch. Indem Sie bestimmte Aspekte Ihres Berufes als vorhersehbar einschätzen, können Sie viel Frust vermeiden.

Auch wenn die genauen Einzelheiten und Streitpunkte in jedem Metier anders sind und viele dieser vorhersehbaren Zwischenfälle nicht viel Sinn machen, habe ich ähnliche Reaktionsmuster schon in vielen Berufszweigen beobachtet. In einigen Branchen sind beispielsweise Verzögerungen inbegriffen. Sie warten auf Zulieferer, Bestellungen oder jemanden oder etwas, um Ihre Arbeit tun zu können, aber es hat immer den Anschein, als wären *Sie* zu spät dran und in enormer Eile. Und selbst wenn es stimmt, dass Sie immer bis zur letzten Minute warten müssen, bis Sie kriegen, was Sie brauchen, ist das völlig vorhersehbar und logisch – Sie wissen doch, dass es so ist. Können Sie also geistig die notwendigen Zugeständnisse an das Unvermeidliche machen, dann empfinden Sie den Druck nicht so. Stattdessen lernen Sie, mit allem spielend fertig zu werden. Das heißt nicht, dass Ihnen alles egal wäre. Aber so ein Arrangement ist ganz offensichtlich notwendig und angemessen, um überhaupt eine gute Leistung erbringen zu können und so schnell und effizient zu arbeiten wie nur möglich. Überrascht zu reagieren und sich zu ärgern, weil Sie ständig auf andere warten müssen, ist einfach nur dumm.

In anderen Bereichen – vermutlich fast allen – gibt es immer mehr Arbeit als Zeit, um sie auch zu erledigen. Wenn Sie sich umschauen, wird Ihnen auffallen, dass wir alle im gleichen Boot sitzen – so ist es eben eingerichtet. Neue Arbeit landet schneller auf Ihrem Schreibtisch, als Sie je wegschaffen können. Wenn Sie sich diese Tatsache einmal genauer ansehen, werden Sie feststellen, dass sie absolut vorhersehbar ist. Würden Sie doppelt so schnell arbeiten wie zurzeit, würde das auch nichts ändern, weil Sie auch dann wieder nicht alles schaffen könnten. Wie durch Zauberei türmt sich nämlich umso mehr Arbeit auf, je flotter und effizienter Sie sind. Das soll natürlich nicht heißen, dass Ihr Beruf keine Anforderungen an Sie stellt oder dass Sie nicht hart arbeiten und wirklich Ihr Bestes geben sollten. Es heißt nur, dass Sie sich keine schlaflosen Nächte zu machen brauchen, bloß weil nie alles fertig ist – das wird es nie sein.

Betrachten Sie diese und andere Tendenzen unter der Perspektive der Vorhersehbarkeit, vermögen Sie eine ganze Menge Stress auszuschalten. Sie können dann geistig, in Ihrer inneren Einstellung und in Ihrem Verhalten Zugeständnisse machen gegenüber Zwischenfällen, von denen Sie wissen, dass sie sowieso eintreten werden. So können Sie besser durchatmen und vielleicht lernen, sich etwas mehr zu entspannen. Ich hoffe, dass Ihnen diese Erwägungen ebenso helfen werden wie mir.

61.

Schieben Sie nichts vor sich her

Kürzlich erhielt ich einen verzweifelten Anruf von einer Steuerberaterin, die eine der abgedroschensten Entschuldigungen vorbrachte, weil sie mit ihrer Arbeit zu spät dran war. Sie benutzte die bekannte Phrase: »Es war recht kompliziert und hat viel Zeit in Anspruch genommen.« Wenn Sie einmal tief durchatmen und einen Schritt Abstand nehmen, werden Sie mir sicher zustimmen, dass das eine lächerliche Ausrede ist, die gleich zwei Personen unnötigen Kummer bereitet, nämlich demjenigen, der mit etwas im Rückstand liegt, und demjenigen, der warten muss. Dieses Gerede stellt nur sicher, dass Sie auch weiterhin mit Ihrer Arbeit im Rückstand liegen werden, und ermuntert Sie, sich ob Ihrer knappen Zeit ungerecht behandelt zu fühlen.

Für jedes Projekt braucht man eine gewisse Zeit, egal ob es sich dabei um die Steuererklärung, einen Bericht, einen Hausbau oder das Verfassen eines Buches handelt. Und auch wenn sich vieles unserer Kontrolle entzieht und Unvorhergesehenes eintritt, dann sind Sie meist doch durchaus in der Lage, die Zeit grob abzuschätzen, die Sie benötigen werden, um eine bestimmte Aufgabe zu bewerkstelligen, wobei Sie etwas Spielraum für Eventualitäten einplanen müssen.

Der Steuerberaterin zum Beispiel, von der ich vorhin berichtet habe, war durchaus bewusst, dass ihre Aufgabe relativ kompliziert war und sie deshalb mehr Zeit einplanen musste. Außerdem war ihr – wie allen anderen auch – das genaue Datum bekannt, bis wann dem Fiskus die kompletten Steuerunterlagen vorliegen mussten. Warum schob sie diese Aufgabe also so lange vor sich her? Und warum griff sie zur Entschuldigung auf die Ausrede »ziemlich kompliziert« zurück, anstatt einfach zuzugeben, dass sie zu lange gewartet hatte, bis sie sich überhaupt an die Arbeit gemacht hatte? Sie hätte genau die gleiche Anzahl von Stunden gebraucht, um das Projekt fertig zu stellen, wenn sie zum Beispiel schon einen Monat früher begonnen hätte und so die Sache nicht ewig vor sich hergeschoben hätte.

Viele von uns legen sowohl im Beruf als auch im Privatleben genau das gleiche Verhalten an den Tag. Ich kenne unzählige Menschen, die praktisch immer zu spät dran sind: wenn sie an der Reihe sind, in der Fahrgemeinschaft die Kinder abzuholen, wenn sie am Sonntag in die Kirche gehen oder das Essen für eine Abendeinladung vorbereiten. Interessant ist dabei nicht die Tatsache, dass sie immer hinter ihrem Zeitplan zurückbleiben, sondern die Entschuldigungen, die sie verwenden: »Ich musste gleich drei Kinder abholen«, »Ich musste vor der Arbeit noch zwei Sachen erledigen«, »Ich kann das kaum alles schaffen, bevor ich das Haus verlasse«, »Eine Essenseinladung ist für mich ein schrecklicher Aufwand.«

Ich will ja keineswegs leugnen, dass es oft hart ist, alles auf die Reihe zu kriegen, das ist es durchaus, aber in all diesen Beispielen sind Sie mit *bekannten* Variablen konfrontiert. Sie wissen ganz genau, wie viele Kinder Sie versorgen, wie lange es dauert, sie fertig zu machen und irgendwohin zu bringen; Sie wissen auch, wie lange die Fahrt ins Büro dauert – und mit Sicherheit ist auch wieder viel Verkehr. Sie sind sich der Tatsache absolut bewusst, dass es eine Menge Arbeit machen kann, wenn man zum Abendessen Gäste eingeladen hat. Wenn wir die Aussage »Ich hatte nicht genug Zeit« benutzen, dann machen wir uns selbst etwas vor, ja wir können so praktisch mit Sicherheit davon ausgehen, dass wir den gleichen Fehler das nächste Mal wieder machen werden.

Diese Neigung zu überwinden macht ein gewisses Maß an Demut erforderlich. Die einzige Lösung ist nämlich, sich einzugestehen, dass Sie in den meisten Fällen sehr wohl die Zeit haben, Sie aber einfach ein bisschen früher anfangen und alles tun müssen, um letztendlich nicht in Hetze zu geraten. Wenn Sie ständig fünf Minuten zu spät dran sind – oder gar dreißig – und das Ihnen und Ihren Mitmenschen Stress bereitet, dann müssen Sie sich wirklich bemühen, eben fünf Minuten früher zu beginnen – oder eben eine halbe Stunde – und zwar immer.

Mein Buch hatte am ersten September letzten Jahres Termin; dieses Datum war mir über sechs Monate bekannt. Man hatte mir mehr als genug Zeit gegeben. Meinen Sie, dass es eine gute Idee gewesen wäre, bis zum fünfzehnten Juli abzuwarten, um mich in die Arbeit zu stürzen? Sicher nicht. Das hätte mir viel unnötigen Stress bereitet, und meinem Verleger auch. Ich hätte mich hetzen müssen und hätte nicht meine Bestleistung bringen können. Und doch ist es genau das, was viele Leute in ihrem Job tun. Sie warten zu lang ab, bis sie endlich anfangen, und dann beklagen sie sich, was sie sonst noch alles zu tun haben.

Überlegen Sie doch einmal, wie viel weniger Stress Sie in Ihrem Leben hätten, wenn Sie sich einfach ein bisschen eher ans Werk machen würden. Anstatt dann von einem Projekt zum nächsten zu hetzen, könnten Sie sich alles in Ruhe einteilen; anstatt das Lenkrad zu umklammern und im Slalom zum Flughafen oder ins Büro zu rasen, würden Sie sogar ein paar Minuten eher eintreffen; anstatt die Eltern der Kinder in Ihrer

Fahrgemeinschaft zu verärgern, stünden Sie in dem Ruf, ein zuverlässiger und umsichtiger Mensch zu sein.
Das ist einer der einfachsten Vorschläge, den ich schon in vielen meiner Bücher gemacht habe, und doch ist es einer der wichtigsten. Sobald Sie es sich zur Gewohnheit machen, ein bisschen früher anzufangen, reduziert sich Ihr täglicher Stress, oder zumindest der Teil, den Sie selbst beeinflussen können.

62.

Gehen Sie Auseinandersetzungen sachte an

Man kann sich kaum vorstellen, sich seinen Lebensunterhalt zu verdienen und dabei nicht zumindest mit einer gewissen Menge an Auseinandersetzungen konfrontiert zu werden. Schließlich leben wir in einer Welt sich widerstreitender Interessen, Wünsche und Vorlieben. Wir haben unterschiedliche Maßstäbe und Erwartungen. Eine Arbeit, die dem einen vollständig und gut erscheint, ist für einen anderen vielleicht jämmerlich schlecht. Was sich Ihnen als Notfall oder als sehr kritisch darstellt, hat für einen anderen Menschen womöglich keinerlei Bedeutung und ist schon den Zeitaufwand nicht wert. Es gibt so viele Aufgaben und Personen, denen man gerecht werden muss, dass eine gelegentliche Auseinandersetzung unvermeidbar scheint. Manchmal ist es auch notwendig, sich mit jemandem auseinander zu setzen, um das gewünschte Ergebnis zu bekommen, um Ihren Standpunkt klarzumachen, um etwas in Gang zu bringen, um einen Konflikt zu lösen, um jemanden aus seinem Trott zu reißen oder um die Kommunikation zu verbessern.

Auch wenn Konfrontationen unvermeidlich sind, müssen Sie jedoch nicht in einen Krieg ausarten oder die Gefühle des anderen verletzen, zu Stress oder Enttäuschung führen. Es ist sehr wohl möglich, sich auf eine

sanfte, effektive Art und Weise mit jemandem auseinander zu setzen, was dann nicht nur zum gewünschten Ergebnis führt, sondern diese beiden Menschen persönlich oder beruflich sogar einander näher bringt.
Mir scheint, dass die meisten Leute zu aggressiv sind, wenn sie in Konflikten den eigenen Standpunkt verteidigen; sie verlieren dann an Menschlichkeit und Bescheidenheit. Sie gehen ihr Ziel auf eine feindselige Weise an, so als ob sie Recht hätten und der andere Unrecht. Dann heißt es: »Ich bin gegen dich« oder: »Dir werde ich es schon zeigen.« Man geht dann davon aus, dass jede Auseinandersetzung automatisch feindselig ist und Aggression deshalb die beste Methode.
Sind Sie jedoch zu aggressiv, dann wirken Sie auf andere wie ein Feind, wodurch derjenige dann meint, sich verteidigen zu müssen. Die Menschen, mit denen Sie sich auseinander setzen, halten Sie dann für schwierig, für ihren Feind. Geht jemand in die Defensive, wird er ein schlechter Zuhörer, unglaublich starrköpfig und ist selten bereit, seine Sichtweise zu ändern oder einen konstruktiven Beitrag zu einer Problemlösung zu leisten. Er fühlt sich dann nicht respektiert und verliert seinerseits den Respekt Ihnen gegenüber. Setzen Sie sich also mit jemandem auf aggressive Weise auseinander, dann ist das, als wollten Sie mit dem Kopf durch die Wand.
Der Schlüssel zu einer effektiven Auseinandersetzung liegt darin, sanft und respektvoll vorzugehen. Gehen Sie mit der Prämisse an die Auseinandersetzung heran, dass es eine Lösung gibt und Sie auch in der Lage sein werden, alles ins Lot zu bringen. Anstatt Schuld zuzuweisen und Fehler zu unterstellen, versuchen Sie zu sehen, wie naiv und unschuldig Sie selbst sind und auch Ihr Gegenüber ist. Sie verwenden dann keine Phrasen, die garantiert einen Gegenangriff provozieren, wie: »Sie haben da einen Riesenfehler gemacht, über den wir uns jetzt unterhalten soll-

ten«, sondern versuchen, sich etwas zurückzunehmen und beispielsweise zu sagen: »Ich bin ein bisschen durcheinander wegen etwas – könnten Sie mir da vielleicht weiterhelfen?«

Wichtiger als die Worte, die Sie gebrauchen, sind Ihre Gefühle. Es ist natürlich nicht immer möglich, aber versuchen Sie Auseinandersetzungen zu vermeiden, wenn Sie sowieso schon gestresst sind. Es ist stets gut, eine Weile abzuwarten, bis Sie etwas nicht mehr überbewerten oder Ihre Stimmung sich wieder hebt. Bedenken Sie, dass die meisten Leute vernünftig sind, respektvoll und auch gewillt, Ihnen zuzuhören, wenn Sie es mit einem ruhigen, gelassenen Menschen zu tun haben, der sich aufrichtig und ehrlich äußert.

Gehen Sie Auseinandersetzungen sachte an, erzielen Sie nicht nur bessere Ergebnisse, sondern Sie halten auch Ihren Stresspegel niedrig. Anders ausgedrückt: Eine sanfte Stimmung ist eine entspannte Stimmung, selbst wenn es sich um etwas handelt, das normalerweise als schwierig gilt. Es hat etwas überaus Beruhigendes zu wissen, dass Sie Ruhe bewahren können, egal was auf Sie zu kommt. Außerdem müssen Sie dann weniger Kämpfe austragen, und wenn es doch einmal so weit kommt, sind diese kürzer und weniger gravierend. Die anderen sind dann kooperativer und zollen Ihnen mehr Respekt, und, was vielleicht am wichtigsten ist, Ihre eigenen Gefühle und Gedanken sind auch viel positiver. Wenn Sie sich also das nächste Mal mit jemandem auseinander setzen müssen – egal, worum es geht –, dann denken Sie daran, es sachte anzugehen. Wünschen Sie sich, dass Ihr Leben weniger einem Schlachtfeld gleicht, ist das ein prima Anfang.

63.

Vergessen Sie die drei Grundfertigkeiten nicht

Wenn ich Sie fragen würde, was ich wohl mit diesen drei Grundfertigkeiten meinen könnte, dann würden Sie vermutlich antworten: Lesen, Schreiben und Rechnen. Ich habe nun allerdings meine eigenen drei Grundfertigkeiten erfunden, von denen ich das Gefühl habe, dass sie ebenso wichtig sind, besonders wenn Sie lernen wollen, ein weniger gestresster, glücklicher Mensch zu sein. Diese drei Fertigkeiten, von denen hier die Rede ist, sind: Reaktionstüchtigkeit, Aufnahmefähigkeit und Vernunft.

Unter »Reaktionstüchigkeit« verstehe ich, dass Sie auf die jeweiligen Umstände, mit denen Sie konfrontiert werden, angemessen und mit Interesse reagieren. Anstatt sich von Gewohnheiten oder Spontanreaktionen leiten zu lassen, sind Sie offen, was die Fähigkeit bedeutet, die bestmögliche Alternative im Hinblick auf eine bestimmte Situation zu wählen. Weil reaktionstüchtige Menschen keinen eingeschränkten Blickwinkel haben, sind sie in der Lage, jede Variable einer Gleichung in Betracht zu ziehen, anstatt sich auf ihre gewohnte Art und Weise, etwas zu tun, beschränken zu müssen. Sie sind willens, einen Richtungswechsel vorzunehmen, wenn nötig, und einen Fehler einzugestehen, wenn erforderlich.

Zum Beispiel ist es für einen Bauunternehmer nichts Besonderes, wenn er mit unerwarteten Änderungen der eigentlichen Pläne konfrontiert wird – unbekannte Bodenbedingungen, fehlendes Kapital, unvorhergesehene Probleme mit der Architektur. Ein Bauunternehmer, der zu Überreaktionen neigt, wird in Panik verfallen, wodurch es schwierig wird, mit ihm zu arbeiten. Ein guter Bauunternehmer wird mit so einer Situation hingegen spielend fertig, indem er auf Veränderungen offen reagiert, sich der Situation gewachsen zeigt und seine Arbeit tut.

»Aufnahmefähigkeit« bedeutet hier, offen für Ideen und Vorschläge zu sein. Es heißt, dass Sie geneigt sind, alles aufzunehmen, was Sie in einem bestimmten Moment brauchen – Daten, Kreativität, eine neue Idee – was auch immer. Es ist das Gegenteil von Beschränktheit und Engstirnigkeit. Leute, die aufnahmefähig sind, sind gewillt, einen »Anfänger-Geist« an den Tag zu legen, sie sind bereit zu lernen, selbst wenn andere sie schon als Experten betrachten. Weil sie nicht in die Defensive gehen, weisen diese Menschen hohe Lernerfolge auf und haben fast immer die besten Ideen auf Lager. Es macht Spaß, mit ihnen zu arbeiten, und sie fügen sich hervorragend in jedes Team ein, weil sie nicht in starrem Denken verharren, sondern unterschiedliche Sichtweisen in Betracht ziehen können.

Ein pensionierter Firmenchef ist einer der aufnahmefähigsten Menschen, die ich je kennen gelernt habe. Er leitete ein Unternehmen und war willens, jeden anzuhören – wobei er häufig einen Ratschlag seiner Angestellten annahm. Anstatt stur darauf zu beharren, dass seine Lösungen immer die besten seien, stellte er sein Ego zurück, um über die jeweiligen Vorschläge nachzudenken und dann die beste Handlungsstrategie festzulegen. Er sagte mir: »Das hat mir meinen Job so viel leichter gemacht. Indem ich generell offen für Vorschläge und Ideen war und sie nicht ausgeschlossen habe, kam ich in den Vorteil, mit Hunderten von klugen Köpfen zusammenzuarbeiten – anstatt mich allein auf meinen eigenen kleinen Verstand zu verlassen.«

Unter »Vernunft« verstehe ich hier schließlich die Fähigkeit, die Dinge richtig zu sehen, und zwar ohne egoistische Rechtfertigungen, die uns so oft die Sicht trüben. Wir vermögen dann unseren eigenen Beitrag bei einem Problem zu erkennen und sind gewillt, zuzuhören und vom Standpunkt eines anderen zu lernen. Vernünftig zu sein schließt auch die Fähigkeit mit ein, sich in jemanden einzufühlen, größere Zusammenhänge zu erkennen und den Dingen ihren angemessenen Stellenwert zuzuweisen. Vernünftige Menschen werden gemocht und sind überaus respektiert. Weil sie gern zuhören, dem Aufmerksamkeit schenken, was andere zu sagen haben. Vernünftige Menschen haben kaum einmal Feinde und ihre Konflikte beschränken sich auf ein absolutes Minimum. Diese Menschen sind fähig, über ihre eigenen Wünsche und Bedürfnisse hinauszusehen, wodurch sie sich als einfühlsam und hilfsbereit erweisen.

Wenn Sie danach streben, offen, aufnahmefähig und vernünftig zu werden, wird sich alles andere wie von selbst ergeben.

64.

Hören Sie auf, ständig zu meckern

Mecker, mecker, mecker. Welch ein fürchterlicher Miesepeter, jemand, der sich selbst, andere, alles und jedes viel zu ernst nimmt. Sein Hauptaugenmerk ist auf Probleme gerichtet, er ist immer kritisch, missgestimmt, ärgerlich, in Eile, frustriert, in Verteidigungsbereitschaft und – gestresst. Jemand, der darauf wartet, dass das Leben besser und alles anders wird. Sind Sie das?

Jetzt lassen Sie doch einmal Ihre Phantasie spielen und zoomen Sie sich zehn Jahre weiter, zwanzig Jahre oder auch dreißig. Sie sind noch immer mit dem Geschenk des Lebens gesegnet? Wenn nicht, haben Sie etwas verpasst und es ist nun sowieso zu spät, noch groß etwas zu tun. Stehen Sie voll im Berufsleben, gilt es Probleme zu lösen, dann hat es den Anschein, als würde das Leben ewig währen. Doch tief im Innern wissen wir alle sehr wohl, wie schnell das Leben vorübergeht. Sie hatten Ihre Chance, Erfahrungen zu machen und das Leben mit all seinen Facetten zu erforschen – seine schönen wie auch seine negativen Seiten. Aber irgendwie haben Sie immer alles für selbstverständlich gehalten. Sie haben Ihre Zeit mit Meckern verbracht und sich gewünscht, dass alles anders wäre.

Wenn Sie andererseits das Glück haben, auch in zehn Jahren noch am

Leben zu sein, und dann zurückblicken, werden Sie sich dann freuen, all die Jahre so ernst und griesgrämig gewesen zu sein? Wenn Sie noch einmal von vorn anfangen könnten, wenn Sie Ihr Leben noch einmal leben könnten, würden Sie dann etwas anders machen? Wären Sie ein anderer Mensch mit einer anderen Einstellung? Hätten Sie eine andere Perspektive? Wenn Sie jetzt wüssten, was Ihnen in zehn, zwanzig Jahren bekannt wäre, würden Sie alles mit diesem Ernst betrachten? Würden Sie so viel meckern?

Wir alle sind manchmal zu ernst; vielleicht liegt das ja in der Natur des Menschen. Und dennoch besteht ein enormer Unterschied zwischen jemandem, der ab und zu etwas zu schwer nimmt, und jemandem, der ohne Unterlass vor sich hin meckert. Die gute Nachricht lautet, dass es nie zu spät ist, sich zu ändern. Wenn Sie erst einmal erkannt haben, wie lächerlich das alles ist, liegt die Lösung auf der Hand.

Ein Miesepeter gibt dem Leben die Schuld an seiner negativen Einstellung. Er rechtfertigt seine Negativität dann noch, indem er auf Probleme und Streitpunkte hinweist, mit denen er sich auseinander setzen muss, indem er auf die Ungerechtigkeiten des Lebens aufmerksam macht und auf die Fehler anderer. Er hat nicht die geringste Ahnung, dass seine Weltsicht allein auf seinen negativen Gedanken und Überzeugungen beruht.

Charles Schulz ist einer meiner Lieblingscartoonisten. In einer Szene lässt Charlie Brown den Kopf hängen, er steht da, als ob man ihn verprügelt hätte. Er zieht die Stirn kraus und erklärt Linus, dass es wichtig sei, in dieser Position zu verharren, wenn man deprimiert sein will. Er sagt ihm ferner, dass er nicht länger traurig sein könnte, wenn er gerade und erhobenen Hauptes dastehen und lächeln würde.

Und so kann auch ein Miesepeter sich langsam besser fühlen, wenn er

die Absurdität seiner negativen Einstellung erkennt. Um sich selbst zu kurieren, ist es notwendig, eine grundlegende Einsicht zu haben – so ein Gefühl von: »Es darf doch nicht wahr sein, dass ich so bin.« Wenn Sie von einem Miesepeter zu einem weniger griesgrämigen Menschen werden wollen, müssen Sie etwas Sinn für Humor entwickeln – die Fähigkeit, im Rückblick über sich selbst lachen zu können.
Die Welt ist zu ernst geworden. Wenn Sie an dieser traurigen Tendenz teilhaben, ist es Zeit für eine Veränderung. Das Leben ist kurz; es ist zu wichtig, um es so ernst zu nehmen.

65.

Bringen Sie es hinter sich

Manchmal ist es hilfreich, an eigentlich Selbstverständliches erinnert zu werden, besonders wenn es sich dabei um etwas handelt, das Angst auslöst, unangenehm oder unbequem ist. Wie Sie zweifelsohne schon wissen, wirft man schnell einen Blick auf eine Liste von Dingen, die es zu erledigen gilt, und schiebt dann das, was man am wenigsten gern tut, ewig vor sich her – wenn man es nicht gleich ganz vergisst. Irgendwie findet man immer einen Weg, sich das Schlimmste für zuletzt aufzuheben.

Ich habe mir jetzt eine Taktik angewöhnt, die mir Tausende von Stunden unnötigen Stresses und sorgenvoller Gedanken erspart. Diese Taktik beinhaltet, die schwierigsten und unangenehmsten Dinge gleich als Erstes am Morgen zu erledigen und sie so aus der Welt zu schaffen.

Stellen Sie sich vor, ich muss einen schwierigen Konflikt lösen, ein kompliziertes Telefonat führen, mit einem heiklen Thema zurechtkommen, mich auf eine Auseinandersetzung einlassen, jemanden ablehnen oder enttäuschen – oder sonst etwas, das ich lieber umgehen würde. Ich habe mir nun vorgenommen, dass ich – wenn möglich – so ein Telefonat gleich erledige, vor allem anderen, das an diesem Tag noch ansteht.

Ich bringe es hinter mich! Auf diese Weise vermeide ich den ganzen Stress, der unausweichlich gewesen wäre, wenn ich länger gewartet hätte. Zudem bin ich zu dem Schluss gekommen, dass ich mit einer Situation besser umgehen kann, wenn ich frischer und aufmerksamer bin. Schließlich habe ich dann nicht schon den ganzen Tag lang das Gespräch gefürchtet oder gedanklich durchgespielt. So kann ich offener auf die gegenwärtige Situation reagieren – der Schlüssel zu effektiven und eleganten Problemlösungen.

Wenn Sie sich die unangenehmen Dinge bis zuletzt aufheben, ist das extrem stressig für Sie. Schließlich verschwindet das Problem im Lauf eines Tages nicht einfach, sondern es geht Ihnen ständig durch den Kopf. Selbst wenn Sie nicht immer darüber nachdenken oder sich Gedanken machen, was am besten zu tun sei, sind Sie sich dessen dennoch bewusst. Es hängt wie ein Damoklesschwert über Ihnen. Je länger Sie abwarten, desto wahrscheinlicher wird es, dass Sie schließlich alles über Gebühr aufbauschen, sich das Schlimmste ausmalen und sich total hineinsteigern. Während all diese geistigen Aktivitäten ablaufen, sind Sie angespannt und gestresst, was natürlich bedeutet, dass Sie sich wegen jeder Kleinigkeit aufregen und in allem ein Problem sehen. Auf einer subtileren Ebene macht sich diese Angst und Anspannung dann in Form von Unkonzentriertheit bemerkbar. So werden Ihre Leistung, Ihre Urteilskraft und Ihre Sichtweise beeinträchtigt.

Die Lösung besteht darin, einfach die Ärmel hochzukrempeln und die Sache aus der Welt zu schaffen, egal um was es sich handelt. Sie werden einen Seufzer der Erleichterung ausstoßen, wenn alles ein für alle Mal erledigt ist. Dann können Sie mit Ihrer Alltagsroutine fortfahren.

Sicher mag es Ausnahmen geben, aber ich habe eigentlich noch keinen Fall erlebt, da ich diese Entscheidung je bereut hätte. Ich weiß mit

Sicherheit, dass mir diese Strategie geholfen hat, ruhiger zu werden und vor allem zufriedener, was meine Arbeit angeht.
Meine einzige Sorge ist jetzt eigentlich, dass jeder meint, dass es irgendein Problem zu lösen gilt, wenn ich gleich früh am Morgen anrufe – vorausgesetzt natürlich, derjenige hat dieses Buch gelesen…

66.

Leben Sie nicht in der Zukunft

Wenn Sie ein glücklicherer und weniger gestresster Mensch werden wollen, dann können Sie mit nichts Besserem anfangen, als sich – wie ich es nenne – Ihr »antizipierendes Denken« bewusst zu machen. Diese Denkweise beinhaltet sich auszumalen, wie viel besser das Leben doch sein wird, wenn bestimmte Bedingungen erfüllt sein werden – oder natürlich auch, wie schrecklich, stressig und schwierig sich etwas mit der Zeit gestalten wird. Antizipierendes Denken hört sich typischerweise so an: »Ich kann es kaum erwarten, bis ich endlich befördert werde; dann werde ich das Gefühl haben, dass ich wichtig bin«, »Mein Leben wird besser sein, sobald man mir meine Steuern rückerstattet hat«, »Mein Leben wird bestimmt einfacher werden, wenn ich mir einen Assistenten leiste«, »Dieser Job ist nur ein Sprungbrett für ein besseres Leben«, »Die nächsten paar Jahre werden ja vielleicht hart werden, aber dann kann ich es lockerer angehen«. Sie lassen sich von Ihren eigenen Gedanken davontragen, so dass Sie den Kontakt zu Ihrem gegenwärtigen Dasein verlieren, wodurch Sie ein wirklich intensives und freudvolles Leben verschieben.

Es gibt natürlich auch noch andere, weniger langfristige Denkansätze wie: »Die nächsten paar Tage werden bestimmt unerträglich«, »Mann, werde ich morgen müde sein«, »Ich weiß schon jetzt, dass meine Konferenz morgen die reinste Katastrophe wird«, »Es ist klar, dass mein Boss und ich uns das nächste Mal in die Haare kriegen werden«, »Mir graut davor, diesen neuen Angestellten einzuarbeiten«. Von dieser stressigen Angewohnheit gibt es unzählige Varianten. Die Einzelheiten sind meist etwas unterschiedlich geartet, doch das Ergebnis ist stets das Gleiche – Stress!

»Ich habe mir jedes Jahr solche Sorgen gemacht wegen meiner bevorstehenden Beurteilung«, sagte Janet, Controller bei einer Zulieferfirma in der Automobilindustrie. »Irgendwann kam ich dann aber zu dem Schluss, dass ich diese Angewohnheit ablegen musste. Meine Sorgen machten mich total fertig und raubten mir meine Energien. Ich machte mir also klar, dass ich innerhalb von fünfzehn Jahren nur einmal eine negative Beurteilung bekommen hatte – und selbst da war nichts passiert. Wozu also sich Sorgen machen? Selten trifft das wirklich ein, was uns solches Kopfzerbrechen bereitet, und ist es doch einmal der Fall, dann hilft es einem auch nicht weiter, wenn man sich groß sorgt.«

Gary, ein Restaurantmanager, charakterisierte sich als »Grübler von Weltklasse«. Jede Nacht stellte er sich das Schlimmste vor – feindselige oder unzufriedene Kunden, gestohlene Lebensmittel, verdorbenes Fleisch, ein leeres Lokal – »Es brauchte bloß einer etwas anzudeuten, schon machte ich mir Sorgen deswegen.« Damals hielt er sich sogar noch für klug, weil er meinte, dass er sich durch sein antizipierendes Denken schon auf einige negative Vorfälle einstellen könnte. Nachdem er sich jedoch jahrelang immer das Schlimmste ausgemalt hatte, kam er zu dem Schluss, dass eigentlich das Gegenteil der Fall war. Er sah ein, dass seine sorgenvollen Überlegungen in manchen Fällen erst Probleme schufen, die es sonst gar nicht gegeben hätte. Um Gary zu zitieren: »Ich bin total durchgedreht und habe mich in was hineingesteigert. Weil ich immer vom Schlimmsten ausging und schon damit rechnete, dass jeder Fehler machte, war ich dann wegen Kleinigkeiten unnachsichtig – beispielsweise brachte eine Kellnerin eine Bestellung durcheinander und ich hackte dann auf ihr herum. Sie regte sich dann so auf, dass ihr schließlich noch viel schwerwiegendere Fehler unterliefen. Rückblickend betrachtet war das fast alles meine Schuld.«

Natürlich ist die Planung, das Antizipieren und auch die Vorfreude auf bevorstehende Ereignisse und Errungenschaften ein wichtiger und notwendiger Bestandteil, wenn man Erfolg haben will. Sie müssen wissen, welche Richtung Sie einschlagen wollen, um irgendwo hinzukommen. Dennoch nehmen die meisten von uns das Planen viel zu ernst und ergehen sich viel zu oft in Gedanken über die Zukunft. Wir opfern so den gegenwärtigen Augenblick für etwas, das nur in unserer Vorstellung existiert. Diese Vorstellung mag aber nun eintreffen – oder eben auch nicht.

Manchmal fragt mich jemand: »Ist es nicht fürchterlich anstrengend, so eine Promotionstour zu machen – jeden Tag eine andere Stadt und womöglich wochenlang aus dem Koffer leben?« Ich gebe ja zu, dass ich hin und wieder sehr müde bin und mich manchmal auch darüber beklage, aber insgesamt bereitet es mir große Freude, solange ich eine Veranstaltung nach der anderen absolviere. Verschwende ich hingegen meine Zeit und Energie darauf, mir Gedanken über die vielen Interviews, die ich am nächsten Tag geben muss, zu machen, über meine nächsten zehn öffentlichen Auftritte oder über den langen Nachtflug, dann lässt sich schon vorhersehen, dass ich mich überfordert und erschöpft fühlen werde. Immer wenn wir uns zu sehr auf das konzentrieren, was wir noch zu erledigen haben, anstatt einfach in diesem Moment alles zu tun, wozu

wir in der Lage sind, empfinden wir Stress, der aus diesem Denken resultiert.
Die Lösung ist für uns alle gleich. Ganz egal, ob Sie nun den morgigen Termin fürchten oder den in der nächsten Woche, der Trick besteht darin, zu beobachten, ob die eigenen Gedanken mit negativen Erwartungen und Horrorvorstellungen hinsichtlich der Zukunft erfüllt sind. Sobald Sie einmal die Verbindung zwischen Ihren Gedanken und Ihren Stressgefühlen hergestellt haben, können Sie nämlich einen Schritt Abstand nehmen. Sie erkennen dann, dass Sie, wenn Sie Ihr Denken beherrschen und es auf das zurücklenken, was Sie im Augenblick gerade tun – im Hier und Jetzt –, Ihren Stresspegel viel besser unter Kontrolle haben.

67.

Geben Sie jemandem ein gutes Gefühl

Auch wenn ich schon seit Jahren im Bereich der Stressreduzierung arbeite und die Menschen unterweise, wie sie glücklicher und zufriedener werden können, erstaunt es mich immer wieder, dass einige der effektivsten Methoden, wie man seinen Stress verringern und seine Lebensqualität verbessern kann, auch die einfachsten sind. Eine der ersten Lektionen, die mich meine Eltern schon als Kind gelehrt haben, ist vielleicht mit die grundlegendste: Wenn du dich selbst gut fühlen willst, dann gib jemand anderem ein gutes Gefühl! Es ist wirklich so einfach; vielleicht vergessen wir diese Idee ja oft nur, weil sie so simpel ist.

Solange ich zurückdenken kann, versuche ich, diese kluge Überlegung in meinem Berufsleben in die Tat umzusetzen. Ich würde sagen, dass das Ergebnis ziemlich perfekt ist. Immer wenn ich mich bemühe, jemandem ein positives Gefühl zu geben, hellt sich auch mein Tag auf und ich fühle mich selbst besser. Dann wird mir bewusst, dass die schönsten Dinge im Leben eben keine »Dinge« sind, sondern vielmehr Gefühle, die Freundlichkeit und nette Gesten begleiten. Mir ist klar, dass man immer etwas zurückbekommt, wenn man gibt.

Ob man jemandem eine nette Geburtstagskarte schreibt oder sich die Zeit nimmt, einem Kollegen zu seinem neuen Job zu gratulieren, ob man jemandem schriftlich ein Kompliment macht, ein freundliches Telefonat führt, jemandem unaufgefordert einen Gefallen erweist, einen Strauß Blumen schickt, einen aufmunternden Brief oder sonst etwas, das dem anderen ein gutes Gefühl vermittelt – es ist fast immer eine gute Idee.

Freundliche Gesten und guter Wille sind per se etwas Wunderbares. Es gibt eine alte Redensart: »Geben ist sich selbst der Lohn.« Das ist mit Sicherheit wahr. Ihr Lohn, dass Sie nett sind und jemand anderen sich gut fühlen lassen, besteht in den wahren, positiven Gefühlen, die Ihre Bemühungen begleiten.

Fangen Sie also am besten gleich heute damit an, sich zu überlegen, wem Sie ein besseres Gefühl vermitteln wollen, und freuen Sie sich an Ihrem Lohn.

68.

Treten Sie in Wettbewerb mit anderen, aber vergessen Sie Ihr Herz nicht dabei

Wettbewerb ist eine Tatsache. So zu tun, als würde es ihn nicht geben, oder zu versuchen, ihn mit allen Mitteln zu umgehen, wäre lächerlich. Mir hat es immer Spaß gemacht, mich an anderen zu messen. Als Kind war ich der schnellste Läufer in der Schule und der beste Tennisspieler meiner Altersgruppe in Nord-Kalifornien. Ich nahm für die Highschool an amerikanischen Leichtathletik-Wettkämpfen teil und bekam sogar ein Tennis-Stipendium; ich war eine Zeit lang die Nummer eins und wurde so der jüngste Kapitän in der Geschichte meiner Mannschaft. Ich bin drei Marathons gelaufen, einen davon in drei Stunden.

Jetzt als Erwachsener habe ich weiterhin Freude am Wettbewerb, und zwar nicht nur im Sport, sondern auch im Beruf. Ich verhandle gern, kaufe etwas zu einem niedrigen Preis, um es teuer weiterzuverkaufen. Ich bin stolz auf meine Kreativität und ich glaube auch, dass ich ein gutes Gespür für Marketing habe. In der Welt des Verlagswesens ist der Konkurrenzkampf besonders hart. Ich sehe es gern, wenn meine Bücher gut laufen, und ich freue mich an stehenden Ovationen. Ich könnte nun natürlich auch als Argument anführen, dass ich nicht sehr vielen Menschen helfen könnte, wenn ich mich in diesem Konkurrenzkampf nicht gut schlagen würde. Es ist also durchaus wichtig, mit jemandem in Wettbewerb zu treten.

Ich erzähle Ihnen das alles, weil ich mit vielen Leuten geredet habe, die annehmen, dass ich zu entspannt sei, um überhaupt mit jemandem zu konkurrieren, was aber nicht stimmt. Ich möchte Ihnen, falls Sie ein sanfter Mensch und nicht so auf Erfolge aus sind, nicht den Eindruck vermitteln, dass Sie nichts zustande brächten, wenn ich Ihnen nun vorschlage, mit jemandem in Wettbewerb zu treten und mit dem Herzen dabei zu sein. Es ist alles gleichzeitig möglich. Sie können ein Siegertyp sein und finanziellen Erfolg haben, Ihren Spaß haben, hart in Konkurrenz mit jemandem treten, aber dennoch nie aus den Augen verlieren, was wirklich wichtig ist – sich zu amüsieren, sich beim anderen erkenntlich zu zeigen und mit allem spielend fertig zu werden.

Den Konkurrenzkampf aufzunehmen, ohne dabei das Herz zu vergessen, bedeutet, dass Sie weniger aus einem dringenden Bedürfnis heraus etwas erreichen wollen, sondern mehr aus Liebe zu dem, was Sie tun. Der Wettbewerb mit anderen ist an und für sich schon lohnend. Sie gehen völlig in diesem Unterfangen auf, sind absolut auf Ihre augenblickliche Beschäftigung konzentriert – auf den Geschäftsabschluss, den Verkauf, die Verhandlung, die Interaktion – was auch immer. Wenn Sie aus vollstem Herzen konkurrieren, verschafft Ihnen allein das schon Befriedigung; das Gewinnen ist dann zweitrangig. Gehen Sie an Ihr Geschäftsleben auf diese gesündere Art und Weise heran, wird es Ihnen viel leichter werden. Sie setzen sich voll ein – und lassen dann los. Sie können sich sogleich lösen, Sie federn ab. Indem Sie nicht so verbissen an einem bestimmten Ergebnis festhalten – nämlich als Sieger hervorzugehen –, sparen Sie Energie und entdecken versteckte Möglichkeiten. Sie lernen aus Fehlern und Verlusten; Sie entwickeln sich weiter. Liegt es

nicht auf der Hand, dass diese weniger verbissene Einstellung nur in Ihrem Interesse sein kann?
Jemand hat einmal gesagt: »Gewinnen ist nicht alles, aber das Einzige.« Für mich ist das absoluter Unsinn. Diese Sichtweise beruht auf der Angst, dass Sie nie gewinnen werden, wenn Sie nicht alles daransetzen. Ich kann Ihnen jedoch versichern, dass ich mich nicht von solchen Gedanken, unbedingt siegen zu müssen, beherrschen lasse – das habe ich nie und das werde ich nie – und dennoch habe ich viele Preise und Wettbewerbe gewonnen und bin oft als Erster durchs Ziel gegangen. Und ich habe auch finanziellen Erfolg und einige kluge Investitionen getätigt. Aber keine der Errungenschaften, die ich durch Konkurrenzkampf erlangt habe, würde mir etwas bedeuten, wenn sie nicht aus dem Herzen käme – wenn ich mich durch den Wettbewerb und das angestrebte Ergebnis dazu hinreißen ließe, meine Menschlichkeit zu vergessen. Deshalb ist für mich der Spruch »Gewinnen ist alles« völlig unzutreffend.
»Vielleicht kommt das ja nur, weil ich jetzt älter bin, aber seit ich die fünfzig erreicht habe, bin ich viel weicher geworden«, sagte Mary, eine Fernsehproduzentin. »Rückblickend betrachtet wird mir klar, wie unglaublich hart ich war und dass ich auch oft ausgesprochen gemein war, und zwar völlig unnötig. Ich habe Menschen zurückgewiesen und auch ihre Ideen, als ob es sich um Wegwerfwindeln handelte. Wie die Leute mich gehasst haben müssen! Es ist seltsam – ich bin jetzt immer noch kritisch und wählerisch, aber wenn ich jemanden ablehnen muss, dann tue ich das mit Einfühlungsvermögen, ohne dass diese Menschen sich noch schlechter fühlen, als es vielleicht sowieso schon der Fall ist. So kann ich mich jetzt auch selbst besser leiden.«

Ed arbeitete fünf Jahre für eine Biotechnik-Firma. Es gehörte zu seinem Job, Sparmaßnahmen durchzuführen, Kosten zu reduzieren und dem Unternehmen zu helfen, »schlank« zu werden. Er erzählte mir etwas so Schreckliches, dass ich ihm gar nicht glauben konnte. »Ich gebe es ja ungern zu, aber irgendwie hat es mir Spaß gemacht, jemanden zu feuern. Ich habe mich eigentlich nicht als schlechten Menschen gesehen oder so, aber Kosten zu reduzieren war mir wichtiger als die Auswirkung, die das auf die Betroffenen hatte. Daran habe ich meine Effektivität gemessen und so wurde ich beurteilt. Die Tatsache, dass die Leute Angst hatten und nicht wussten, was sie tun sollten, oder dass sie drei Kinder zu ernähren hatten und die Miete bezahlen mussten, übte auf mich keinerlei Einfluss aus. Doch dann ist es eines Tages passiert. Ich wurde völlig unerwartet selbst gefeuert, man legte mir nahe zu gehen, wie es so schön hieß. Bestimmt freuten sich so manche darüber und dachten, dass ich das auch verdient hätte. Habe ich wohl auch, aber ich kann Ihnen sagen, dass, so schmerzlich das alles auch für mich war, es doch das Beste war, was mir hat passieren können – es hat mir nämlich die Augen geöffnet für eine einfühlsamere Einstellung. Ich würde nie mehr jemanden so behandeln.«

Davon abgesehen, dass diese Einstellung furchtbar und nicht richtig ist, gibt es noch die sozialen Aspekte bei der Sache. Wenn man mit jemandem konkurriert, nur um zu gewinnen, schafft das schlechte Verlierer und schlechte Gewinner. Die psychologische Botschaft lautet: Du musst dich schrecklich fühlen, wenn du nicht gewinnst. Was für eine negative Grundhaltung vermitteln wir so unseren Kindern, denn sich selbst zu wichtig zu nehmen ist nicht nur ungesund, sondern ausgesprochen widerwärtig. Wie wäre es stattdessen mit dieser Botschaft: Gib dir die allergrößte Mühe, trete in harte Konkurrenz, genieße jeden Augen-

blick – und falls du verlierst, sei dennoch glücklich und zufrieden. Das bedeutet, bei aller Konkurrenz das Herz nicht zu vergessen.
Treten Sie mit jemanden in Wettbewerb und sind mit dem Herzen dabei, ist das eine Gabe nicht nur für Sie selbst, sondern auch für die anderen, für die Sie dann – wie auch für die Welt – ein Vorbild darstellen. Kombinieren Sie Ihren Wettbewerb mit einer einfühlsamen Einstellung, dann bekommen Sie das Beste, was man sich vorstellen kann: Erfolg und den richtigen Blickwinkel.

69.

Lassen Sie locker, wenn Sie nicht wissen, was Sie tun sollen

Hierbei handelt es sich zweifelsohne um die wichtigste mentale Technik, die ich je gelernt habe; sie ist eigentlich schon eine Art Lebenseinstellung geworden. Sie hat mich produktiver werden lassen und, was noch wichtiger ist, sie hat mir geholfen, in der Arbeit nicht mehr so oft in allem ein Problem zu sehen und mich verrückt zu machen.

Wenn man nicht weiß, was man tun soll, wenn die Antwort nicht offensichtlich ist, erliegt man gern der Versuchung, etwas erzwingen zu wollen. Sie strengen sich noch mehr an, denken intensiver nach, wollen etwas klären und ringen um eine Lösung. Sie tun Ihr Bestes.

Das zumindest meinen die meisten. Das Problem ist, dass es eben leider nicht Ihr Bestes ist. Es erscheint paradox, aber das Wirksamste und Produktivste, was man tun kann, wenn man für ein Problem nicht gleich eine Lösung findet, ist, das Denken nicht weiter zu forcieren, sanft locker zu lassen und sich weniger anzustrengen. Auf diese Weise wird Ihr Verstand frei, wodurch Ihre angeborene Intelligenz und innere Weisheit ins Spiel kommen können. Anders ausgedrückt: Wenn Sie sich unter Druck und gestresst fühlen, dann wird diese Weisheit blockiert. Sobald Sie jedoch Ihr Denken nicht mehr forcieren, kann diese Weisheit frei zu Tage treten und Ihnen helfen. Lösungsmöglichkeiten kommen auf Sie zu.

Viele von uns haben schon die Erfahrung gemacht, dass wir – bildlich gesprochen – mit dem Kopf durch die Wand wollen bei dem Versuch, eine Entscheidung zu treffen und eine Antwort auf ein Problem zu finden. Alles kommt uns so schwierig vor, dass wir einfach nicht wissen, was wir tun sollen; es scheint keine gute Lösung zu geben. Wir sind so frustriert, dass wir schließlich irgendwann aufgeben. Ein paar Minuten oder auch Stunden später machen wir dann etwas, das mit unserem Problem nichts zu tun zu haben scheint. Wir denken an etwas ganz anderes, da fällt uns plötzlich wie aus dem Nichts die Antwort ein. Aber nicht nur irgendeine – sondern eine wirklich gute. »Das ist des Rätsels Lösung!«, jubeln wir.

Dieser Vorgang hängt nicht von irgendwelchen glücklichen Zufällen ab. Unser Verstand ist kreativer, lösungsorientierter, klüger und offener für Neues, wenn wir uns nicht so verbissen bemühen, wenn wir entspannt sind. Es ist schwer, das einzusehen, weil es uns stets so wichtig erscheint, hart zu arbeiten. Und das ist ja sicher auch richtig so. Aber es gereicht uns nicht immer zum Vorteil, wenn wir so angestrengt denken. Fälschlicherweise gehen wir davon aus, dass unser Verstand komplett aufhört zu arbeiten, sobald wir uns entspannen. Das jedoch ist ein grundlegender Irrtum. Wenn sich unser Verstand beruhigt, arbeitet er dennoch weiter, nur eben auf andere Weise.

Ist Ihr Denken aktiv und voll im Gang, dann dreht es sich gern im Kreis. Ein hyperaktiver Verstand kämmt die gleichen Tatsachen immer wieder durch, Sie denken dann innerhalb Ihrer persönlichen Grenzen. Die Gedanken wiederholen sich, weil ja nur umgewälzt wird, was Sie bereits wissen oder für wahr halten. Weil Sie sich so anstrengen, verschwenden

Sie viel Energie darauf, sich unnötigen Stress und Sorgen zu schaffen. Sie können sich sicher denken, dass so ein hyperaktiver Verstand das perfekte Umfeld ist, schließlich in allem ein Problem zu sehen und sich verrückt zu machen.

Ihre innere Weisheit und auch Ihr gesunder Menschenverstand gehen in den Strudeln Ihres hyperaktiven Verstands unter. Diese unsichtbaren, oft übersehenen Qualitäten versinken in einem Meer der Aktivität, so dass Sie nicht mehr erkennen können, was eigentlich auf der Hand liegt. Ich weiß, dass es einem komisch vorkommt, dass es besser sein soll, sich weniger anzustrengen, aber es stimmt wirklich.

Ich hoffe, dass Sie es einmal mit dieser Strategie versuchen werden, weil ich mir absolut sicher bin, dass sie Ihnen helfen kann, Ihr Arbeitsleben viel einfacher zu gestalten.

70.

Geben Sie zu, dass Sie diese Wahl selbst getroffen haben

Diese Strategie anzunehmen kann schwierig sein. Viele Menschen haben einen Widerstand dagegen, doch sobald Sie sie einmal akzeptiert haben, wird sich Ihr Leben ändern – und zwar schlagartig. Sie werden sich dann weniger ohnmächtig fühlen, sich weniger schikaniert vorkommen – so, als hätten Sie plötzlich mehr Kontrolle über Ihr Leben. Kein schlechtes Ergebnis, bloß weil man sich die Wahrheit eingestanden hat.

Das Eingeständnis, von dem ich hier rede, betrifft die Wahl Ihrer Berufslaufbahn mit allen negativen Begleiterscheinungen. Sie müssen nämlich zugeben, dass Sie trotz aller Probleme, Einschränkungen, Hindernisse, Überstunden, schwierigen Kollegen, politischen Aspekten, persönlichen Opfern und allem übrigen das tun, was Sie eben gerade tun, weil Sie selbst diese Wahl getroffen haben.

»Moment mal«, hat man mir daraufhin schon so viele Male gesagt, »ich tue das nicht aus freien Stücken, sondern weil ich muss; ich kann nicht anders.« Ich weiß, dass es den Anschein haben kann, als sei das zutreffend. Wenn Sie sich diesen Punkt jedoch einmal genauer ansehen, werden Sie feststellen, dass Sie in Wirklichkeit durchaus eine Wahl getroffen haben.

Wenn ich Ihnen vorschlage zuzugeben, dass Sie sich Ihren Job oder Ihre Berufslaufbahn sehr wohl ausgesucht haben, sage ich damit nicht, dass Sie an all Ihren Problemen unbedingt selbst Schuld haben. Ich behaupte nur, dass insgesamt gesehen – einschließlich der Notwendigkeiten, die bedingt sind durch einen bestimmten Lebensstil, Einkommen, die Möglichkeit, den Job zu verlieren oder sogar das Zuhause – Sie diese Wahl getroffen haben, das zu tun, was Sie eben gerade tun. Sie haben die Möglichkeiten erwogen, die Alternativen in Betracht gezogen, sich die Konsequenzen überlegt und sind nun alles in allem zu dem Schluss gekommen, dass es noch immer die beste Alternative darstellt.

Chris, der für eine große Werbeagentur arbeitet, lehnte diese Überlegung ab. Verbittert sagte er zu mir: »Das ist ja schlichtweg lächerlich. Ich habe mir nicht ausgesucht, zwölf Stunden am Tag wegen so einer idiotischen Werbekampagne zu schuften; man zwingt mich dazu. Wenn ich nicht so hart arbeiten würde, würde ich als faul gelten und es weder in diesem Unternehmen noch sonst wo in dieser Branche zu irgendetwas bringen.«

Können Sie erkennen, in welche Zwangslage sich dieser Mann manövriert hat? Obwohl er ein intelligenter, dynamischer Werbeleiter ist, hat er den Eindruck, in der Falle zu sitzen, er fühlt sich als Opfer von Umständen, an denen er nichts ändern kann. Es kommt ihm gar nicht in den Sinn, die Verantwortung für seinen Beruf und die viele Arbeit, die er tut, zu übernehmen. Das Problem ist, dass Sie sich immer dann als Opfer fühlen, wenn Sie den Eindruck haben, in so einer Falle zu sitzen und keine eigenen Entscheidungen mehr treffen zu können.

Trotz seiner Einwände hatte Chris schließlich irgendwann einmal beschlossen, dass es die Sache wert sei, zwölf Stunden am Tag zu arbeiten. Seine Entscheidung bedeutete, dass es für ihn insgesamt gesehen besser war, in der gegenwärtigen Stellung zu bleiben, als die Mühen, Risiken und Ängste auf sich zu nehmen, sich nach einem anderen Job umzusehen, womöglich weniger Geld zu verdienen, an Prestige zu verlieren, die Chance zu verpassen, auf der Karriereleiter nach oben zu klettern, und so weiter. Ich kann Ihnen nicht sagen, ob seine Entscheidung gut oder schlecht war; aber es ist offensichtlich, dass er diese Wahl getroffen hat, oder etwa nicht?

Megan, eine allein erziehende Mutter, hatte eine Vollzeitstelle als Krankenschwester, träumte jedoch davon, in der Klinikverwaltung zu arbeiten. Als ich sie bei einer Signierstunde für eines meiner Bücher kennen lernte, gab sie zu, dass sie die letzten acht Jahre damit zugebracht hatte, sich selbst einzureden, dass sie ein armes Opfer sei. Oft sagte sie anderen: »Ich würde meinen Traum ja gern Wirklichkeit werden lassen, aber es geht nicht – schaut euch doch mein Leben an.« Trotz all der realen Schwierigkeiten, mit denen sie zu kämpfen hatte, war ihr größtes Hindernis ihr fehlender Wille, sich überhaupt einzugestehen, dass sie sich ihren Beruf selbst ausgesucht und auch die Entscheidung getroffen hatte, weiter dort zu arbeiten, wo sie war. Sie hätte auf eine gute Schule gehen können, da sie die nötigen Qualifikationen dazu mitbrachte und auch einige gute Freunde hatte, die ihr bei der Beaufsichtigung ihrer Tochter geholfen hätten. Aber das spielte alles keine Rolle, schließlich war sie ja eine allein erziehende Mutter.

Zu einer Veränderung kam es dann, weil es schließlich einem ihrer Freunde gelang, sie zu überzeugen, doch endlich damit aufzuhören, immer den Umständen die Schuld zu geben; sie hörte auf ihn und vollzog dann bescheiden einige Veränderungen. Sie beschrieb mir das so: »In dem Moment, in dem ich zugab, dass ich diejenige war, die die Entscheidungen traf, wurde alles ganz einfach. Ich war in der Lage, mich an einer

Abendschule anzumelden, und ein Drittel habe ich nun schon absolviert. Es macht einem direkt Angst, wenn man sieht, wie sehr man sich oft selbst im Weg steht. Mir war klar geworden, dass ich vielleicht mein ganzes Leben lang eine allein erziehende Mutter bleiben würde.«

Viele von uns erliegen hin und wieder dem Irrtum, dass sich unsere Lebensumstände unserer Kontrolle völlig entziehen. Übernehmen Sie für Ihr Handeln jedoch die Verantwortung, tun Sie sich nicht mehr selbst Leid, sondern fühlen sich stark als »Chef Ihres eigenen Lebens«.

Ich hoffe, Sie lassen sich diese Strategie einmal durch den Kopf gehen; ich bin nämlich sehr zuversichtlich, dass Sie sich dann weniger gestresst fühlen und dafür viel erfolgreicher werden.

71.

Achten Sie auf das, was gesagt wird, bevor Sie sich verteidigen

Das ist ein Trick, wie man seinen Stress reduzieren kann, den ich schon vor vielen Jahren gelernt habe. Eigentlich beinhaltet diese Strategie nichts weiter, als den Entschluss zu fassen, Abstand zu nehmen, durchzuatmen, sich zu entspannen und erst einmal gut zuzuhören, bevor man reagiert oder meint, sich verteidigen zu müssen. Das ist auch schon alles. Diese einfache Überlegung soll Ihnen also helfen, nicht gleich zur Verteidigung überzugehen.

Wenn man sich verteidigt, ist das in der Regel eine Spontanreaktion auf etwas, das gesagt wurde. Jemand macht eine Bemerkung über etwas und Sie sind verletzt; jemand übt konstruktive Kritik und Sie haben das Gefühl, sich verteidigen zu müssen, oder auch Ihre Arbeit, Ihre Ehre, Ihren Standpunkt. Nachdem Sie so in die Defensive gegangen sind, denken Sie dann weiterhin über das nach, was gesagt oder getan wurde. Sie reagieren vielleicht sogar selbst in Form von Kritik, lassen sich auf einen Machtkampf oder eine Auseinandersetzung ein, was nur dazu führt, dass die Situation weiter eskaliert.

Nehmen wir einmal an, Ihre Chefin wirft einen kurzen Blick auf etwas, woran Sie monatelang gearbeitet haben. Sie haben sich die größte Mühe gegeben und viele Überstunden in das Projekt investiert. Sie sind stolz auf Ihre Arbeit und erwarten, dass andere es auch sind. Ihre Chefin äußert sich jedoch wenig positiv. Sie weiß offensichtlich nicht zu schätzen, welchen Aufwand Sie getrieben haben, und zeigt sich auch nicht beeindruckt. Ihr Kommentar lautet sinngemäß: »Hätten Sie das nicht auch anders machen können?«

Die meisten Menschen sind verärgert, wenn nicht gar wütend oder verletzt wegen einer solchen unsensiblen Bemerkung. Und, falls es Ihnen noch nicht aufgefallen sein sollte, viele Menschen fühlen sich fast ständig deswegen verletzt und angegriffen und verteidigen sich. Es wäre schön, wenn jeder wohlwollend auf uns und unsere Arbeit reagieren würde, aber in so einer Welt leben wir nun einmal leider nicht.

Wenn Sie diese Strategie auf Ihre Reaktionen anwenden, können Sie jedoch einen Puffer zwischen die jeweilige Bemerkung und Ihr Bedürfnis, sich zu verteidigen, legen – Zeit, um die Fassung wiederzufinden und den Dingen den richtigen Stellenwert zuzumessen. Ist dieser Kommentar vernünftig? Oder ist derjenige ein Spinner? Je ehrlicher Sie die Situation beurteilen können, desto besser ist es für Sie.

Auch wenn es nicht immer einfach ist, macht es sich doch überaus bezahlt, genau darauf zu achten, was gesagt wurde, bevor man zur Verteidigung übergeht. Wenn Sie sich so verhalten, werden Sie feststellen, dass Sie sich gar nicht mehr so häufig verteidigen müssen.

72.

Schliessen Sie so viele Arbeiten komplett ab wie nur möglich

Ich glaube, dass es den meisten Menschen gar nicht klar ist, welchen Stress sie sich bereiten, wenn sie sich mit unzähligen halbfertigen Arbeiten belasten. Ich spreche in diesem Zusammenhang gern vom »Fast-Fertig-Syndrom«. Mich hat das schon immer fasziniert, weil es nämlich oft relativ einfach wäre, ein bisschen voranzumachen und etwas zu einem Abschluss zu bringen – etwas nicht nur fast zu vollenden, sondern wirklich zu hundert Prozent, wodurch die Sache dann ein für alle Mal erledigt ist.

Ich habe schon oft jemanden angestellt, der mir dann geholfen hat, am Haus etwas umzubauen oder zu reparieren, bis hin zu redaktionellen Arbeiten in meinem Beruf. Diese Aushilfskräfte waren kompetent, kreativ, geschickt, motiviert und haben hart gearbeitet. Doch aus irgendeinem Grund haben sie ihren Auftrag dann nicht ganz zu Ende gebracht. Klar, dass alles oft fast fertig war – manchmal zu neunundneunzig Prozent, aber das Tüpfelchen auf dem i fehlte eben. Und oft braucht man für das letzte fehlende Prozent genauso lang wie für die ersten neunundneunzig.

Wenn Sie ein Projekt komplett abschließen, passieren mehrere positive Dinge. Zunächst einmal freuen Sie sich natürlich, wenn etwas fertig ist. Es ist ein schönes Gefühl zu wissen, dass Sie etwas in Angriff genommen haben und es jetzt erledigt ist. Sie haben so die Möglichkeit, sich voll etwas Neuem zuzuwenden, weil Sie durch diese Aufgabe ja nicht mehr abgelenkt werden.

Darüber hinaus empfinden Sie natürlich auch Respekt für sich, Respekt, den Ihnen andere ebenfalls zuteil werden lassen, wenn Sie etwas vollendet haben. Sie haben gesagt, dass Sie etwas tun wollen, und das haben Sie auch – und zwar vollständig. Sie vermitteln anderen auf diese Weise auch, dass man Sie beim Wort nehmen und Ihnen vertrauen kann; Sie sind zuverlässig. Und sich selbst bestätigen Sie die folgende Botschaft: »Ich bin kompetent und vertrauenswürdig.« Solchen Menschen wollen andere gerne helfen – sie kommen gern ins Geschäft mit ihnen und wünschen ihnen Erfolg.

Ganz egal, ob Sie für ein Unternehmen oder für einen einzelnen Kunden arbeiten, es lässt sich nicht leugnen, dass die Leute irritiert reagieren, wenn Sie Ihre Arbeit nicht fertig machen wie vereinbart. Außerdem sitzen sie Ihnen dann im Nacken, beschweren sich bei Ihnen und auch über Sie. Wie kann das den Stress wert sein, den so ein Verhalten schafft? Wäre es nicht einfacher, vorauszuplanen und alles zu tun, was notwendig ist, um die jeweilige Arbeit zu vollenden – und zwar ganz und gar.

Mit dieser schlechten Angewohnheit lässt sich einfach aufräumen. Prüfen Sie einmal ehrlich, ob Sie diese Neigung haben. Wenn Sie zu denen gehören, die oft etwas nur fast fertig machen, führen Sie sich diese Tendenz vor Augen und bemühen sich, nun immer alles komplett zum Abschluss zu bringen. Sie schaffen das – und wenn Sie so arbeiten, dann wird Ihnen Ihr Leben auch viel einfacher erscheinen.

73.

Verbringen Sie zehn Minuten am Tag mit absolutem Nichtstun

Ich möchte wetten, dass Sie sich jetzt schon denken: »Das könnte ich nie«, »Er versteht überhaupt nicht, wie beschäftigt ich bin« oder »Was für eine Zeitverschwendung!« Falls dem so ist, muss ich Ihnen allerdings mitteilen, dass Sie komplett daneben liegen. Ich verstehe natürlich sehr gut, dass Sie viel zu tun haben, aber es steht für mich außer Frage, dass diese zehn Minuten pro Tag, an denen Sie absolut nichts tun, zu den produktivsten des ganzen Tages werden können.

Gerade weil Sie so beschäftigt sind, ist es eine gute Idee, einmal zehn Minuten mit Nichtstun zu verbringen. Für die meisten von uns gestaltet sich der Arbeitstag wie ein Pferderennen – in dem Moment, wenn wir aus dem Bett steigen, fängt der Wettbewerb auch schon an. Wir legen uns voll ins Zeug und erhöhen die Geschwindigkeit noch im Lauf des Tages. Wir hetzen herum, sind produktiv, lösen Probleme und arbeiten unsere Liste mit all den ach so wichtigen Tagesordnungspunkten ab. Es ist eigentlich kein Wunder, dass wir in allem ein Problem sehen und uns verrückt machen.

Wir sind alle miteinander so beschäftigt, dass wir sofort die Fassung verlieren und uns frustriert fühlen, wenn nur die geringste Störung auftritt oder irgendetwas schief geht.

Verbringen Sie ein paar Minuten am Tag mit Nichtstun und sitzen einfach nur still da, dann hilft Ihnen diese umfassende Ruhe, sich zu sammeln. Sie gibt Ihnen die Möglichkeit, den Dingen wieder den richtigen Stellenwert zuzuweisen und Zugang zu dem Denken zu finden, das von innerer Weisheit und gesundem Menschenverstand geprägt ist. Sitzen Sie still da und tun gar nichts, hat Ihr Verstand Gelegenheit, sich zu ordnen und sich zu konsolidieren. Was sich wie ein Chaos ausnimmt, erscheint Ihnen dann besser zu bewältigen, und Ihr Denken erhält die Möglichkeit, auszuruhen und sich neu zu formieren. Ihnen kommen dann Ideen und Lösungen in den Sinn, die Ihnen, solange Sie so aufgewühlt sind, nie einfallen. Nach einer solchen Ruhephase, wenn Sie nur still dagesessen sind, scheint das Leben dann mit vermindertem Tempo auf Sie zuzukommen, wodurch alles viel einfacher und weniger stressig auf Sie wirkt.

Einer der erfolgreichsten Manager, die ich je kennen gelernt habe, tut Folgendes: Er nimmt sich jeden Tag die Zeit für ein paar Minuten der Ruhe, ganz egal, wie viel er zu tun hat. Ihm ist nämlich klar, dass er diese Pause umso nötiger hat, je mehr er gefordert ist. Einmal sagte er scherzend zu mir: »In meinen Ruhepausen ist mir klar geworden, wie viel sinnloses Geschwätz mir durch den Kopf geht, fast alles Unsinn. All dieser Lärm hindert mich aber daran, das wirklich Wesentliche zu erkennen. Tue ich ein paar Minuten lang gar nichts, bereitet das diesem Durcheinander ein Ende.«

Es ist offensichtlich, dass wir uns manchmal einfach zu sehr bemühen, ein zu hohes Tempo vorlegen. Das ist dann der ideale Zeitpunkt, einen Gang zurückzuschalten und langsamer zu machen.

Auf den ersten Blick mag Ihnen diese Überlegung ja vielleicht kontraproduktiv vorkommen. Eine der besten und sichersten Möglichkeiten, mehr Erfolg im Leben zu haben, ist jedoch, einfach ein paar Minuten am Tag gar nichts zu tun. Sie werden nicht glauben, was Sie da alles entdecken können.

74.

Lernen Sie zu delegieren

Es liegt auf der Hand, dass Sie sich Ihr Leben leichter machen können, wenn Sie lernen zu delegieren. Wenn Sie es anderen gestatten, Ihnen behilflich zu sein, wenn Sie an andere glauben und ihnen vertrauen, dann haben Sie nämlich die Freiheit das zu tun, was am besten für Sie ist.

Ich bin zu dem Schluss gekommen, dass viele Menschen – selbst welche, die es weit gebracht haben, die talentiert und erfolgreich sind – oft sehr schlecht im Delegieren sind. Dem liegt die Ansicht zugrunde: »Ich kann das genauso gut auch selbst machen, ich kann das besser als jeder andere.« Diese Einstellung birgt mehrere grundlegende Probleme: Zunächst einmal kann keiner alles alleine schaffen oder sich an zwei Orten gleichzeitig aufhalten. Früher oder später wird die Verantwortung einfach zu groß für Sie. Weil Sie sich auf so vieles gleichzeitig konzentrieren müssen, leidet dann die Qualität Ihrer Arbeit. Indem Sie lernen zu delegieren, können Sie dieses Problem lösen, da Sie sich vorwiegend auf das konzentrieren, was Ihrer Qualifikation am meisten entspricht und was Ihnen außerdem auch noch Spaß macht. Hinzu kommt, dass Sie anderen nicht die Möglichkeit geben zu zeigen, was sie können, wenn Sie nicht auch einmal etwas delegieren. In gewisser Weise ist so ein Verhalten also sogar egoistisch.

Jennifer ist Finanzmaklerin bei einem florierenden Unternehmen. Es mutet paradox an, aber ihr größtes Problem bestand früher darin, dass sie in jeder Hinsicht begabt und überaus kompetent war. Sie war sich ihrer Fähigkeiten so sicher, dass es ihr Angst machte, jemandem irgendeine Verantwortung zu übertragen. Egal ob es darum ging, ein Telefonat zu führen, mit Geldverleihern zu verhandeln, mit Klienten zu sprechen oder irgendein Formblatt auszufüllen, sie war immer federführend.

Eine Weile gelang es ihr recht gut, mit all dem zurechtzukommen. Mit den Jahren wurden jedoch immer größere Anforderungen an ihre Zeit gestellt, so dass ihr Unwille, etwas zu delegieren, sie schließlich einholte. Es unterliefen ihr häufiger Fehler und sie fühlte sich zunehmend frustriert, wurde vergesslich und gestresst. Die Leute, die mit ihr arbeiteten, behaupteten gar, sie sei unbeherrscht und arrogant.

Auf einem Seminar, das ihr helfen sollte zu lernen, wie man effektiver Prioritäten setzt, wurde ihr klar, dass ihre größte berufliche Schwäche in ihrem Unwillen bestand, etwas zu delegieren und Verantwortung zu übertragen. Sie lernte schließlich, was ohnehin auf der Hand lag, dass nämlich niemand immer alles erledigen kann und das auch noch gut.

Als sie langsam anfing, Verantwortung und Aufgaben zu übertragen – zunächst Kleinigkeiten, aber dann auch Wichtigeres – sah sie Licht am Ende des Tunnels. Sie wurde ruhiger und begann sich zu entspannen. Es gelang ihr so, klarer zu erkennen, wo sie ihre Begabung am besten einsetzen konnte und womit sie ihre Zeit am sinnvollsten verbrachte. Sie sagte zu mir: »Jetzt bin ich wieder die Alte.«

Oft hilft es nicht nur Ihnen, sondern auch den anderen, wenn Sie in Ihrem Job Aufgaben delegieren. Wenn Sie jemanden um Hilfe bitten, Verantwortung übertragen oder Vollmachten erteilen, geben Sie demjenigen die Möglichkeit, Ihnen oder anderen zu zeigen, was er kann. Im

Verlagswesen gestattet die Cheflektorin dann beispielsweise ihrer Mitarbeiterin, ein bestimmtes Buch zu redigieren, selbst wenn es sich um einen ihrer Lieblingsautoren handelt. Auf diese Weise wird die Cheflektorin nicht nur zeitlich entlastet, sondern es bekommt auch die Mitarbeiterin die Möglichkeit, ihre Fähigkeiten unter Beweis zu stellen – wodurch sie ihre Karriere vorantreiben kann. Freunde von mir, die in großen Wirtschaftsunternehmen und im juristischen Bereich tätig sind, sagen, dass es dort genauso funktioniert. Teilhaber in großen Anwaltskanzleien delegieren viel Arbeit an die jüngeren Rechtsanwälte; Firmenmanager verhalten sich ebenso gegenüber ihren weniger erfahrenen Mitarbeitern. Ich weiß, dass ein Zyniker sagen wird: »Der einzige Grund, warum jemand etwas delegiert, ist doch, dass er anderen die Drecksarbeit aufhalsen will.« Stimmt, so sehen es viele Leute – aber Sie müssen es ja nicht so halten. Von egoistischen Überlegungen abgesehen gibt es nämlich durchaus gute Gründe, sich im Delegieren zu üben.

Ich habe Flugbegleiter gesehen, die es dabei zur wahren Meisterschaft gebracht haben. Irgendwie gelang es ihnen, alle so weit zu kriegen, im Team zu arbeiten, wodurch jedem Einzelnen die Aufgabe ein bisschen leichter wurde. Ich habe auch andere gesehen, die darauf bestanden, immer alles selbst zu machen. Sie schienen stets am meisten gestresst zu sein und ließen dann die Passagiere auch am längsten warten. Ich habe erlebt, wie große Küchenchefs bestimmte Aufgaben delegiert haben – das Kleinschneiden von Gemüse beispielsweise – und zwar nicht, weil sie keine Lust dazu hatten, sondern weil sie so die Möglichkeit hatten, sich auf all die Aspekte der Essenszubereitung zu konzentrieren, bei denen sie sich besonders hervortun konnten.

Ob Sie nun in einem Restaurant arbeiten, im Büro, Flughafen, Großhandel – wo auch immer, wenn Sie lernen, wie man delegiert, wird Ihr

Leben ein bisschen leichter werden. Sicher gibt es einige Branchen und Positionen, in denen dies nicht so gut machbar ist. Diese Leute können dann nicht einfach sagen: »Erledigen Sie das jetzt.« Falls Sie unter diese Kategorie fallen, können Sie das Delegieren zu Hause üben. Kann Ihr Ehepartner beziehungsweise Ihre Ehepartnerin oder Ihr Mitbewohner Ihnen helfen? Können Sie Ihren Kindern bestimmte Aufgaben im Haushalt übertragen? Wäre es eine gute Idee, jemanden anzustellen, der Ihnen das Haus putzt, den Ölwechsel vornimmt oder sonst etwas tut, das Zeit in Anspruch nimmt? Denken Sie einmal über Ihre persönlichen Lebensumstände nach, dann fallen Ihnen bestimmt ein paar Möglichkeiten ein, wie sich etwas besser delegieren lässt. So entlasten Sie sich und machen sich das Leben leichter.

75.

Seien Sie präsent

Ob sie nun Hotdogs verkaufen oder bei IBM arbeiten, sobald Sie verstärkt präsent sind, wird die Art, wie Sie Ihre Arbeit erfahren, effektiver und angenehmer. Sie bekommen dann positivere Beurteilungen und haben besseren Kontakt zu anderen, Ihre Konzentration wird geschärft und Ihr Stress lässt nach.

Präsent zu sein ist eine magische Eigenschaft, die schwer zu definieren ist. Eigentlich fällt es leichter zu beschreiben, was passiert, wenn sie fehlt. Anders ausgedrückt: In der Regel können Sie sofort den Unterschied erkennen zwischen einer Person, die diese Eigenschaft hat, und einer, der sie abgeht. Man sagt, dass ein Mensch, der sehr präsent ist, Charisma hat und großherzig ist – man fühlt sich von seiner Energie angezogen.

Ist jemand sehr präsent, heißt das nicht unbedingt, dass er kontaktfreudig ist, obwohl das durchaus zutreffen kann. Es ist eher so, dass dieser Mensch in sich selbst ruht, mit sich selbst in Einklang steht und völlig im gegenwärtigen Augenblick aufgeht. Sind Sie verstärkt präsent, haben die Leute das Gefühl, dass Sie ganz da und bei ihnen sind. Ihre Gedanken schweifen nicht ab, sondern Sie sind auf das konzentriert, was sich gerade abspielt, und Sie hören wirklich auf das, was gesagt wird.

Ihre ganze Energie ist auf Ihr Gegenüber gerichtet, mit dem Sie gerade sprechen.
Viel von dem Stress, den wir erfahren, rührt daher, weil sich unsere Gedanken mit so vielem gleichzeitig auseinander setzen. Wir tun die eine Sache, sind aber im selben Moment mit einem Dutzend anderer Dinge beschäftigt; wir werden von unseren Gedanken, Überlegungen und Sorgen abgelenkt. Sind wir präsent, mindert das unseren Stress, weil wir völlig auf das Hier und Jetzt ausgerichtet sind, wir unsere gesamte Aufmerksamkeit auf die aktuelle Aufgabe lenken. Wir beginnen mit der optimalen geistigen Geschwindigkeit und bei nahezu perfekter Konzentration zu arbeiten. Obwohl wir so umsichtiger und effektiver zu Werke gehen, werden wir ruhiger und entspannter.
Unser Stress reduziert sich weiter, weil wir mehr Freude an unseren Erlebnissen haben. Es ist schwierig, ein wirklich befriedigendes Gefühl zu empfinden, wenn unser Verstand zu beansprucht ist, sich verzettelt und an drei oder vier Sachen gleichzeitig denkt. Ist unser Verstand hingegen konzentriert, absolut präsent und auf eine einzige Sache gerichtet, wird unsere Welt lebendiger. Ganz gewöhnliche, alltägliche Erfahrungen erscheinen dann in einem neuen Licht; in manchen Fällen kommen sie einem geradezu außergewöhnlich vor. Denken Sie einmal an Ihre Hobbys. Eigentlich ist es nicht besonders spannend, Vögel zu beobachten, zu stricken oder am Auto herumzubasteln. Sind Sie jedoch voll bei der Sache, dann bekommen derartige Aktivitäten Leben – sie werden zu Quellen der Befriedigung. Sind Sie ganz präsent, kann das Lesen eines Buches in dem Moment zum faszinierendsten Teil Ihres Lebens werden; Sie gehen ganz in der Geschichte auf. Sind Sie hingegen nicht so konzentriert, kommt Ihnen der gleiche Roman langweilig und belanglos vor.

Konzentrieren Sie sich auf andere, fühlen sich diese Menschen in Ihren Bann gezogen. Ihr Gegenüber ist entspannt und unaggressiv. Man schätzt Ihre Gesellschaft und Ihre Aufrichtigkeit; man fühlt sich selbst ernst genommen in Ihrer Gegenwart. Jeder möchte gerne mit Ihnen ins Geschäft kommen und hört auf das, was Sie zu sagen haben. Ihre Präsenz macht jede Interaktion mit Ihnen interessanter, da jede Unterhaltung zu einer potenziellen Quelle der Freude wird. Sind Sie nicht präsent, werden die Interaktionen zufällig, leblos und langweilig.

Manchmal lernen Sie jemanden kennen und denken sich dann: »Diese Person hat etwas. Ich weiß nicht genau, was es ist, aber irgendetwas ist da.« Dieses »Irgendetwas« lässt sich dann oft als Präsenz bezeichnen.

Eine Möglichkeit, wie Sie verstärkt präsent sein können, ist, diesen Wert schätzen zu lernen. Bemühen Sie sich darum, Ihre Gedanken am Abschweifen zu hindern. Beschäftigen Sie sich mit jemandem, seien Sie auch wirklich ganz bei dieser Person. Geraten Ihre Gedanken auf Abwege, lenken Sie sie sanft wieder in die Gegenwart zurück. Tun Sie etwas, denken Sie dabei nicht an etwas anderes. Versuchen Sie, verstärkt präsent zu sein – betrachten Sie das als ein erstrebenswertes Ziel, dann wird sich diese Präsenz auch in Ihrem Leben bemerkbar machen. Sobald sie einmal ihren Wert erkannt haben – und die Auswirkungen spüren –, gibt es kein Zurück mehr.

76.

Lernen Sie, ohne Schuldgefühle Nein zu sagen

Ein Grund, warum viele von uns sich oft in Schwierigkeiten bringen, ist, dass wir uns zu vielen Dingen widmen; wir versäumen es, Nein zu sagen. Wir sagen beispielsweise: »Klar mache ich das« oder: »Kein Problem, ich kümmere mich schon darum«, obwohl wir im Grunde unseres Herzens wissen, dass wir das gar nicht wirklich wollen oder dass wir uns sowieso schon viel zu viel aufgebürdet haben.

Das Problem, wenn man immer Ja sagt, ist ein doppeltes: Zuerst einmal ist das Endergebnis fast immer, dass wir uns überfordert fühlen, gestresst und müde. Es gibt einfach einen Punkt, an dem es wirklich reicht, einen Punkt, wo man jemandem keinen Gefallen mehr erweisen kann und unsere Einstellung, unsere Stimmung, ja sogar unsere Produktivität in Mitleidenschaft gezogen werden. Unsere Arbeit leidet und unser Privatleben und die Familie auch. Sagen wir zu oft Ja, fühlen wir uns schikaniert und sind wütend, weil wir so viel tun müssen. Da wir jedoch oft Schuldgefühle haben, wenn wir Nein sagen, fällt es uns schwer zu erkennen, dass wir selbst diejenigen sind, die sich in diese Situation gebracht haben; wir haben nun mal nicht Nein gesagt.

Das zweite schwer wiegende Problem, das man hat, wenn es einem nicht gelingt, in einem angemessenen Fall Nein zu sagen, ist, dass man sich irgendwie unaufrichtig fühlt. Anders ausgedrückt: Sie tun etwas, das Sie eigentlich nicht tun wollen oder nicht tun sollten, aber vordergründig handeln Sie so, als sei alles bestens. Zum Beispiel willigen Sie ein, eine Aufgabe zu übernehmen oder mit Ihrem Kollegen die Schicht zu tauschen, indem Sie sagen: »Ach, das geht schon klar«, wenn Sie eigentlich selbst einen freien Tag gebrauchen könnten. Weil Sie dann aber Ihre nötige Ruhepause nicht bekommen, fühlen Sie sich schikaniert und überfordert von Ihrem Dienstplan oder Sie werden ärgerlich, weil so viele Leute etwas von Ihnen wollen. Und wieder haben Sie selbst eine Schlüsselrolle dabei gespielt, sich Stress zu schaffen, wenngleich Sie meinen, dass dieser Stress durch äußere Umstände verursacht und unvermeidlich ist.

Ohne Schuldgefühle Nein zu sagen, ist nicht egoistisch – es ist eine notwendige Schutzmaßnahme. Würde Sie jemand fragen: »Kann ich die Luft haben, die Sie einatmen?«, würden Sie wohl an seinem Verstand zweifeln. Sie hätten sicher kein Problem, dieses Ansinnen abzulehnen. Fragt jedoch jemand: »Darf ich Sie um etwas bitten, das Ihnen dann den Rest gibt, Sie stresst und ärgerlich macht?«, dann geben Sie oft Ihre Einwilligung aus Gewohnheit, Verpflichtung oder schlichtweg, weil Sie sonst Schuldgefühle hätten. Sicher würde niemand seine Frage so formulieren, aber eigentlich trägt man genau diese Bitte an Sie heran.

Sicher wäre es manchmal nicht angemessen, etwas abzulehnen, und oft liegt es in unserem eigenen Interesse, wenn wir Ja sagen – oder wir wollen es eben so. Prima! Der Trick dabei ist, die innere Weisheit sprechen zu lassen und nicht einfach spontan zu reagieren – eine Entscheidung zu treffen, wann wir Ja sagen und wann Nein. Der Schlüssel liegt darin, dass wir nachdenken und uns zunächst einmal selbst fragen: Wenn man alles in Betracht zieht – die Gefühle und Bedürfnisse der Person, die

etwas von uns will, der Wunsch, Ja zu sagen, und, was wichtig ist, das eigene Wohlergehen –, ist es dann in unserem Interesse, Ja zu sagen, oder ist es auch ganz in Ordnung abzulehnen?
Ich denke, Sie werden feststellen, dass es unter diesem Gesichtspunkt vermutlich viele Anlässe gibt, wo es absolut richtig ist, Nein zu sagen.

77.

Verbringen Sie Ihre nächsten Ferien zu Hause

Mit dieser Strategie begann ich vor vielen Jahren. Ich muss zugeben, dass ich die ersten paarmal, als ich es damit versuchte, die Sorge gehabt habe, ich würde etwas aufgeben – Spaß, Entspannung, »meine große Chance, hier endlich mal wegzukommen« – und dass alles eine Riesenenttäuschung werden würde. Ich kann jedoch ehrlich behaupten, dass ich immer froh war, wenn ich im Urlaub zu Hause geblieben bin; ich habe diese Entscheidung nicht einmal bereut.

Ferien sind etwas, worauf sich die meisten Menschen freuen. Das ist meist eine wunderbare Zeit, die man sich wohl verdient hat und auch fast immer braucht. Auch wenn Ferien idealerweise so konzipiert sein sollten, dass man entspannen, sich erholen und neue Energien tanken kann, schaffen sie jedoch oft mehr Stress, als sie reduzieren.

Hier nun eine Szenerie zu diesem Thema: Sie haben endlich eine Woche frei. Sie haben eine tolle Reise geplant, aber Sie müssen noch viel vorbereiten, bis es endlich losgeht. Sie packen also eilig und kümmern sich um alle Einzelheiten und möglichen Probleme. Sie sind erschöpft. Sie haben das Gefühl, als hätten Sie seit Wochen nicht eine Minute ruhig dasitzen können. Und dennoch beeilen Sie sich nun, ein Flugzeug zu bekommen, oder stürzen aus der Tür, um zumindest den Hauptverkehr zu vermeiden. Es hat den Anschein, als würden Sie noch an Tempo zulegen, um dann endlich einen Gang langsamer schalten zu können. Zudem wollen Sie aus Ihrem Urlaub herausholen, was nur geht, deshalb kommen Sie auch erst am Sonntagabend wieder zurück nach Hause – damit Sie dann gleich am Montag in der Früh wieder zur Arbeit gehen können. Noch bevor Sie aufgebrochen sind, steht schon fest, dass die Rückkehr ganz schön hart werden wird.

Ein Teil von Ihnen kann es kaum erwarten, endlich abzureisen, weil Sie ja wissen, dass Sie sich gut amüsieren werden und endlich den Alltagstrott hinter sich lassen – aber der andere Teil würde lieber im Haus herumkramen, es sich mit einem guten Buch gemütlich machen, mit dem Yoga- oder Fitnessprogramm beginnen oder einfach ein paar nette Tagestouren in die Umgebung machen. Aber das alles muss natürlich warten, weil Sie ja in Urlaub fahren. Leider bekommt dieser andere Teil von Ihnen – der Teil, der liebend gern das Telefon abstellen, mit den Kindern spielen, den Schrank aufräumen, Menschenmassen meiden, ein Buch lesen, joggen, einen Spaziergang im Park machen oder einen Garten anlegen würde – kaum, wenn überhaupt einmal Gelegenheit, gehegt und gepflegt zu werden. In Ihrem Alltag sind Sie viel zu beschäftigt und in den Ferien sind Sie ja nicht zu Hause.

Kris und ich haben vor ein paar Jahren einmal tolle Ferien daheim verbracht. Wir waren übereingekommen, dass von Arbeit keine Rede sein durfte – nicht einmal eine Minute in dieser Woche. Es sollten keine geschäftlichen Telefonate geführt werden – so, als ob wir im Urlaub wären. Und so sahen wir – und die anderen – das ja auch. Wir stellten also die Telefonklingel auf »aus«. Wir engagierten einen Babysitter – das Mädchen, das die Kinder am liebsten mochten, damit auch sie ihren Spaß hatten –, der jeden Morgen ein paar Stunden mit den Kindern

spielte, während wir miteinander zum Joggen gingen, Yoga machten oder irgendwo gemütlich beim Frühstücken saßen. Wir erledigten einige kleinere Arbeiten im Haus, die wir schon seit Jahren machen wollten. Wir arbeiteten im Garten. Wir saßen in der Sonne und lasen. Es war himmlisch. An den Nachmittagen unternahm dann die ganze Familie etwas – wandern, schwimmen oder Versteck spielen. Einen Tag engagierten wir einen Masseur, der uns unseren Rücken durchknetete, und jeden Abend gingen wir woanders zum Essen aus. Wir ließen jemanden ins Haus kommen, der uns beim Putzen und mit der Wäsche half – als wären wir im Hotel. Wir schauten uns einige schöne Kinofilme an und schliefen jeden Morgen aus. Es war, als würden wir neun Sonntage in einem großartigen Hotel zubringen – zu einem Bruchteil der Kosten!
Die Kinder liefen zu ihrer Höchstform auf – und wir auch. Wir hatten das Gefühl, endlich einmal unser Heim als Familie genießen zu können. Unsere Töchter bekamen Gelegenheit, ihre Eltern zu Hause und nicht in Hetze zu sehen. Das war etwas! Ich war entspannter und ausgeruhter, als ich mich erinnern kann, es je nach einem Urlaub irgendwo gewesen zu sein. Und es war so viel leichter, nicht nur Pläne zu machen, sondern anschließend auch wieder in den Alltag zurückzufinden – keine Verspätungen unterwegs, kein verloren gegangenes Gepäck, kein Jetlag und keine Erschöpfung vom Reisen mit Kindern. Weil wir uns als Urlauber betrachteten, lebten wir in dieser Woche wie die Könige – Massagen, Restaurantbesuche, eine Putzfrau, Ausflüge – und trotzdem gaben wir nur einen Bruchteil von dem aus, was wir an Geld losgeworden wären, wenn wir an einen exotischen Ort geflogen oder gefahren wären oder wenn wir in einem schicken Hotel gewohnt hätten. Dennoch war diese Woche wirklich etwas Besonderes. Es wurde uns klar, dass wir hart ar-

beiten für unser Heim und um es zu unterhalten – und doch hatten wir sonst selten unsere Freude daran, ohne in Hetze zu sein.
Ich möchte Ihnen nicht raten, auf den gewohnten Urlaub generell zu verzichten. Ich fahre gern weg und ich denke, Ihnen wird es ähnlich gehen. Ich kann Ihnen jedoch versichern, dass Ferien zu Hause eine hervorragende Möglichkeit sind, sich zu entspannen, und außerdem auch eine Gelegenheit, all das zu tun, wozu Sie sonst zu Hause fast nie die Zeit finden – wobei Sie auch noch sehr wenig Geld ausgeben. Wenn ich so einen Blick in meinen Kalender werfe, dann sehe ich, dass sich die nächsten Ferien zu Hause schon bald anbahnen. Ich kann es kaum erwarten.

78.

Lassen Sie sich von negativen Arbeitskollegen nicht unterkriegen

Egal, wo Sie arbeiten oder was Sie tun, um sich Ihren Lebensunterhalt zu verdienen, es ist nahezu unvermeidlich, dass Sie sich mit negativen Menschen auseinander setzen müssen. Manche von ihnen haben eine ungute Grundhaltung, andere sind zynisch oder auf eine passive Weise aggressiv, und wieder andere sind schlichtweg ein Ärgernis.

Zu lernen, wie man mit negativen Menschen zurechtkommt, ist ein wahres Kunststück, aber ich kann Ihnen mit absoluter Sicherheit sagen, dass sich die Mühe lohnt. Betrachten Sie nur einmal Ihre Alternativen. Wenn Sie nicht das Geheimnis lernen, wie man mit negativen Menschen umgeht, dann kommt bestimmt der Tag, da diese Leute Sie hinunterziehen. Ihre Negativität färbt auf Sie ab, und dann sind schließlich auch Sie mutlos, frustriert oder sogar deprimiert. Wenn Sie nicht tun, was notwendig ist, um mit negativen Menschen locker zurechtzukommen, dann werden Sie eines Tages selbst zum Zyniker.

Sie können jedoch an den Punkt gelangen, wo negative Leute Sie kaum, wenn überhaupt je in schlechte Stimmung versetzen können. Am besten fangen Sie damit an, Ihr Maß an Mitgefühl zu erhöhen. Es ist nämlich überaus wichtig zu erkennen, dass diese Menschen keine Schuld trifft, zu verstehen, dass jemand nicht ausgefüllt oder in gewisser

Hinsicht auch unglücklich ist, wenn er so negativ ist. In den meisten Fällen sind diese Leute nicht absichtlich so. Wie Sie würden sie ebenfalls lieber Freude und Erfüllung erfahren; sie wissen bloß nicht, wie.

Enthusiasmus ist eigentlich unser Normalzustand. Anders ausgedrückt: Es ist ganz natürlich, sich inspiriert, positiv, kreativ, interessiert und erbaut zu fühlen durch die Arbeit, die wir uns ausgewählt haben. Fehlt uns diese Eigenschaft, dann stimmt etwas nicht. Wenn also jemand seiner Negativität Ausdruck verleiht, fehlt mit Sicherheit etwas im Privatleben dieses Menschen. Eine negative Einstellung und negatives Verhalten beruhen auf einem Gefühl von Mangel, einem Gefühl, dass etwas nicht in Ordnung oder aus dem Lot geraten ist.

Einer der Gründe, warum diese Negativität uns gerne hinunterzieht, besteht darin, dass wir sie persönlich nehmen oder den Eindruck haben, dass wir in gewisser Weise verantwortlich sind. Mit Einfühlsamkeit betrachtet vermögen wir jedoch zu erkennen, dass diese Negativität sich in der Regel nicht gegen uns richtet, selbst wenn es zunächst den Anschein hat. Und Schuld trifft uns auch keine.

Versuchen Sie sich vorzustellen oder daran zu erinnern, wie schrecklich es ist, wenn man so negativ ist und einem jeglicher Enthusiasmus fehlt. Gelingt Ihnen das, können Sie nun auch nachvollziehen, dass niemand so negativ agieren würde, wenn er oder sie eine echte Alternative zur Verfügung hätte; keiner tut das schließlich mit Absicht oder einfach nur so zum Spaß.

Im Allgemeinen gibt es zwei Möglichkeiten, wenn zwei Leute miteinander in Kommunikation treten oder zusammenarbeiten. Entweder dämpft die negative Person die gute Stimmung des positiveren Menschen oder der positivere Mensch hebt irgendwie die Laune des anderen. Die beste Art und Weise, wie Sie sich von Negativität distanzieren können, ist, sich einfach seinen Enthusiasmus zu bewahren, wodurch Sie zur Lösung und nicht zum Problem beitragen. Anstatt sich darauf zu konzentrieren, wie schwer es ist, sich in der Gesellschaft eines negativen Menschen aufzuhalten, oder ständig zu analysieren, warum diese Person nun so ist und nicht anders, versuchen Sie einfach in Beststimmung zu bleiben, was Ihre Arbeit und Ihr Leben im Allgemeinen angeht. Aller Wahrscheinlichkeit nach werden Sie einen großen Einfluss auf die Person ausüben, mit der Sie zusammenarbeiten. Und wenn nicht, dann lassen Sie sich zumindest weniger schnell unterkriegen.

79.

Machen Sie das Beste aus einem »unkreativen« Job

Ich wollte diese Strategie unbedingt in diesem Buch vorstellen, weil ich im Lauf der Jahre mit so vielen Leuten gesprochen habe, die sich entweder über ihren »unkreativen« Job beklagten oder sich nach einer interessanteren Tätigkeit sehnten.

Was Ihren Job betrifft, den Sie für so unkreativ halten, haben Sie zwei Möglichkeiten: Sie können jeden Tag fürchten, die Minuten zählen, sich immer wieder versichern, wie langweilig Ihre Arbeit doch ist, sich beklagen und sich wünschen, dass doch alles anders wäre. Oder Sie können sich sagen, dass »es nun mal eben so ist«, und versuchen, das Beste daraus zu machen. Sie können lächeln, sich begeistern und zu einer positiven Einstellung finden. Es gibt nämlich immer Wege, einen Job so interessant wie möglich zu gestalten.

Außerdem müssen Sie ja sowieso immer die gleiche Anzahl an Stunden an Ihrem Arbeitsplatz zubringen. Innerhalb von einem Jahr werden Sie vermutlich an die zweitausend Stunden gearbeitet haben, wenn nicht sogar mehr.

Hin und wieder lerne ich jemanden kennen, der sagt: »Ach ja, Sie haben meinen Job noch nicht gesehen«, was natürlich heißen soll, dass diese Strategie nicht auf alle Situationen anzuwenden ist; Differenzierung tut Not. Aber sie haben eigentlich immer die Wahl, das Beste aus etwas zu machen – oder eben nicht.

Es gibt da eine Geschichte von zwei Maurern, die von einem Reporter interviewt wurden. Der Reporter fragte den ersten Arbeiter, wie er seinen Tag verbracht habe. Er antwortete verärgert: »Ich bin Stunden in der Sonne gestanden und habe diese blöden Ziegelsteine aufgehoben und dann aufeinander gelegt. Lassen Sie mich bloß in Ruhe.« Der Reporter wandte sich dann an den anderen Arbeiter und stellte ihm die gleiche Frage. Dessen Antwort fiel ganz anders aus. Er erklärte dankbar und begeistert: »Ich nehme diese einfachen Ziegelsteine und erstelle daraus wunderbare Strukturen. Ohne Leute wie mich gäbe es keine Gebäude und keine Wirtschaft.« Die Moral dieser Geschichte ist natürlich, dass beide Arbeiter Recht haben – es hängt eben alles davon ab, wie man etwas betrachtet. Ich habe mit Leuten gesprochen, welche die Autobahngebühren kassierten und mir mitteilten, dass ihr Job nicht darin bestehe, den Autofahrern das Geld abzunehmen, sondern zu sehen, wie viele Leute sie zum Lächeln brachten. Ich hatte mit Verkäufern von Popcorn und Süßigkeiten zu tun, die ihre Kunden wie Profikomiker unterhielten, immer lachten und stets eine gehobene Stimmung an den Tag legten.

Mittlerweile bin ich zu dem Schluss gekommen, dass Menschen, die an ihren Job auf diese positive Weise herangehen, fast immer auch an ihrer Arbeit den meisten Spaß haben – und in der Regel auch die Karriereleiter am schnellsten nach oben klettern, sofern sie das wünschen. Sie haben eine unbekümmerte und entspannte Einstellung sich selbst gegenüber und wirken auf andere mit ihrer anregenden Art irgendwie ansteckend. Die Kunden mögen diesen Menschentyp ebenso sehr wie die Kollegen. Diese Leute nutzen gern ihre Pausen, um etwas Neues zu lernen, um über ihre Träume nachzudenken und wie man sie Wirklichkeit werden lassen könnte. Sie haben nie den Eindruck, dass man sie schikaniert, holen gern den Rat von Fachleuten ein und sind gewillt, auf die zu hören, die sich auskennen. Sie verstehen im wahrsten Sinn des Wortes, »dass es nun mal eben so ist«, und sie machen mit Sicherheit das Beste daraus.

Wenn Sie also meinen, dass nur bestimmte Tätigkeiten und Berufe Spaß machen können, denken Sie einmal darüber nach. Wenn Sie das Beste daraus machen, kann fast alles »kreativ« sein.

80.

Bleiben Sie möglichst in Ihrer Mitte

In seiner Mitte zu sein ist der Schlüssel zu einem befriedigenden, produktiven und effektiven Leben. Es ist eine Fähigkeit, die die meisten Menschen bewundern und anstreben; eine Fähigkeit, welche ich, solange ich denken kann, gehegt und gepflegt habe und die auch immer eine meiner Hauptprioritäten bleiben wird. Es steht für mich außer Frage, dass jeder Erfolg und alles Glück, das ich je hatte, das direkte Ergebnis dieser Fähigkeit ist. Und wenn ich auf mein Leben zurückblicke, ist es ganz offensichtlich, dass die meisten meiner Schwierigkeiten, Misserfolge und gravierenden Fehler entstanden, weil ich aus der Balance gekommen war und somit meine Mitte verloren hatte.
Ihre Mitte gibt Ihnen ein Gefühl der Ruhe und Inspiration. Verweilen Sie in Ihrer Mitte, meinen Sie zu fließen, Sie sind auf Kurs und in guter Stimmung. Sie haben den Eindruck, auf dem richtigen Weg zu sein, alles im Griff zu haben, Ihre Probleme lösen zu können und Ihre Arbeit gut zu bewältigen. Allen offensichtlichen Schwierigkeiten zum Trotz haben Sie ein Gefühl von Vertrauen, Enthusiasmus und Kontrolle. Sie bleiben selbst im Auge des Orkans ruhig und ausgeglichen. Ohne besondere Anstrengung strömen Ihre Gedanken auf eine wohltuende, organisierte und kreative Art und Weise. Kleinigkeiten setzen Ihnen nicht zu.

Haben Sie andererseits Ihre Mitte verloren, sind Sie erfüllt von ängstlichen, diffusen, aufgeregten und anderen stressigen Gefühlen. Sie neigen zur Panik und gehen vom Schlimmsten aus. Sie fühlen sich unter Druck und aus dem Gleichgewicht gebracht, als ob Sie nicht ausreichend Zeit hätten. Nicht in seiner Mitte zu ruhen bringt Sorgen und Hetze mit sich. Sie können sich nicht mehr konzentrieren und sind aus dem Rhythmus gekommen; Sie sind abgelenkt, gestresst und neigen eher dazu, Fehler zu machen. So ziemlich alles geht Ihnen auf die Nerven.

Sie können sich Ihre Mitte als Ihr Basislager vorstellen, als Ihr eigentliches Selbst. Ihre Mitte ist auf die gleiche Weise in Ihre Psyche integriert wie die Idealtemperatur in Ihren Körper. In beiden Fällen kommen Sie vielleicht einmal aus dem Gleis, aber durch Ihren natürlichen Instinkt kehren Sie wieder nach Hause zurück. Da dieser psychische Zustand der natürlichste ist, müssen Sie gar nichts weiter unternehmen, um dorthin zu gelangen. Es ist eigentlich sogar eher so, dass Sie wissen sollten, was Sie besser unterlassen. Anders ausgedrückt: Sind Sie gedanklich eben *nicht* hektisch und abgelenkt, ist das der psychische Zustand, in dem Sie sich meist befinden, ein Gefühl, auf das Sie immer wieder zurückkommen. Wollen Sie also Ihre Mitte finden, müssen Sie nichts weiter tun, als sich keine stressigen Gedanken mehr zu machen und sich den Kopf freizuhalten. Der Rest läuft dann von selbst.

In seiner Mitte zu bleiben ist nicht so schwierig, wie Sie sich vielleicht vorstellen mögen. Es heißt, dass Sie auf Ihre Gefühle achten und sich sanft wieder zurücklenken, wenn Sie abzuschweifen beginnen. Sie arbeiten zum Beispiel gerade an einem Projekt, wenn Ihre Aufmerksamkeit sich plötzlich dem bevorstehenden Abgabetermin zuwendet. Sie fangen an, sich die verschiedenen Reaktionen auf Ihre Arbeit vorzustellen. Sie denken sich jetzt: »Ich möchte wetten, dass sie nicht billigt oder anerkennt, was ich getan habe.« Achten Sie auf die Gefühle, die mit diesen Gedanken einhergehen, wird Ihnen vermutlich auffallen, dass Sie beginnen sich anzuspannen und sich unter Druck zu fühlen. In solchen Momenten bewegen Sie sich aus Ihrer Mitte weg in Richtung auf ein inneres Chaos und Stress zu.

Sie sind jetzt bei einer wichtigen Gabelung angelangt. Fahren Sie mit diesem Gedankenstrom fort, ist es wahrscheinlich, dass Sie sich weiter aufgeregt, unter Druck und vielleicht auch verärgert fühlen. Beobachten Sie jedoch, was sich da abspielt, werden Sie feststellen, dass Sie in diesem Moment von diesem Denken Abstand nehmen können, um sich wieder zu sammeln und wieder näher zu Ihrer Mitte zu kommen.

Diese Mitte birgt auch die innere Weisheit, die Sie benötigen, um alle Widrigkeiten zu Ihren Gunsten zu wenden und alles tun zu können, damit Sie Ihre Ziele auch erreichen. Anders ausgedrückt: Die Tatsache, dass Sie nicht hysterisch werden, bedeutet nicht, dass Sie Ihren Termin nicht einhalten werden oder keine hervorragende Arbeit leisten. Ganz im Gegenteil: Weil Sie in Ihrer Mitte ruhen und völlig konzentriert sind, können Sie Ihre Arbeit in viel weniger Zeit viel besser erledigen.

Es steht außer Frage, dass in der eigenen Mitte zu ruhen in Ihrem Interesse liegt. Ich möchte Sie ermuntern, es mit dieser Strategie doch einmal zu versuchen und dann die Früchte zu ernten.

81.

Verzeihen Sie sich – Sie sind schliesslich auch nur ein Mensch

Vor einigen Kapiteln brachte ich einmal das Zitat: »Irren ist menschlich, Verzeihen etwas Göttliches.« Sie könnten dieser ach so wahren Beobachtung der menschlichen Natur nun auch noch »sich selbst« hinzufügen. Sehen wir den Tatsachen ins Auge. Wir alle sind Menschen und das bedeutet, dass wir Fehler machen, zumindest manchmal. Ihnen unterlaufen zahllose Irrtümer, Sie verderben hin und wieder etwas, geraten auf Abwege, vergessen etwas, verlieren die Beherrschung, reden unkontrolliert etwas daher – was auch immer. Ich habe nie verstanden, warum diese schlichte Tatsache – unsere Neigung, Fehler zu begehen – für manche Menschen etwas so Überraschendes oder Enttäuschendes ist. Es ist mir nicht nachvollziehbar, weshalb so ein Aufhebens deshalb gemacht wird.

Für mich ist einer der traurigsten Fehler, die uns unterlaufen, dass wir zu wenig verzeihen, besonders uns selbst. Wir erinnern uns ständig an unsere Schwächen und vergangenen Irrtümer. Wir stellen uns Fehler vor, die wir in der Zukunft machen werden. Wir sind uns selbst gegenüber höchst kritisch, häufig enttäuscht und streng bei der Beurteilung der eigenen Person. Wir setzen uns selbst zu und geben uns die Schuld, ja oft sind wir unser schlimmster Feind.

Mir scheint, dass es dumm und lächerlich ist, sich selbst nicht zu verzeihen. Es gibt kein Handbuch, damit man im Leben auch ja jeden Fehler vermeidet. In Wirklichkeit schreitet der Prozess immer voran. Wir lernen durch unsere Fehler und indem wir straucheln. Das Beste, was ein jeder tun kann, ist, die Sache so zu nehmen, wie sie ist, und sein Möglichstes zu tun. Keiner von uns – und ich schon gar nicht – meistert sein Leben fehlerfrei.

Ich bin überzeugt, dass ich ein glücklicher Mensch bin, weil ich mir meine Fehler verzeihe. Kürzlich wurde ich gefragt, wie ich gelernt hätte, so freundlich mit mir umzugehen. Meine Antwort lautete: »Weil mir schon so viele Fehler unterlaufen sind, habe ich viel Übung.« Mein Gegenüber lachte, aber es stimmt wirklich – ich habe viel Übung! Ich kann Ihnen allerdings versichern, dass diese Fehler völlig unbeabsichtigt waren. Ich gebe wirklich immer mein Bestes. Meine Arbeitsmoral und mein Leistungsniveau sind so hoch wie bei den meisten Menschen. Meine Einstellung, mir selbst zu vergeben, hat also nichts mit Apathie oder niedrigen Erwartungen an mich selbst zu tun. Es ist eher so, dass ich realistisch bin. Wie fast alle habe ich eine Vielzahl an Verpflichtungen. Manchmal habe ich das Gefühl, mit zehn oder zwanzig Bällen gleichzeitig zu jonglieren. Unter solchen Umständen anzunehmen, dass ich nie einen Fehler mache, ist schlichtweg absurd.

Können Sie erkennen, wie erleichtert Sie sich fühlen werden, wenn Sie Ihre Fehler auf diese realistischere Weise betrachten? Anders ausgedrückt: Unterläuft Ihnen ein Fehler – selbst wenn es ein dummer ist – macht es Ihnen diese etwas philosophischere Betrachtungsweise möglich, den Dingen den angemessenen Stellenwert zuzuweisen, sich Ihren Sinn für Humor zu bewahren und nicht so hart mit sich selbst ins Gericht zu gehen. Anstatt sich also vorzuwerfen: »Bin ich blöd«, sagen Sie dann: »Ein weiterer Beweis, dass auch ich nur ein Mensch bin.«

Jack ist Finanzmakler bei einem großen Geldinstitut. Vor etwa zehn Jahren bat ihn ein Kunde, seine gesamten Ersparnisse in eine kleine Aktie mit dem Namen Intel zu investieren. Jack, der von Natur aus eher konservativ ist, überzeugte seinen Klienten, dass es nie gut sei, alles in ein Wertpapier zu investieren, selbst wenn der Kunde mit seinen fünfundvierzig Jahren noch relativ jung war. Jack hatte das Gefühl, es sei besser, das ganze Geld in Investmentfonds zu stecken.

In diesem Fall kostete Jacks Rat den Kunden ein Vermögen. Jack hatte dasselbe noch einer Reihe anderer Klienten empfohlen und war deshalb niedergeschlagen und schlecht auf sich zu sprechen. Er verlor sein ganzes Selbstvertrauen und wechselte schließlich sogar den Beruf. Und das alles nur, weil er sich selbst nicht verzeihen konnte. Seine Freunde, Kollegen, ja sogar seine Kunden versuchten, ihn davon zu überzeugen, dass sein Urteilsvermögen und seine Beweggründe doch stets sehr solide gewesen seien und dass in der Regel seine Klienten doch überaus gute Anlagen getätigt hätten. Er solle doch stolz sein. Kann sich jedoch jemand selbst nicht verzeihen, lässt sich auch mit Logik nichts ausrichten.

Gott sei Dank geriet Jack dann an einen guten Therapeuten, der ihm beibrachte, was ohnehin auf der Hand lag – dass man rückblickend betrachtet immer schlauer ist und eben keiner eine Kristallkugel hat, um in die Zukunft zu blicken. Schließlich gelang es Jack dann doch noch, sich zu verzeihen, und er nahm seinen Beruf wieder auf, der ihm solchen Spaß gemacht hatte – Finanzplanung.

Sicher gibt es Fehler, die gewaltig sind. Ein Irrtum in der Luftraumkontrolle oder ein falscher Handgriff eines Chirurgen können tödlich sein. Bei der breiten Mehrheit der Fehler jedoch, die uns unterlaufen, geht es nicht um Leben und Tod; es sind bloß Nichtigkeiten, die zu einer großen Sache aufgebauscht werden. Sicher können auch kleinere Fehler Unannehmlichkeiten bereiten – Konflikte, Mehrarbeit – und, wie im obigen Beispiel, können sie auch teuer kommen – aber ist das etwas Neues? Seit wann ist das Leben denn angenehm und ohne Komplikationen?

Sicher macht es keinem Spaß, wenn Fehler passieren, aber es hat etwas Befreiendes, wenn man lernt, sie zu akzeptieren – und zwar wirklich zu akzeptieren – als einen ganz unvermeidlichen Teil des Lebens. Wenn wir das tun, wenn wir uns selbst vergeben, dann eliminieren wir den ganzen Stress, der entsteht, wenn wir mit uns selbst ins Gericht gehen. Mein Vorschlag ist also ganz einfach: Verzeihen Sie sich selbst – Sie sind schließlich auch nur ein Mensch.

82.

Bedienen Sie sich des neutralen Denkens

Eine der ersten Beobachtungen, die ich machte, als ich zu meditieren lernte, war, dass mein Leben ruhiger zu werden schien. Obwohl ich genauso viel zu erledigen hatte, die gleichen Verpflichtungen und die identischen Probleme hatte, mit denen ich zurechtkommen musste, hatte ich das Gefühl, mehr Zeit zu haben, wodurch mein Arbeitsleben einfacher und angenehmer wurde. Ich war zwar noch immer vom Chaos umgeben, aber nicht mehr so nachhaltig davon betroffen.

Sicher ist Meditation nicht für jeden geeignet, doch es gibt eine vernünftige Alternative, die einem helfen kann, wenn man sich wünscht, ruhiger zu werden, weniger zu überreagieren und friedvoller zu werden. Sie beinhaltet, das Denken in den Neutralzustand zu bringen, was sich vielleicht als eine Form von »aktiver Meditation« bezeichnen lässt. Anders ausgedrückt: Im Gegensatz zu einigen Formen der traditionellen Meditation, bei der Sie sich hinsetzen, die Augen schließen und sich auf Ihre Atmung konzentrieren, ist die aktive Meditation etwas, das Sie in Ihren Alltag integrieren können. Es gibt bestimmte Zeiten, in denen Sie dieses Verfahren anwenden sollten – und da das keinen großen Aufwand bereitet, werden Sie es nun womöglich für bedeutungslos halten. Aber dann werden Sie nie lernen, diese Kraft für sich zu nutzen.

Eigentlich bedeutet dieser Akt der Neutralisierung, sich den Kopf von konzentriertem Denken frei zu machen. Anstatt aktiv zu denken, ist Ihr Verstand dann in einem passiveren oder entspannteren Zustand. In dieser neutralen Form erfahren Sie nun Ihr Denken als mühelos, wobei es jedoch absolut sensibel auf das reagiert, was in diesem Moment gerade passiert. Bedeutende Lehrer zum Beispiel oder auch Menschen, die in der Öffentlichkeit Reden halten, beschreiben oft, dass sie »wach« sind oder »in einem anderen Ich-Zustand«, wenn ihr Denken sehr entspannt ist, wenn sie sich nicht auf etwas konzentrieren.

Ich schreibe stets am besten, wenn mein Denken neutral ist, wenn ich mich nicht anstrenge. Sobald ich meinen Kopf frei habe, ist es, als würde sich das Schreiben von selbst erledigen. Anstatt dann aktiv irgendwelche Ideen zu verfolgen, drängen sich mir die Gedanken, die ich brauche, und die beste Möglichkeit, sie auszudrücken, geradezu auf. Es ist Ihnen vielleicht schon aufgefallen, dass, wenn Sie sich plötzlich an eine wichtige Telefonnummer erinnern, an den Namen von jemandem oder an eine Zahlenkombination, die Sie vergessen hatten, oder wenn Ihnen mit einem Mal eine Idee kommt, die ein Problem löst, oder auch wenn Ihnen einfällt, wo Sie Ihren Schlüssel hingelegt haben, es in der Regel Ihr neutrales Denken ist, das für die Einsicht oder das plötzliche Aufblitzen des Erinnerungsvermögens sorgt. Sie haben dann so einen »Ach, ja!«-Moment. Je angestrengter Sie sich jedoch bemühen, desto weniger erreichen Sie in so mancher Situation. Es ist diese Anmutung von Mühelosigkeit, die so wichtig und hilfreich ist. Sobald Sie anfangen, sich anzustrengen und Ihr Denken auf etwas zu richten, gehen Sie über auf den normaleren, analytischen Denkmodus.

Der Grund, warum die meisten Menschen das neutrale Denken nicht anwenden, liegt darin, dass sie seine Kraft gar nicht erkennen oder einfach meinen, dass es sich auch wieder nur um eine Variante mehr handelt – was ja irgendwie auch stimmt. Man hält das neutrale Denken für selbstverständlich, bedient sich seiner selten und übersieht es fast immer. Doch selbst wenn es entspannend und stressmindernd ist, zeigt es vor allem doch eine sehr große Wirkung. Ist Ihr Verstand im Neutralzustand, scheinen sich Ihnen Gedanken wie aus dem Nichts aufzudrängen. Neue Ideen und Einsichten werden dann zu einem Lebensstil, weil nämlich Ihr Verstand, wenn er entspannt ist, sich Ihrer inneren Weisheit öffnet und für sie empfänglich wird wie auch für Ihre Einzigartigkeit.

Sicher gibt es Zeiten, da es nicht angemessen oder nicht praktikabel ist, den Verstand in den Neutralzustand zu bringen. Macht Ihre Aufgabe erhöhte Konzentration erforderlich oder lernen Sie etwas absolut Neues, liegt es oft in Ihrem Interesse, auf die traditionellere, analytischere Weise zu denken. Sie werden jedoch erstaunt sein, welch einen Einfluss dieses Verfahren hat und wie viel einfacher Ihr Leben werden wird, wenn Sie lernen, das neutrale Denken in Ihren Alltag zu integrieren. Immer wenn Sie sich total gestresst fühlen oder meinen, zu viel geistige Energie aufzuwenden, ist es von Vorteil, sich selbst zu hinterfragen und zu entscheiden, ob ein bisschen neutrales Denken nicht genau das ist, was Sie jetzt brauchen. Sie können das neutrale Denken als Mittel zur Stressreduzierung nutzen, als Mittel zu entspannen oder um mehr Kreativität an den Tag zu legen. Die Anwendungsmöglichkeiten sind schier unbegrenzt.

Es ist überraschend einfach, das Denken in den Neutralzustand zu bringen. Sie können immer nur in einem Denkmodus sein – neutral oder aktiv. Wie ein Walkie-Talkie haben Sie entweder auf »sprechen« oder »hören« geschaltet, aber nie auf beides zugleich. Nehmen Sie also von

Ihrem analytischen Denken Abstand, schaltet Ihr Verstand automatisch auf neutral. Und haben Sie den Neutralzustand erst einmal als brauchbare Art des Denkens akzeptiert, geht der Rest ganz einfach.
Ich hoffe, dass Sie ein bisschen damit experimentieren werden, wie man sein Denken zurücknehmen und seinen Verstand beruhigen kann. Sie werden bestimmt bald viel entspannter sein, als sie es sich je hätten vorstellen können.

83.

Staunen Sie, wie oft etwas gut klappt

Wenn Sie heimlich eine typische Unterhaltung mit anhören würden und wenn Sie sich das, was da geredet wird, wirklich zu Herzen nähmen, dann kämen Sie schnell zu dem Schluss, dass so ziemlich nichts je gut läuft. Das Hauptgewicht der meisten Gespräche beschränkt sich oft weitgehend auf tagtägliche Probleme, die Unbill der Gesellschaft, die Hindernisse, Ungerechtigkeiten oder was sonst noch alles nichts taugt. Es wird viel darüber geredet, was an anderen nicht akzeptabel ist, an Kollegen, Kunden, Investoren, Klienten – an wem auch immer. Das Arbeitsumfeld wird kritisiert und nie ist einem je etwas gut genug.

Aber haben Sie einmal innegehalten und mit Erstaunen festgestellt, wie oft etwas gut klappt? Es ist bemerkenswert! Es laufen wahrhaftig Tausende von Angelegenheiten – die mit der Arbeit in Zusammenhang stehen können oder auch nicht – jeden Tag ohne die geringste Störung perfekt ab. Ob es darum geht, dass man Sie meist zurückruft oder Ihre Reservierungen berücksichtigt, oder ob es sich um die Sicherheit beim Reisen handelt oder in der Nahrungsmittelindustrie, um die Abhängigkeit von verschiedenen Technologien, um Dächer, die nicht undicht sind, um die Kompetenz von Kollegen, die Abstimmung von Zeitplänen, bis hin zu der Tatsache, dass die meisten Menschen freundlich sind – das alles funktioniert; und in den meisten Fällen halten wir es für selbstverständlich. Aus irgendwelchen Gründen ziehen wir es nämlich vor, uns auf die paar Ausnahmen zu konzentrieren. Vielleicht denken wir ja, dass mehr klappt, wenn wir uns darauf konzentrieren, was alles schief laufen könnte. Umgekehrt fürchten viele, dass schließlich noch viel mehr daneben geht, wenn sie Fehlerhaftes akzeptieren – was aber nicht der Fall ist.

Ich bin viel mit dem Flugzeug unterwegs und höre häufig Klagen über den Luftverkehr. Und es stimmt, dass ich selbst auch einige scheußliche Erfahrungen gemacht habe, was Verspätungen, Flugstornierungen, verloren gegangenes Gepäck, Überbuchungen, Fehlreservierungen und andere Widrigkeiten angeht. Dennoch ist der Prozentsatz der Fälle, wo ich mehr oder weniger pünktlich dort ankomme, wo ich hin will, erstaunlich hoch. In Anbetracht des hohen Verkehrsaufkommens, der knappen Anschlüsse, der Wetterbedingungen und der Abhängigkeit von der Technik ist das wirklich beachtlich. Ich kann beispielsweise in Nordkalifornien aufwachen und komme noch vor dem Mittagessen gut in New York an, das Gepäck in der Hand – meistens zumindest. Ich schätze, dass ähnlich positive Erfahrungen auch für andere Geschäftsreisende gelten.

Haben Sie jedoch je von jemandem gehört, der sich einmal bei der Fluglinie bedankt hätte? Ich bin mir sicher, dass es die Ausnahme ist und nicht die Regel, falls Sie so jemanden kennen. Wenn wir mitten in einer Verspätung stecken, sind wir viel eher dazu geneigt, ärgerlich und frustriert zu sein und das Ganze gar persönlich zu nehmen, als dass wir uns klar machen, dass jeder sein Bestes tut und dass sich Verspätungen eben hin und wieder nicht vermeiden lassen. Dieser Mangel an Einschätzungsvermögen scheint für viele Aspekte des täglichen Geschäftslebens zu gelten. Ein hoher Prozentsatz der Menschen ist freundlich, hilfsbereit und höflich. Wovon Sie also hören, betrifft eine Minderheit von Leuten, die unhöflich, unsensibel oder inkompetent ist. Jemand muss pro Tag vielleicht ein Dutzend Aufgaben erledigen; elf laufen ohne Probleme; über die zwölfte spricht man dann beim Essen.

Ich will natürlich nicht in Abrede stellen, dass es Probleme gibt, mit denen man zurechtkommen muss. Jeder hat mit seinem Quantum an Widrigkeiten, Enttäuschungen, Unfähigkeit und Ablehnung zu kämpfen. Das alles gehört mit dazu, wenn man im Arbeitsleben steht und sich seine Brötchen verdient. Es hat jedoch den Anschein, als hätten wir uns schon so sehr daran gewöhnt, dass alles glatt geht, dass wir stets etwas ziemlich Perfektes erwarten. Bekommen wir es nicht, drehen wir durch. Ich glaube, es ist klug zu versuchen, sich sein gesundes Einschätzungsvermögen zu bewahren. Wenn ich mir sage, wie oft etwas gut klappt, hilft mir das, mit all den Dingen besser umgehen zu können, die nicht so gut laufen. Es fällt mir dann leichter, Zugeständnisse zu machen, wenn »irgendwelcher Mist passiert«, Menschen Fehler unterlaufen, Mutter Natur ihre Hand im Spiel hat, dass etwas daneben geht. Und manchmal läuft eben etwas schief. So ist das Leben.

Wenn ich mich darauf konzentriere, wie oft etwas gut klappt, habe ich die größeren Zusammenhänge vor Augen und lasse mich wegen Kleinigkeiten nicht verrückt machen. Ich denke, das gilt auch für Sie.

84.

Nehmen Sie das Chaos hin

Eines meiner Lieblingszitate stammt von Wallace Stegner. Es hat mir schon enorm bei meinen Bemühungen geholfen, mir eine angemessene Sichtweise zu bewahren. Es lautet: »Chaos ist ein Naturgesetz. Ordnung ist ein Traum des Menschen.« Mich an diese Worte zu erinnern war mir in Zeiten von extremem Stress und Durcheinander ein großer Trost und ist es auch in meinem beruflichen Alltag. Sie gaben mir eine Perspektive, wenn ich sie am nötigsten brauchte.

Und es stimmt, das Chaos ist wirklich ein Naturgesetz. Es herrscht, wohin wir auch blicken. Die Menschen kommen und gehen, Trends wechseln sich ab, es gibt zahllose sich widerstreitende Interessen und Wünsche – und somit ist Veränderung konstant und unvermeidlich. Telefone läuten, man trägt Bitten und Forderungen an Sie heran und auf Ihrem Schreibtisch stapelt sich stets das Papier. Auch wenn Sie sich um Gerechtigkeit bemühen, sind Sie für den einen ein Freund, für den anderen aber ein Feind – ohne dass Sie überhaupt wissen, wieso. Ein Plan entwickelt sich, aus dem anderen wird nichts. Ein Mitarbeiter wird befördert und er gerät schier aus dem Häuschen deswegen; ein anderer wird ausgebremst und ist dementsprechend verzweifelt und verärgert. Sie versuchen, ihm zu helfen, machen aber alles nur noch schlimmer.

Die Menschen sind durcheinander, frustriert und gestresst. Und gerade wenn Sie meinen, das alles wieder im Griff zu haben, holen Sie sich eine Erkältung.

Trotz dieses unleugbaren Naturgesetzes wünschen sich die meisten zumindest ein gewisses Maß an Ordnung. Natürlich würde es uns gefallen, wenn immer alles konstant bliebe, wenn wir die Zukunft vorhersagen könnten, alles immer im Gleichgewicht wäre und wenn wir alle Antworten parat hätten. Aber es kann eben keiner dem Chaos den perfekten Sinn abgewinnen, da es nun einmal keinen Sinn gibt – es ist einfach da. Es ist also ganz egal, wie sehr Sie sich bemühen, Sie sind stets vom Chaos umgeben.

Es passiert jedoch etwas Magisches mit Ihnen, wenn Sie sich dem Chaos ergeben – wenn Sie sich mit ihm abfinden. Indem Sie von Ihrem Bedürfnis Abstand nehmen, Ihre Umwelt kontrollieren zu wollen oder bestimmte Resultate vorherzusagen, sind Sie nämlich in der Lage zu lernen, in einem chaotischen Umfeld zu arbeiten, ohne davon negativ beeinflusst zu werden. Sie erleben dieses Chaos dann langsam mit einem gewissen Maß an Gleichmut, mit Humor und betrachten es aus einer angemessenen Perspektive.

Der Trick scheint darin zu bestehen, dass man willens ist, das Chaos einfach zu akzeptieren und nicht dagegen anzukämpfen. Anders ausgedrückt: Man gibt sich einfach den Dingen hin, wie sie eben sind, anstatt darauf zu beharren, dass sie irgendwie anders sein sollen. Wir müssen die Tatsache akzeptieren, dass das Chaos ein Naturgesetz ist – so wie die Schwerkraft. Sind Sie in der Lage, sich ihm einfach zu ergeben, können Sie das Chaos auf eine ganz neue Weise sehen. Anstatt sich kalt erwischen zu lassen und ärgerlich zu werden, sagen Sie dann einfach: »Jetzt ist es halt mal wieder so weit.« Sie erkennen dieses Chaos einfach als

Tatsache an und respektieren es auch, lassen sich aber deswegen nicht unterkriegen. Anstatt dagegen anzukämpfen, gehen Sie dann den Weg des geringsten Widerstands.

Allison arbeitet abends in der Notaufnahme eines Krankenhauses. Ich fragte sie einmal, was für sie der Begriff Chaos bedeutet. Sie sagte: »Manchmal kommt mir jede Minute wie ein Alptraum vor. Jemand wird eingeliefert, auf den man geschossen hat, und zwar gleichzeitig mit jemand anderem, der einen schweren Autounfall hatte. Da muss man dann manchmal Prioritäten setzen, wo es eigentlich gar nicht möglich ist. Diese beiden Menschen leiden Schmerzen. Es herrscht Panik und Unordnung, es gibt Sorgen und Tränen. Wem soll man zuerst helfen, wenn jeder einen so dringend braucht, und zwar genau zur selben Zeit? Sicher haben wir Standard-Vorgehensweisen, aber die passen nicht immer und scheinen auch nicht immer gerecht. Oft brüllt mich dann jemand an und mir bleibt kaum Zeit zum Luftholen. Aber trotz all dieses Chaos habe ich gelernt, Haltung zu bewahren – zumindest meistens. Das muss man auch, sonst dreht man nämlich durch und, was noch wichtiger ist, die Versorgung der Patienten leidet.«

Allisons Beschreibung half mir, dem, was ich als Chaos wahrnehme, den angemessenen Stellenwert zuzuweisen. Wie Allison habe auch ich gelernt, das Chaos als unvermeidlichen Bestandteil des Lebens zu akzeptieren, wenngleich vielleicht nicht im gleichen Ausmaß. Es passt mir noch immer nicht und ich tue auch alles, um Chaos zu vermeiden oder auf ein Minimum zu reduzieren. Indem ich mich ihm jedoch ergeben habe, habe ich mit der Tatsache Frieden geschlossen, dass Chaos einfach unvermeidlich ist. Das Leben ist nicht so vorhersehbar, so durchorganisiert und problemlos, wie wir es gerne hätten. Es ist eben so, wie es ist.

Das habe ich jetzt also akzeptiert und das Ergebnis ist erstaunlich. Mir passieren in meinem Alltag noch immer potenziell frustrierende Dinge – man ruft mich nicht zurück, Post geht verloren, Rechenfehler passieren, es gibt Irrtümer, Übereifer, Termindruck, Missbilligung – was auch immer. Der Unterschied liegt in der Art und Weise, wie ich mich davon betroffen fühle, oder, um es genauer zu sagen, in der Art und Weise, wie ich mich eben *nicht* davon betroffen fühle. Vieles, was mich früher fast in den Wahnsinn getrieben hat, erscheint mir jetzt nur als weiterer Aspekt des Chaos. Ich bin zu dem Schluss gekommen, dass es im Leben genug Herausforderungen gibt, so dass man besser nicht auch noch gegen Dinge ankämpft, die man sowieso nicht kontrollieren oder vermeiden kann.

Vielleicht können Sie Ihr Herz ja auch dem Chaos öffnen und es so akzeptieren, wie es ist. Dann werden Sie feststellen, dass Ihnen viel weniger etwas anhaben kann.

85.

Beugen Sie dem Burn-out-Syndrom vor

Sich durch die Arbeit völlig ausgebrannt zu fühlen, ist ein gewaltiges, störendes und außerordentlich weit verbreitetes Problem. Um nicht um den heißen Brei herumzureden: Millionen von Menschen haben ihre Arbeit absolut satt und sehnen sich nach einem besseren, erfüllten Leben. Sicher gibt es kein Patentrezept, wie sich das Burn-out-Syndrom vermeiden lässt, aber Sie können doch einiges tun, um die Umstände zu Ihren Gunsten zu wenden.

Der Schlüssel dazu liegt in Ausgeglichenheit und Weiterentwicklung. Sprechen Sie mit jemandem, der nicht ausgebrannt ist, werden Sie feststellen, dass er sich bemüht, ein ausgewogenes Leben zu führen und sich weiterzuentwickeln. Das bedeutet, dass derjenige zwar hart arbeitet, mit anderen konkurriert, sich um gute Leistungen bemüht und seine individuellen, oft überaus hehren Ziele hat, aber trotzdem auf einem Privatleben besteht. Diese Leute haben Freude daran, sich ihrer Familie und ihren Freunden zu widmen, sie treiben Sport und haben Hobbys, sie schätzen ihre Freizeit und bemühen sich auch, jenseits der Arbeit etwas für die Gesellschaft zu tun. Außerdem versuchen Menschen, die nicht ausgebrannt sind, noch besser zu werden und sich weiterzuentwickeln, und zwar nicht nur in beruflicher Hinsicht, sondern auch spirituell und emotional. Sie nehmen an Workshops und Seminaren teil, sie lernen etwas Neues und sind für alles offen; sie bemühen sich, ihre eigenen Schwachstellen zu überwinden; sie sind vom Lernen fasziniert und quellen über vor Lebensfreude; sie sind neugierig und hören anderen gerne zu.

Wer es vermeidet, sich völlig ausgebrannt zu fühlen, tut das durch seine erbauliche, positive Einstellung. Diese Menschen haben viele persönliche Interessen und wissen ihre Zeit außerhalb der Arbeit gut zu nutzen. Weil sie sich für so viele Aspekte des Lebens interessieren und sich auch darauf zu konzentrieren vermögen, sind sie stets gehobener Stimmung und führen ein relativ zufriedenes Leben. Liegt es nun nicht nahe, dass jemand, der außerhalb seines Berufes erfüllt und zufrieden ist, dieses Gefühl der Frische und des Staunens auch in sein Arbeitsleben mit einbringt?

Wenn Sie immer nur arbeiten, dann werden Sie sich irgendwann ausgebrannt fühlen, selbst wenn Ihre Tätigkeit eigentlich befriedigend ist. Sie sind zu sehr auf eine einzige Sache ausgerichtet. Sie stagnieren deshalb, verfallen in Gewohnheiten und werden so planbar, ja langweilig. Denken Sie einmal darüber nach. Was würde passieren, wenn Sie immer die gleichen Nahrungsmittel zu sich nähmen, Tag für Tag und Jahr für Jahr? Selbst wenn es sich dabei um Ihr Lieblingsgericht handelte, hätten Sie es bald über. Oder was wäre, wenn Sie sich die gleiche Folge Ihrer Lieblingsfernsehserie immer wieder ansehen würden? Wie langweilig!

Andrew arbeitete fünfzehn Jahre für ein mittelständisches Unternehmen, bis er schließlich völlig ausgebrannt war. Außerhalb der Arbeit hatte er kein nennenswertes Privatleben – keinen Sport oder sonstige Aktivitäten, sehr wenig Freunde und sowieso keine Zeit für sie, keine Haustiere und eigentlich auch keine richtigen Hobbys. Weil seine einzi-

ge Welt die Arbeit war, nahm er schließlich an, dass sie auch die Ursache für sein Ausgebranntsein darstellte. Er wusste nicht, was er tun sollte. Schließlich fühlte er sich so frustriert, dass er seinen Job aufgab.
Er hatte allerdings nicht den finanziellen Hintergrund, um sich den Luxus leisten zu können, längere Zeit nicht zu arbeiten, weshalb Andrew nach etwa einem Monat gezwungen war, sich nach einer neuen Stelle umzusehen. In diesem Monat probierte er jedoch einiges zum ersten Mal aus – und fand Gefallen daran. Er las ein paar Bücher, unternahm regelmäßig Spaziergänge und meldete sich sogar für einen Yoga-Kurs an. »Ich hatte nicht nur meinen Spaß, ich habe sogar ein paar wirklich nette und interessante Leute kennen gelernt«, erzählte er mir. Zum ersten Mal in seinem Leben amüsierte er sich. Sein Enthusiasmus kehrte zurück, sein Burn-out-Syndrom verschwand und er hatte wieder eine Perspektive.
Weil er sich so viel besser fühlte, rief er seinen ehemaligen Chef an und erklärte ihm, was passiert war. Andrew hatte Glück, dass die Firma noch keinen adäquaten Ersatz für ihn gefunden hatte, und so bot man ihm seine alte Stelle wieder an – die er dankend annahm. Es war ihm klar geworden, dass an seinem Beruf nichts Schlechtes war, sondern dass es ihm einfach an Ausgleich gefehlt hatte. Er beschloss, weiterhin all die Dinge zu tun, die ihm Freude bereiteten, und mit der Zeit sogar noch mehr auszuprobieren.
Das ist eine Strategie, die einige – wirklich viel beschäftigte – Menschen gern mit der alten Entschuldigung abtun: »Ich habe keine Zeit für ein Privatleben.« Leider ist das jedoch eine oberflächliche und extrem kurzsichtige Betrachtungsweise des eigenen Lebens und auch des Berufs. Die meisten Menschen, die kein Privatleben haben, fühlen sich schließlich absolut ausgebrannt. Sie spielen also mit dem Feuer – es ist nur eine

Frage der Zeit. Sie sollten sich somit die Frage stellen: »Ist es mir zuträglicher – nämlich besser fürs Geschäft –, wenn ich mit meinem einseitigen, unausgewogenen Leben so weitermache, oder ist es vielleicht günstiger, etwas Zeit für anderes einzuplanen – regelmäßig zu lesen, Sport zu treiben, zu meditieren, einen Abend mit Freunden zu verbringen, einmal für mich zu sein, mit der Familie etwas zu unternehmen, einen Kurs zu machen, wie man eine positive Lebenseinstellung gewinnt, oder auch für ein Hobby?

Selbst wenn Sie ein eingefleischter Workaholic sind oder wenn die Umstände Sie zwingen, Unmengen Überstunden zu machen, ist es eine gute Idee, über eine gewisse Ausgewogenheit im Leben als Zielvorstellung zumindest einmal nachzudenken. So hart es Sie vielleicht auch ankommen mag, Sie müssen dann Ihren guten Absichten auch Taten folgen lassen.

Ein guter Anfang ist, wenn Sie einmal abschätzen, was jenseits der Arbeit wichtig für Sie ist. Wenn Sie eine Wahl treffen müssten, was läge Ihnen besonders am Herzen? Würden Sie gern Zeit investieren, um zu lernen, wie man meditiert? Hat Ihr spirituelles Leben einen hohen Stellenwert für Sie? Möchten Sie sich gern mehr Ihrem Partner, Ihrem Kind oder einem Freund oder einer Freundin widmen? Würden Sie lieber regelmäßig Sport treiben – oder auch etwas ganz anderes? Egal was Sie sich nun wünschen, werfen Sie jetzt einen Blick in Ihren Terminkalender und versuchen Sie, Zeit herauszuschlagen. Egal was – es ist besser als nichts.

Ich erinnere mich noch daran, wie ich angefangen habe, regelmäßig zu joggen. Der einzige Zeitpunkt, die für mich realistisch war, war gleich am Morgen in aller Frühe, das heißt noch vor Sonnenaufgang. Ich legte also los. Einige Fitnesscenter sind rund um die Uhr geöffnet. Wo ein

Wille ist, ist auch ein Weg. Vielleicht können Sie ja auch etwas Zeit am Wochenende abzweigen, wie ich das beispielsweise für das Patenschaftsprojekt »Big Brothers of America« getan habe, oder einfach eine halbe Stunde am Tag einplanen, um sich in der Badewanne zu entspannen oder einen guten Roman zu lesen.

Die meisten von uns machen eine Mittagspause. Sie können diese Zeit dafür verwenden, sich eine Seifenoper im Fernsehen anzusehen oder zu lernen, wie man meditiert. Sie haben die Wahl. Arbeiten Sie fünf Tage die Woche, haben Sie innerhalb eines Jahres zweihundertsechzig Mittagspausen. Allein in dieser Zeit könnten Sie gut eine Fremdsprache lernen, sich in bessere Form bringen, ein halber Profi in Sachen Yoga werden oder sonst etwas Lohnendes in Angriff nehmen. Egal, was Sie gerne tun, es ist der Mühe wert und wird Ihnen helfen, ein ausgeglicheneres, wachstumsorientiertes Leben zu führen. Schaffen Sie sich einen Ausgleich zum Beruf, ist es völlig undenkbar, dass Sie nicht viel mehr Freude haben am Leben und an sich selbst. Und außerdem vermeiden Sie so, dass Sie sich ausgebrannt fühlen. So einfach ist das.

86.

Erleben Sie eine magische Verwandlung

Suchen Sie nach einer Möglichkeit, aus etwas Festgefahrenem herauszukommen, oder wünschen Sie sich einen Neuanfang, dann kann Ihnen diese Strategie vielleicht helfen. Eine magische Verwandlung ist nämlich wie ein Neuanfang. Sie beinhaltet, sich von gewohnten, alten Denk- und Verhaltensweisen zu befreien und sie durch eine positive Alternative zu ersetzen. Die Veränderung vollzieht sich dabei wie aus dem Nichts, oft wenn man es am wenigsten erwartet. In gewisser Weise ähnelt diese Erfahrung der, wie man Rad fahren lernt. Zuerst kann man es nicht – und im nächsten Moment klappt es dann plötzlich.

Eine magische Verwandlung kann in vieler Hinsicht auftreten und das Ergebnis einer Reihe von Entscheidungen sein, denen Sie sich gegenüber sehen. Es kann sich darum handeln, dass Sie eine destruktive Angewohnheit oder Sucht aufgeben, oder Sie erkennen vielleicht auch ein selbstzerstörerisches Verhaltensmuster oder eine Einstellung, die Ihnen nicht gut tut und für die Sie jetzt eine Änderungsmöglichkeit sehen.

Die einfachste Art und Weise, so eine Verwandlung zu erfahren, ist, geistig zunächst einmal seine negativen Charakterzüge und Angewohnheiten durchzugehen, nämlich die, von denen Sie sicher sind, dass Sie sie gerne anders hätten, und sich dann vorzunehmen, hier etwas zu verändern. Trinken Sie beispielsweise zu viel, dann wünschen Sie sich vielleicht als magische Verwandlung, dass Sie trocken werden. Kommen Sie stets zu spät, dann möchten Sie gegebenenfalls jemand sein, der immer ein bisschen mehr Zeit einplant. Neigen Sie zur Ungeduld, wollen Sie vielleicht jemand werden, der für seine Geduld bekannt ist. Ich hatte einmal eine Sitzung mit einem Mann, dem mitten in unserem Gespräch plötzlich klar wurde, dass er praktisch immer total negativ reagierte. Es war, als wäre ihm das zum ersten Mal aufgefallen. Ich erinnere mich noch, dass er sagte: »Das darf doch nicht wahr sein, dass ich so bin.« Eine magische Verwandlung zieht von einem Moment auf den anderen ein verändertes Leben nach sich. Es ist, als wären Sie plötzlich auf einer anderen Ebene Ihrer Einsichtsfähigkeit. Das passiert häufig, nachdem Sie sich gesagt haben, dass Sie etwas verändern möchten.

Solche positiven Verwandlungen verändern das Leben nicht nur, weil Ihre Sichtweise eine andere wird, sondern auch, weil Sie nun besser abfedern können, Sie in der Lage sind, mit den Gegebenheiten mitzuschwingen. Jemand, der sonst ständig überdreht ist und plötzlich ganz ruhig wird, speichert diese Veränderung in seinem Gedächtnis. Wenn immer er sich dann entmutigt fühlt, erinnert er sich dieser Erfahrung als Beweis seiner Stärke und seiner Fähigkeit, eine Veränderung zu vollziehen. Haben Sie einmal die Erfahrung so einer magischen Verwandlung gemacht, dann wird Ihr Selbstvertrauen positiv verstärkt.

Ich habe im Lauf meines Lebens mehrere solcher Verwandlungen erfahren und hoffe, noch mehr zu erleben. Eine ist mir dabei besonders im Gedächtnis geblieben. Wie die meisten Menschen habe ich immer empfindlich auf Kritik reagiert. Wenn mir jemand einen Vorschlag unterbreitete oder mich irgendwie kritisierte, dann fühlte ich mich gleich angegriffen. In der Regel habe ich dann sofort reagiert und bin in die

Defensive gegangen. Ich verteidigte meinen Standpunkt und meine Handlungsweise.

Vor etwa fünfzehn Jahren erfuhr ich eine plötzliche Veränderung – oder magische Verwandlung. Ich stand gerade in meiner Küche, den Rücken der Person zugewandt, die dann herbe Kritik an mir übte. Meine erste Reaktion war, mich zu winden und mich zu verteidigen. Meine Gedanken drehten sich im Kreis, wie immer in so einem Fall. Aber aus irgendeinem Grund konnte ich plötzlich meinen eigenen Anteil an dem Problem erkennen und zum ersten Mal in meinem Leben wurde mir nun bewusst, dass ich jetzt die Wahl hatte, wie ich reagieren wollte – und wie ich mich hinterher fühlen würde.

Ich konnte mich als jemand sehen, der seine eigenen Gedanken dachte. Anders ausgedrückt: Es wurde mir klar, dass die kritische Bemerkung sich zwar gegen mich richtete, sie jetzt jedoch mir unterstand und nur mein eigenes Gedächtnis sie als Erfahrung in meinen Gedanken am Leben erhalten konnte. Ohne meine Einwilligung hatte diese Bemerkung keine Macht! Das Bild, das sich mir aufdrängte, war das eines Schecks – er ist nichts wert, wenn er nicht unterschrieben ist. Um sich durch eine Bemerkung verletzt zu fühlen, muss man den Köder auch schlucken.

Erstmals in meinem Leben war ich in der Lage, den Kommentar einfach abzutun und mit meinem Tagwerk fortzufahren – ohne verletzte Gefühle, ohne das Bedürfnis, mich verteidigen zu müssen, ohne den Wunsch nach Vergeltung. Es ist nicht so, dass ich nur so tat, als würde mir die Bemerkung nicht wehtun, sie tat es wirklich nicht. Jemand gab einen Kommentar ab und ich beließ es dabei. Ich hatte die erste Erfahrung einer magischen Verwandlung gemacht und bis heute lasse ich mich seitdem durch Kritik selten aus der Ruhe bringen. Natürlich ist meine

Erfahrung nur eine aus einer unendlichen Vielzahl von Möglichkeiten. Auch die Ihre wird für Sie einzigartig sein.
Die Erfahrung einer magischen Verwandlung zu machen heißt, dass Sie erkennen können, dass Sie wirklich die Wahl haben. Ich wollte Ihnen diese Strategie und auch diese Geschichte unbedingt mitteilen, weil Sie in Ihrem Leben nach diesem Phänomen Ausschau zu halten beginnen, sobald Ihnen einmal bewusst ist, dass dergleichen überhaupt möglich ist. Sind Sie beispielsweise frustriert, sagen Sie sich vielleicht: »Ich weiß, dass man diese Erfahrung auch anders betrachten kann.« Und oft ist dieses Bewusstsein oder auch nur die Hoffnung, dass man einen Konflikt, eine Zwangslage oder ein Problem auch anders erfahren kann, schon der Schlüssel zu einer Veränderung. Indem ich Ihnen diese Möglichkeit nun eröffnet habe, werden Sie hoffentlich die Erfahrung einer magischen Verwandlung machen.

87.

Vermeiden Sie ein Wenn-dann-Denken

Ich habe mir diese Überlegung vor über zwanzig Jahren erstmals durch den Kopf gehen lassen. Es ist mir wiederholt aufgefallen, wie viele von uns diese Neigung haben und in diese Denkweise verfallen, die praktisch ein Garant ist für jede Menge Stress und fehlende Befriedigung. Da ich mir diese Gedanken gemacht habe und ich mich jetzt weniger häufig auf diese Angewohnheit einlasse, habe ich bemerkt, dass mein Stresspegel jetzt erheblich niedriger liegt als früher. Außerdem macht mir eigentlich alles, was mit meiner Arbeit in Zusammenhang steht, nun auch großen Spaß; und mittlerweile bin ich sogar noch effektiver geworden. Ich hoffe, dass Sie in den Genuss ähnlicher Vorteile kommen, wenn Sie mit dieser Strategie etwas vertrauter werden und Sie sie in Ihrem Leben in die Tat umsetzen.

Das Wenn-dann-Denken beinhaltet den ach so weit verbreiteten Trend, sich den Kopf mit Dingen voll zu stopfen, die Sie selbst überzeugen sollen, dass »wenn erst« bestimmte Bedingungen erfüllt sind, Sie »dann auch« glücklich sein werden – oder zufrieden, oder weniger gestresst, oder friedvoller oder was auch immer. Man sehnt sich danach oder stellt sich vor, dass alles absolut perfekt wäre, wenn einiges anders liefe. Hier nun eine Reihe von Beispielen, die sich endlos fortsetzen ließe: »Wenn ich mehr Geld verdienen würde, dann würde ich mich sicher fühlen«, »Wenn man mir mehr Aufmerksamkeit schenken und mich mehr würdigen würde, wäre mein Leben schöner«, »Wenn ich einen bestimmten Urlaub machen könnte, wäre es mir möglich, so richtig zu entspannen«, »Wenn ich nur endlich diesen Berg von Arbeit abtragen könnte, hätte ich mehr Zeit für die Kinder«, »Wenn ich in einem größeren Haus wohnen könnte, dann wäre ich zufrieden.« Sie haben das Prinzip schon verstanden.

Um die Schwäche dieses Wenn-dann-Denkens zu erkennen, müssen Sie sich nur an die zigtausend Mal erinnern, als Sie sich praktisch dasselbe gesagt haben – und schließlich bekommen haben, was Sie wollten, und wieder nicht zufrieden waren. Und wenn doch, dann hielt dieses Gefühl zumindest nicht besonders lang an! Sie redeten sich ein, dass, wenn Sie nur dieses neue Auto hätten, Sie sich hervorragend fühlen würden. Aber schon ein oder zwei Tage später war es aus mit dem Hochgefühl. Sie sagten sich, dass eine neue Beziehung die Erfüllung all Ihrer Wünsche bedeutete, doch als Sie diesen »perfekten« Partner dann gefunden hatten, stellten Sie fest, dass Sie mit ihm beziehungsweise ihr nur wieder die gleichen Kämpfe austrugen. Sie verdienen mehr Geld als früher, doch anstatt sich jetzt zu sagen, dass Sie sich sicher fühlen können, machen Sie sich noch immer Sorgen und wollen noch mehr verdienen.

Diese Art zu denken ist destruktiv für den Menschen, weil es per definitionem stressig ist, wenn man sich wünscht, woanders zu sein, etwas anderes zu tun oder unter anderen Umständen zu leben. Es ist, als würde man sagen: »Ich lege mein Glück jetzt erst einmal auf Eis. Ich werde dann später glücklich sein, wenn alles anders ist.« Wie oft vergessen Sie, Ihr gegenwärtiges Leben zu würdigen, weil Sie so angestrengt darüber nachdenken, wie froh Sie irgendwann einmal später sein werden? Es ist fast unmöglich, zufrieden zu sein, wenn man sich auf künftige Pläne konzentriert, weil die Gedanken dann nämlich nicht im Hier und Jetzt sind, sondern auf etwas Entferntes gerichtet.

Natürlich will ich Ihnen nicht nahe legen, sich keine Gedanken mehr zu machen, wo Sie überhaupt hin wollen; auch will ich nicht behaupten, dass es nicht wichtig wäre, Pläne zu schmieden. Das tun Sie ja vermutlich und das ist auch gut so. Ebenso wenig sage ich, dass Sie nicht hart arbeiten sollen, um Ihre Ziele zu erreichen. Nur zu. Ich rede hier vielmehr von der Neigung, das Leben, das Sie momentan führen, schlecht zu machen oder es nicht zu schätzen, und zwar zugunsten einer Zukunft, die bislang nur in Ihrer Vorstellung existiert. Ob Sie nun Unternehmer sind, für jemanden arbeiten oder gerade die Karriereleiter in einer Firma emporklettern, vergessen Sie nicht, jeden einzelnen Schritt zu genießen und darin aufzugehen. Denken Sie stets daran, dass Glück und Zufriedenheit eine Art Reise sind, nicht nur das Ziel. Mein Vater sagte immer zu mir: »Wenn du ganz unten anfängst, dann hab deine Freude daran. Wenn du nämlich so an die Sache rangehst, dann wirst du nicht lange unten bleiben.« Ich bin zu dem Schluss gekommen, dass diese weisen Worte stets Gültigkeit haben, egal, womit man sich seinen Lebensunterhalt verdient. Wenn Sie absolut engagiert sind und Ihr Bestes geben, dann ist Ihre Leistung auch entsprechend.

Mein Rat ist ganz einfach: Legen Sie sich ins Zeug und verwirklichen Sie sich, träumen Sie und schmieden Sie auch Pläne. Aber vergessen Sie nie, dass der Schlüssel zur Zufriedenheit nicht darin besteht, irgendein Ziel zu erreichen, das man sich vorstellt, sondern seine Freude an dem Weg dorthin zu haben.

88.

Verbannen Sie den Faktor Sorge aus Ihrem Leben

Denjenigen von Ihnen, denen meine Arbeit schon vertraut ist, ist sicher bekannt, dass Sorgen mit zu meinen Lieblingsthemen zählen, weil sie im Leben der meisten Menschen eine so destruktive Kraft darstellen. Ich habe mein ganzes Buch »Werde glücklich, werde reich!« der Überwindung dieser heimtückischen Neigung gewidmet; ich stelle darin eine Verbindung her zwischen weniger Sorgen und mehr Erfolg.

Für unser Anliegen hier gibt es einige weitere gute Gründe, warum Sie die Sorgen aus Ihrem Leben verbannen sollten. Natürlich sind sie vor allem höchst stressend. Überlegen Sie sich doch einmal, wie Sie sich fühlen, wenn Sie sich wegen etwas Sorgen machen. Es frisst Sie auf und entzieht Ihnen alle Energie. Sie konzentrieren sich dann nämlich nur auf Probleme und wie schwierig Ihr Leben doch geworden ist. Machen Sie sich Sorgen, sind Sie nervös und angespannt. Deshalb lassen Sie sich dann schnell aus dem Gleichgewicht bringen und regen sich irrational auf – die perfekte Voraussetzung, um in allem ein Problem zu sehen und sich verrückt zu machen.

Sind Sie in Sorge, fällt es Ihnen auch schwerer, sich zu konzentrieren und Ihre Aufmerksamkeit auf Ihre Vorhaben zu lenken. Anstatt völlig in Ihrer Arbeit aufzugehen, schweifen Ihre Gedanken dann in Richtung auf eine ungewisse Zukunft oder einen Fehler ab, der Ihnen in der Vergangenheit unterlaufen ist. Sie stellen sich vor, welchen Ärger es geben wird, ganz egal, ob das nun realistisch ist oder nicht, und Sie lassen Ihre vergangenen Irrtümer Revue passieren, um zu rechtfertigen, dass Sie nun wirklich allen Grund zur Beunruhigung haben.

Sie sorgen sich zum Beispiel wegen einer bevorstehenden Beurteilung Ihrer Leistung durch Ihren Arbeitgeber. Anstatt aber nun Ihrem Job Ihre ungeteilte Aufmerksamkeit zu schenken, verbringen Sie die ganze Woche vor dem Tag X damit, sich die möglichen Konsequenzen zu überlegen und sich deswegen Sorgen zu machen. Ihnen fällt ein, was bei Ihrer letzten Beurteilung alles negativ war. Ihre Gedanken schweifen ab und Ihr Denken verzettelt sich. Anstatt so produktiv und effektiv zu sein wie sonst, leidet nun Ihre Arbeit und Sie fühlen sich unsicher. Natürlich wird Ihr Arbeitgeber diese Unsicherheit und den damit einhergehenden Leistungsabfall bemerken und bei seiner Beurteilung berücksichtigen. Und dieser Teufelskreis nimmt nur deshalb seinen Anfang, weil Sie sich Sorgen machen.

Sorgen sind außerdem etwas Ansteckendes. Machen Sie sich Sorgen, verstärkt das Ihre Vorstellung, dass es wirklich etwas gibt, worüber Sie beunruhigt sein sollten. Sie vermitteln anderen so eine negative Botschaft und ein Gefühl von Angst. Das schürt dann wiederum ein übervorsichtiges, manchmal schon paranoides Arbeitsklima. Hat jemand Angst, ist das nämlich die Basis für egoistisches und narzisstisches Verhalten, bei dem Selbstschutz an erster Stelle steht.

Ellen, die früher Weltmeisterin im Sich-Sorgen-Machen war, leitet ein Blumengeschäft. Sie sagte mir, dass sie sich wegen allem und jedem Sorgen machte, besonders bei großen Veranstaltungen wie Hochzeiten. Bei einem besonderen Anlass wurde ihr schließlich klar, dass sie sich ändern musste: Sie und drei Kolleginnen waren mit der Vorbereitung einer großen Hochzeitsfeier beschäftigt. Da es der bis dato wichtigste Auftrag war, machte sie sich noch mehr Gedanken als sonst. Sie hatte Angst, dass sie den Auftrag nicht richtig notiert haben könnte, und sie war sich sicher, dass sie es nie schaffen würden, alles rechtzeitig fertig zu kriegen. Sie wusste einfach, dass etwas Gravierendes schief gehen würde. Ellen hetzte herum, sichtbar erschüttert, als ihr plötzlich bewusst wurde, dass die anderen sich genauso verhielten. Es unterliefen ihnen ganz offensichtliche Fehler, sie warfen Vasen um, schnitten die Blumen falsch ab – und was einer Floristin sonst noch so alles danebengehen kann. Ellen sagte zu mir: »Es war so fürchterlich, dass ich plötzlich laut lachen musste.« Ganz offensichtlich hatten sich die anderen an ihrer Nervosität und ihren Sorgen angesteckt – so dass jetzt jede davon befallen war. Ellen lud ihre Kolleginnen also zu einer Kaffeepause ein, in der sich dann alle entspannten und lockerer wurden. Als sie wieder in den Laden kamen, fuhren sie mit der gewohnten Effektivität in ihrer Arbeit fort und ließen sich durch den Auftrag nicht mehr über Gebühr stressen – und die Blumenarrangements wurden wunderschön.

Es vollzieht sich eine gewaltige innere Veränderung, wenn Sie Ihren Sorgen keine solche Beachtung mehr schenken. In Ihnen entwickelt sich dann eine neue Art des Vertrauens. Sie fangen an, auf ganz praktische Weise darauf zu zählen, dass Sie genau wissen werden, was zu tun ist und wie Sie an eine Sache am besten herangehen, weil Sie ja nicht mehr durch Sorgen beeinträchtigt werden.

Ein Paradebeispiel sind öffentliche Vorträge. Sie können Jahre damit zubringen, sich zu beunruhigen und sich einzureden, wie schwierig es ist, vor einer größeren Gruppe von Leuten zu sprechen. Sie können sich das Schlimmste ausmalen und gedanklich immer wieder durchspielen. Und jedes Mal, wenn Sie einen Versuch wagen, sind Sie dann nur umso mehr davon überzeugt, dass Sie auch Recht haben, weil Ihre Ängste sich auf Grund Ihrer negativen Erfahrungen ja bestätigen. Viele Redner – so wie ich jetzt – werden Ihnen jedoch sagen, dass Sie auch nicht aufhören werden, sich zu sorgen, wenn Sie positive Erfahrungen machen – und dass sich andererseits positive Erfahrungen automatisch einstellen, wenn man sich von vornherein keine Sorgen macht. Das ist so ein Fall, da man das Pferd besser von hinten aufzäumt. Anders ausgedrückt: Wenn Sie zu dem Schluss kommen, dass Sie alle Vorsicht und Ihre Sorgen in den Wind schlagen sollten, dann werden Sie wie durch ein Wunder feststellen, dass vor einer Gruppe von Menschen zu sprechen auch nicht viel anders ist, als sich mit einer Einzelperson zu unterhalten. Weil Sie sich ja keine Sorgen mehr machen, wissen Sie, was Sie sagen wollen, und können auf das Thema und die Bedürfnisse der Gruppe eingehen. Der gleiche innere Vorgang spielt sich ab, egal in welchem Beruf Sie tätig sind, um sich Ihren Lebensunterhalt zu verdienen. Entledigen Sie sich störender Sorgen, wird Ihre innere Weisheit zu Tage treten.

Aber verstehen Sie mich bitte richtig: Wenn ich Ihnen rate, »die Vorsicht in den Wind zu schlagen«, meine ich damit nicht, dass Sie aufhören sollen, sich um etwas zu kümmern oder dass Ihnen das jeweilige Ergebnis gleichgültig sein sollte. Ich will Ihnen nur nahe legen, sich einmal bewusst zu machen, wie glaubwürdig und kompetent Sie sind, wenn Sie sich nicht mehr von allen möglichen Sorgen stören und ablenken lassen. Ich möchte Sie ermutigen zu erkennen, wie genial und einfallsreich Sie sind, wenn Sie davon absehen, sich Sorgen zu machen. Und wenn das passiert, wird Ihnen Ihr Leben einfacher und weniger stressig erscheinen.

89.

Bitten Sie um das, was Sie haben wollen, aber bestehen Sie nicht darauf, es auch zu bekommen

Es gibt eine alte Redensart: »Wer nicht sagt, was er will, der kriegt auch nichts.« Und wenn das auch nicht immer der Fall ist, so macht es aus einem bestimmten Blickwinkel gesehen doch durchaus Sinn. Weiß Ihre Chefin beispielsweise nicht, dass Sie eine Gehaltserhöhung wollen und Sie zudem der Meinung sind, dass Sie eine verdient haben, dann können Sie es ihr auch nicht vorwerfen, wenn sie Ihnen kein Angebot unterbreitet. Oder wenn Sie gern mit jemandem zu Mittag essen oder sich geistige Anregungen holen möchten, dann haben Sie gute Aussichten, dass nichts passiert, wenn Sie nicht darum bitten. Haben Sie etwas zu verkaufen, ist es meist von Vorteil, den Käufer um ein Angebot zu bitten – so steigen Ihre Chancen.

Das einzige Problem bei dieser Philosophie ist, dass der hohe Prozentsatz der Fälle nicht berücksichtigt wird, wenn Sie etwas nicht bekommen haben, obwohl Sie darum gebeten haben und Sie auch meinen, dass Ihr Wunsch berechtigt ist. Nimmt man die Redensart also zu wörtlich, kann es zu einigen Frustrationen führen.

Es lässt sich jedoch jegliche potenzielle Enttäuschung vermeiden, wenn man nicht auf dem gewünschten Ergebnis beharrt. Anders ausgedrückt: Es ist prima, mutig und auch wichtig, um etwas zu bitten, aber wenn Sie zu sehr am Ergebnis festhalten, dann könnten Sie sich eine endlose Serie von Enttäuschungen einhandeln. Sie sind dann nämlich nur glücklich und zufrieden, wenn Sie genau das kriegen, was Sie wollen, und wenn das Leben auf Ihre Wünsche eingeht. Gelingt es Ihnen jedoch, vom angestrebten Ergebnis abzusehen, gewinnen Sie in jedem Fall. Sie bekommen dann, was Sie wollen – oder Sie können mit der Tatsache leben, dass eben leider nichts daraus geworden ist.

Der Schlüssel, weniger an der Erfüllung seiner Wünsche festzuhalten, besteht darin, dass man sie von der eigenen Person abstrahiert. Anders ausgedrückt: Versuchen Sie zu erkennen, dass es nichts mit Ihnen persönlich zu tun hat, wenn etwas abgelehnt wird. Bitten Sie beispielsweise um eine Gehaltserhöhung, dann kann Ihre Bitte erfüllt werden oder auch nicht, wobei die Faktoren nichts mit Ihnen zu tun haben, sondern vielmehr mit der Finanzlage des Unternehmens, Anordnungen innerhalb der Abteilung, den möglichen Auswirkungen auf andere Mitarbeiter und so weiter. Wenn Sie einen Kunden bitten, Ihnen etwas abzukaufen, ist es wahrscheinlicher, dass Sie das Produkt auch an den Mann bringen. Dennoch will Ihr Kunde es vielleicht nicht haben oder kann sich nicht leisten, was Sie ihm anbieten.

Dennis, Wirtschaftsprüfer bei einer Lebensmittelkette, liebte seinen Beruf, nur eines nicht – nämlich die Lage seines Büros; es befand sich ganz oben, mitten im Gebäude. Er sagte zu mir: »Es war nicht so schlecht, aber es hatte kein Fenster. Ich hatte das Gefühl, bei Tageslicht besser arbeiten zu können.« Das Problem war, dass nur wenige Büros überhaupt Fenster hatten.

Dennis beschloss zu handeln. Er fragte seinen Chef, was zu tun sei, damit man ihm gestattete, das Büro zu wechseln. Er erklärte ihm freundlich, dass er seine Arbeit sehr liebe und schätze, dass er aber ein bisschen zur Klaustrophobie neige. Er stellte klar, dass er nicht der Typ sei, der auf die Barrikaden ginge, dass er es aber durchaus zu schätzen wüsste, wenn sich eine Lösung finden ließe. Ein oder zwei Wochen später schickte er seinem Chef noch einen Brief, in dem er sich bedankte, dass er sich sein Problem angehört und sich damit beschäftigt hatte. Dieser Brief enthielt keinerlei Spitzen oder Forderungen – es war nur ein kurzes Schreiben.

Als ich das letzte Mal mit Dennis sprach, war er noch nicht umgezogen. Er erklärte mir jedoch, dass ihm das kein Problem bereite; er hatte ja alles getan, was er konnte. Die gute Nachricht war, dass sein Chef mehrmals auf das Thema zu sprechen gekommen war und ihm zugesichert hatte, dass er ein neues Büro erhielte, sobald etwas frei würde. Dennis vertraute darauf, dass er schon irgendwann zu seinem Fenster käme. Mir gefällt diese Geschichte, weil sie verdeutlicht, dass man etwas nicht bekommt – oder zumindest nicht gleich – und sich dennoch gut arrangieren kann. Sie zeigt außerdem, dass es klug ist, um das zu bitten, was Sie gerne hätten, doch nicht immer darauf zu bestehen.

Ich habe im Lauf meines Berufslebens schon Hunderte von Leute angerufen oder ihnen einen Brief geschickt, die mir nie geschrieben oder mich zurückgerufen haben. Ich habe gelernt, dass viele so engagiert und überfordert sind, dass sie einfach nicht in der Lage oder auch nicht willens sind, mir behilflich zu sein. Anstatt mich nun abgewiesen zu fühlen, richte ich mein Augenmerk darauf, wie dankbar ich doch sein kann, weil viele Menschen mich durchaus zurückgerufen und meine Briefe beantwortet haben. Klappt etwas, ist das prima; wenn nicht, auch gut. Der Schlüssel zum Erfolg liegt darin, immer einen Versuch zu unternehmen, am Ball zu bleiben, aber trotzdem nicht auf dem Ergebnis zu beharren.

Manchmal ist es hilfreich, sich in die Lage der Personen zu versetzen, die Sie um etwas bitten. Vor vielen Jahren wollte ich einen bestimmten Facharzt aufsuchen, doch teilte man mir mit, dass das nicht möglich sei, weil er keine neuen Patienten mehr annehme. Ich ließ nicht locker, hatte aber keinen Erfolg. Schließlich herrschte ich die Dame an der Rezeption ungeduldig an: »Jetzt hören Sie mal zu. Ich muss ihn wirklich sprechen. Können Sie denn nichts tun?« Sie antwortete mir sehr ruhig und respektvoll: »Es tut mir aufrichtig Leid, Mr. Carlson, aber der Herr Doktor hat eine Warteliste von drei Jahren. Er arbeitet sechs Tage die Woche, zwölf Stunden am Tag und hat seit über fünf Jahren keinen Urlaub mehr gemacht. Er tut sein Bestes, aber er möchte ja auch noch leben.« Sein Terminkalender ließ mich meine eigene Geschäftigkeit mit anderen Augen betrachten.

Sind Sie willens, um das zu bitten, was Sie wollen, ohne darauf zu bestehen, es auch zu bekommen, birgt das einige versteckte Vorteile. Zum Beispiel bewirken Sie bei anderen, sich einfühlsam und großzügig zu zeigen. Vor einigen Jahren kam ich einmal spät in der Nacht in Atlanta an. Obwohl man mir meine Buchung bestätigt hatte, war das Hotel voll und die Gäste wurden abgewiesen. Der Mann vor mir war wütend und stieß Drohungen aus. Er bestand darauf, seinen Willen zu bekommen, aber es gab nun einmal keine Zimmer. Er stürmte schließlich nach draußen, niedergeschlagen und verärgert. Er hatte keinerlei Einfühlungsvermögen gezeigt und völlig die Tatsache übersehen, dass die Dame an der Rezeption nichts dafür konnte; es hatte sich schließlich nicht gegen ihn persönlich gerichtet.

Ich ging auf die Empfangschefin zu und sagte freundlich: »Ich verstehe, in welch einer Zwangslage Sie sind, und gebe Ihnen keinerlei Schuld daran. So was passiert nun mal. Ich wüsste es aber sehr zu schätzen, wenn Sie mir behilflich wären. Ich weiß, dass Sie hier kein Zimmer mehr frei haben, aber könnten Sie vielleicht versuchen, ein anderes Hotel in der Nähe für mich zu finden?« Ich hielt es für klug, diese Bitte vorzubringen – solange ich nicht darauf bestand; schließlich hatte ich ja gerade miterlebt, wozu es führt, wenn man zu sehr auf etwas beharrt.

Die Dame war sehr nett und entschuldigte sich. Sie ließ mich erstaunlicherweise wissen, dass sie eine gute Nachricht habe. Sie hatte völlig vergessen, dass einer der Gäste wegen eines Notfalls wegmusste und auch nicht wiederkäme. Er hatte die größte und teuerste Suite im Hotel. Und weil ich so geduldig gewesen war, überließ die Dame sie mir zu einem günstigeren Preis!

Es stellt sich die Frage, warum ihr dieses freie Zimmer nicht früher eingefallen war und sie es nicht dem Mann vor mir gegeben hat. Er war schließlich vor mir da und schien es viel dringender zu brauchen als ich. Ich denke, die Antwort liegt auf der Hand. Seine Beharrlichkeit stieß sie ab und trug vielleicht sogar zu ihrer »Vergesslichkeit« bei. Als ich jedoch mit ihr sprach, entspannte sie sich und fühlte sich weniger unter Druck gesetzt. Ihr Erinnerungsvermögen kehrte zurück und ich bekam schließlich die paar Stunden Schlaf, die ich so dringend benötigte.

Sie sollten also unbedingt um das bitten, was Sie gern haben wollen, ohne aber darauf zu bestehen, es auch zu bekommen.

90.

Bedenken Sie stets die ganze Geschichte

Ich kann Ihnen vorhersagen, dass Ihnen in den meisten Fällen klar werden wird, dass Ihr Leben gar nicht so schlecht ist, wie Sie oft meinen, wenn Sie anfangen, ein bisschen mit dieser Strategie zu experimentieren. Dann gewinnen Sie eine angemessenere Sichtweise und mehr Freude an allem, was mit Ihrer Arbeit in Zusammenhang steht, und Sie können sich besser entspannen und Ihren Stress reduzieren.

Wie sie wahrscheinlich wissen, ist es überaus verführerisch, sich vorrangig auf das Negative zu konzentrieren, wenn Sie jemandem von Ihrem Job erzählen. Eine recht typische Antwort auf die Frage: »Wie war denn dein Arbeitstag heute?« lautet: »Er war echt stressig.« Wenn Sie dann weitere Erklärungen abgeben, konzentrieren Sie sich vermutlich darauf, wie wenig Zeit Sie hatten, dass schon der Weg in die Arbeit der reinste Alptraum war, dass Sie sich total gehetzt und angetrieben fühlen, dass Sie unangenehme Kollegen haben, dass viel schief gelaufen ist und dass Ihr Chef übertrieben hohe Anforderungen stellt. Und in gewisser Weise haben Sie mit dieser Einschätzung ja auch Recht. Die meisten von uns haben wirklich einen harten und absolut erschöpfenden Arbeitstag. Aber ist diese Beurteilung die ganze Geschichte – oder nicht doch nur ein Teil von ihr? Beschreiben Sie Ihren Tag, wie er wirklich war, oder gehen Sie selektiv vor in dem, woran Sie sich erinnern und worüber Sie dann reden?

Ich möchte Sie bitten, doch einmal ganz ehrlich zu sich selbst zu sein, wenn Sie sich die folgenden Fragen hinsichtlich Ihres Arbeitstages durch den Kopf gehen lassen: Haben Sie auf dem Weg in die Arbeit einmal kurz angehalten, um sich ein Hörnchen und eine Tasse Kaffee zu gönnen? Haben Sie eine Mittagspause gemacht? Und wenn ja, mit wem? War sie nett? Wie war das Essen? Hatten Sie untertags ein anregendes Gespräch mit jemandem? Gibt es irgendwelche neuen Erkenntnisse? Hatten Sie die Möglichkeit, kreativ tätig zu werden? Haben Sie irgendwelche schönen Sehenswürdigkeiten oder die Natur gesehen – den Wasserfall im Innenhof, Bäume und Blumen, Vögel oder auch andere Tiere? Hat Ihnen jemand heute einen guten Witz erzählt? Hat Ihnen jemand ein Kompliment gemacht? Haben Sie im Auto gute Musik oder vielleicht auch eine interessante Sendung gehört? Ist die Liste mit all dem, was Sie zu erledigen haben, etwas kürzer geworden? Haben Sie Konflikte gelöst? Bekommen Sie Ihr Gehalt überwiesen?
Es liegt mir nicht daran, dass Sie nun auf eine irgendwie unrealistische Weise glücklich und zufrieden werden sollen. Ich bin mir sehr wohl bewusst, dass Sie es in Ihrem Beruf oft schwer haben. Dennoch wollen wir aber nicht vergessen, dass, wenn Sie einige der obigen Fragen mit Ja beantworten konnten, Ihr Tag schöner war als der der breiten Mehrheit der Weltbevölkerung. Das heißt nicht, dass Sie nun so tun sollten, als hätten Sie einen tollen Tag verbracht – aber hält man die angenehmen Seiten nicht oft für völlig selbstverständlich? Wir gehen damit um, als ob es sie nie gegeben hätte, als ob wir keine Vergünstigungen hätten, keine einfachen Freuden oder Annehmlichkeiten. Betrachten Sie sich die obigen Fragen jedoch einmal genauer, dann zeigt es sich, dass für die meisten von uns so ein Tag nicht nur negativ war – nicht einmal annähernd. Ist das aber der Fall, warum beschreiben wir ihn so?

Ich denke, dafür gibt es verschiedene Gründe. Zunächst einmal wollen die meisten ihr Gegenüber mit ihrer Geschäftigkeit oder ihrem schwierigen Leben beeindrucken und heischen so auch um Mitgefühl. Man hört kaum einmal, dass ein Mann zu seiner Frau nach einem langen Arbeitstag sagt: »Das war ein super Tag heute. Fast alles hat bestens geklappt.« Man fürchtet – selbst wenn es der Fall wäre –, dass die anderen das als Schwäche betrachten würden, so als würde man sich das Leben zu leicht machen. Mir ist auch bekannt, dass einige Männer sich bei ihren Frauen beklagen, wie schwer sie es in der Arbeit haben, bloß weil sie nicht wollen, dass zu Hause auch noch zu hohe Erwartungen an sie herangetragen werden. Zudem wünschen sich die meisten, dass man sie für ihre harte Arbeit schätzt und respektiert. Teilen wir den anderen also mit, was untertags alles gut geklappt hat, befürchten wir, dass wir diese Anerkennung und diesen Respekt verlieren könnten und man unsere Bemühungen als Selbstverständlichkeit betrachtet.
Aber darüber hinaus ist es ganz schlicht und ergreifend auch eine schlechte Angewohnheit, wenn man sich nur auf Negatives konzentriert. Sich ständig zu beschweren hat etwas Ansteckendes – und alle scheinen davon befallen. Unternehmen Sie also nicht bewusst eine Anstrengung, diese Neigung zumindest einzuschränken, dann werden Sie wohl Ihr ganzes Arbeitsleben damit zubringen.
Seitdem ich mein Augenmerk mehr auf die positiven Vorkommnisse lenke, die im Lauf eines Tages passieren, hat sich mir eine völlig neue Welt eröffnet. Mir ist zunehmend bewusst geworden, dass es untertags alle möglichen interessanten und erfreulichen Dinge gibt, die mir vor der Veränderung meines Blickwinkels gar nicht aufgefallen waren. Ich halte anregende Gespräche nicht mehr für selbstverständlich, ebenso wenig interessante Aufgaben oder den persönlichen Kontakt mit Freun-

den und anderen. Ich weiß das wohl alles einfach mehr zu schätzen. Deshalb lasse ich mich jetzt von den Widrigkeiten und Problemen, mit denen ich täglich konfrontiert werde, nicht mehr so schnell beunruhigen und verrückt machen. Ich denke, Ihnen wird es genauso ergehen.

91.

Bedienen Sie sich Ihrer geheimen Anti-Stress-Waffe

Vor vielen Jahren schlug ich mich einmal an einem Abend damit herum, ein Projekt abzuschließen, das am nächsten Tag Termin hatte. Ich war angespannt, gestresst, in Eile und drehte fast durch. Zu jener Zeit hatte es den Anschein, als sei ich immer wegen irgendetwas nervös.

Ein Freund von mir, der erheblich ruhiger und klüger war, stattete mir einen Besuch ab. Auf seine lockere Art sah er mich zuerst überaus mitleidig an und meinte dann: »Richard, atmest du überhaupt noch?« Irritiert und auch etwas verärgert über diese meines Erachtens überflüssige Frage antwortete ich: »Sicher atme ich, du etwa nicht?«

Er fing an, mir zu erklären, dass seiner Erfahrung nach die meisten Erwachsenen zu flach atmeten und deshalb nicht genug Luft in die Lungen bekämen. Er legte mir seine Hand auf die Brust und zeigte mir, was sich da tat – oder eben auch nicht. Es war einer der überraschendsten Augenblicke meines Lebens. Mir wurde klar, dass ich so flach atmete, dass es fast den Anschein hatte, als würde ich gar nicht schnaufen.

Ich war verblüfft, dass ich mich auf der Stelle besser fühlte, als ich etwas tiefere Atemzüge nahm. Mein Körper schien sich zu entspannen und mein Denken wurde klarer. Seit ich etwas mehr praktische Erfahrungen mit der Tiefenatmung sammeln konnte, ist mir auch aufgefallen, dass

ich mehr Energie habe und – was noch wichtiger ist – nicht mehr so schnell in Panik verfalle wie sonst.
Ich bin kein Fachmann auf diesem Gebiet, aber ich habe mit den Jahren gelernt, tiefer zu atmen. Und wenn ich es auch nicht beweisen kann, so weiß ich im Grunde meines Herzens doch, dass das eine wichtige Rolle gespielt hat auf meinem Weg, ein weniger gestresster Mensch zu werden. Wenn Sie Ihrer Atmung also nur etwas mehr Aufmerksamkeit schenken, werden Sie bestimmt zu dem Schluss kommen, dass es in Ihrem Interesse ist zu lernen, wie man etwas tiefer atmet. Sie werden sich wundern, wie schnell sich dadurch eine positive Veränderung in der Art, wie Sie Ihr Leben empfinden, erreichen lässt.
Denken Sie einmal darüber nach: Wenn Sie vor etwas große Angst haben, es jedoch keinen Ausweg gibt, wie reagieren Sie dann meist? Es mag Ihnen ja nicht einmal bewusst sein, aber Sie atmen dann einmal tief durch. Haben Sie je einen Basketballprofi beobachtet, unmittelbar bevor er einen entscheidenden, druckvollen Freiwurf ausführt? In den meisten Fällen nimmt der Sportler vor dem Wurf einen tiefen Atemzug.
Ich will Ihnen in dieser Strategie also vorschlagen, die Tiefenatmung in Ihren Arbeitsalltag zu integrieren. Anstatt abzuwarten, bis Sie es wirklich nötig haben, einmal tief durchzuatmen, nehmen Sie einfach regelmäßig tiefe Atemzüge.
Lassen Sie sich diese Strategie durch den Kopf gehen, liegt sie eigentlich auch nahe. Wir schwirren herum wie die Bienen, um alles Mögliche zu erledigen. Bekommen unsere Lungen jedoch nicht genügend Sauerstoff, ist es da ein Wunder, dass wir so oft in Panik verfallen? Im Extremfall ist es, als würden wir ersticken. Wenn Sie je einmal etwas zu lang unter Wasser waren, dann wissen Sie, wie paranoid und panisch man da reagiert. Atmen wir also nicht tief genug, ist das in gewisser Weise, wie

wenn wir unseren Arbeitstag unter Wasser verbringen würden – oder zumindest zeitweise. Sicher können wir nicht ertrinken, aber wir zahlen einen hohen Preis in Form von selbst geschaffenem Stress.
Überprüfen Sie nun Ihre Atmung. Wie tief atmen Sie ein? Beobachten Sie, was passiert, wenn Sie jetzt ständig etwas tiefer atmen. Geht es Ihnen wie mir, werden Sie sich auf der Stelle entspannter und weniger gestresst fühlen. Bekommen Sie genug Luft, erscheint Ihnen die Welt etwas weniger verrückt und Sie bewerten nichts mehr über. Das Leben schreitet in einem langsameren Tempo voran und viele der täglichen Ärgernisse können Ihnen dann nicht mehr so viel anhaben. Kurz gesagt: Sie sehen nicht mehr so schnell in allem ein Problem und machen sich verrückt, wenn Ihr Körper ausreichend Sauerstoff bekommt.
Ich betrachte meine Atmung als meine Geheimwaffe, die ich stets gegen meinen Stress einsetzen kann. Sie ist einfach, zeigt schnelle und bedeutende Wirkung und gehört mir ganz allein. Niemand anderer braucht je zu wissen, dass ich ein bisschen tiefer atme bei dem Versuch, mich zu entspannen. Ich hoffe, Sie werden diese »Waffe« nun in Ihr Arsenal gegen den Stress im Berufsleben aufnehmen. Mir hat sie mit Sicherheit geholfen – und bei Ihnen wird es nicht anders sein.

92.

Sprechen Sie zu anderen mit Liebe und Respekt

Vor nicht allzu langer Zeit wurde ich von einem ganz außergewöhnlichen Menschen interviewt, der mir nach der Sendung dann spontan eine einfache, aber dennoch eindringliche Geschichte erzählte, die, wie er sagte, zu seinem freundlichen, sanften Wesen beigetragen hat. Ich fragte ihn, ob ich Ihnen davon erzählen dürfe, und er gab mir seine Zustimmung.

Vor etwa zwanzig Jahren kaufte sich dieser Mann ein nagelneues Auto, das im Fond sehr geräumig war, damit sein großer, zotteliger Hund dort Platz fand. Kurze Zeit nachdem er den Wagen erworben hatte, ließ er ihn in einer exquisiten, teuren Waschanlage reinigen. Es fiel ihm anschließend auf, dass im hinteren Bereich des Autos noch immer alles voller Hundehaare war. Weil er so viel Geld für die Autowäsche ausgegeben hatte, fühlte er sich übers Ohr gehauen und regte sich auf.

Er beschwerte sich beim Personal, jedoch ohne Erfolg. Man erklärte ihm, dass die Reinigung des Kofferraums nicht inbegriffen sei. Offensichtlich galt der Platz für den Hund als Teil des Kofferraums, weshalb die Angestellten sich weigerten, diese Mehrarbeit zu leisten. Als klar war, dass seine Beschwerde zu nichts führen würde, wollte der Mann den Geschäftsführer sprechen.

Er brachte die nächsten fünf Minuten damit zu, den Geschäftsführer der Waschanlage anzublaffen und zur Schnecke zu machen, und zwar, wie er es mir beschrieb, auf eine derbe, ekelhafte und arrogante Art und Weise. Als er sich ausgetobt hatte, sah ihm der Geschäftsführer in die Augen und fragte freundlich und entspannt, ob er nun wohl fertig sei. Der Mann bejahte. Der Geschäftsführer versprach seinem Kunden in einem ruhigen, unaggressiven Ton, dass er ihm höchstpersönlich das Auto aussaugen würde, bis auch das letzte Hundehaar verschwunden sei. Dann fügte er einfühlsam, aber dennoch bestimmt hinzu: »Etwas möchte ich Sie allerdings schon fragen, Sir. Woher glauben Sie, sich das Recht nehmen zu dürfen, mit mir so barsch und fordernd zu sprechen?«

Der Mann war verblüfft und peinlich berührt, weil ihm klar war, dass nichts ihm dieses Recht verlieh. Er sagte mir, dass er seitdem stets versucht habe, der Erfahrung, die er an dem Tag gemacht hatte, gerecht zu werden – nämlich daran zu denken, dass jeder es verdient hat, mit Respekt behandelt zu werden, selbst wenn man aus gutem Grund verärgert oder enttäuscht ist. Es war für mich außerordentlich interessant, mich mit diesem Mann zu unterhalten, weil ich mir sicher war, dass er an diesem Tag wirklich etwas gelernt hatte – und das ausgerechnet in einer Autowaschanlage. Ich konnte mir kaum vorstellen, dass dieser Mensch je irgendjemandem gegenüber unfreundlich oder uneinfühlsam gewesen war. Er war sanft, aufrichtig, freundlich und ruhte in sich selbst; es war eine Freude, sich in seiner Gesellschaft aufzuhalten, und zufällig zählte er auch noch zu den Topleuten seines Fachs.

Wenn ich andere beobachte, wie sie sich unhöflich, fordernd oder uneinfühlsam gegenüber einer Stewardess, einem Fremden, einer Bedienung, einem Angestellten in einem Lebensmittelgeschäft oder sonst jemandem verhalten, dann drängt sich mir oft die gleiche Frage auf, die

der Geschäftsführer der Autowaschanlage gestellt hat: »Was gibt diesem Menschen das Recht, so mit jemandem zu sprechen?« Ich weiß die Antwort darauf noch immer nicht – Sie vielleicht? Viele Leute meinen, dass es einfach mit zum Job gehöre, sich mit arroganten Kunden oder einem hochnäsigen Boss abzufinden. Ich bin allerdings der Auffassung, dass man umso mehr Grund hat, mit jemandem respektvoll zu sprechen und seine Dankbarkeit zu zeigen, wenn jemand eine Arbeit tut, von der man ja schließlich selbst profitiert. Aber einmal ganz davon abgesehen, was Recht und was Unrecht ist, ist es einfach auch besser fürs Geschäft, wenn man den anderen Liebe und Respekt entgegenbringt.
Suchen Sie nach einem Weg, Ihr Leben weniger stressig zu gestalten, ist das sicher einer der Schlüssel dazu.

93.

Lassen Sie das

Diesen gängigen Ausdruck benutze ich besonders gern. Ich habe keine Ahnung, woher er kommt, aber ich glaube, dass er für uns alle eine wichtige Bedeutung hat; für mich jedenfalls mit Sicherheit.

»Lassen Sie das« ist ein Ausdruck, der im Grunde besagt, dass, wenn Sie einen bestimmten Weg weiterverfolgen – eine gewisse Denkweise, Argumente, Nachfragen, Diskussionen, Verhalten oder was auch immer –, es vorhersehbar ist, dass das Ergebnis garantiert negativ ausfallen wird. Also: Tun Sie das ganz einfach nicht. Halt. Lassen Sie das.

Sie stellen zum Beispiel in der Arbeit jemandem eine Reihe von persönlichen Fragen und bemerken, dass derjenige zunehmend in die Defensive geht und verärgert reagiert. Wenn es keinen aktuellen Grund gibt, weshalb Sie die Antwort auf diese Fragen unbedingt bekommen müssen, dann ist das ein Fall, wo es klüger ist, die Sache auf sich beruhen zu lassen. Auf Ihren Fragen zu beharren, schafft Ihnen mit Sicherheit entweder sofort oder etwas später Probleme. Dann haben Sie einen neuen Feind, zumindest ist jemand total wütend auf Sie. Warum also weitermachen? Die gleiche Überlegung lässt sich auf viele zwischenmenschliche Angelegenheiten anwenden. Oft wissen wir im Grunde, was passieren wird, wenn wir zu jemandem etwas Bestimmtes sagen. Manchmal ist es dann besser, es einfach »zu lassen«.

Nehmen wir einmal an, Sie tun sich selbst Leid und fühlen sich total überfordert. Sie spielen mit dem Gedanken, Ihren Job hinzuschmeißen und finden Ihr Leben einfach scheußlich. Hier würde der Ausdruck »Lassen Sie das« so viel bedeuten wie: »Hören Sie auf, in diesen Kategorien zu denken.« Machen Sie in dem Stil weiter, werden Sie sich nämlich garantiert noch schlechter fühlen. Was bringt das also? Wäre es nicht klüger, abzuwarten, bis es Ihnen wieder besser geht, und Ihr Leben erst dann zu analysieren? Warum weitermachen, wenn Sie eigentlich schon wissen, dass das Ergebnis Ihnen nur Kummer bereiten kann?

Ich hatte einmal einen Freund, der sich auf eine Affäre einlassen wollte. Er bat mich um meine Meinung. Meine Worte lauteten exakt: »Lass das!« Aus irgendeinem Grund wurde dann auch nichts aus der Eskapade, so dass seine Frau und er ihre Ehe verbessern konnten.

Dieser einfache Ausspruch »Lass das!« zeigt ziemlich große Wirkung. Er ist so unmissverständlich, dass er Ihnen und Ihren Intentionen Einhalt gebieten kann oder Ihnen zumindest hilft, die Sinnlosigkeit bestimmter Überlegungen oder Handlungsweisen einzusehen. So bekommen Sie die notwendige innere Weisheit und das angemessene Einschätzungsvermögen, um einen Richtungswechsel vorzunehmen oder gewisse Fehler zu vermeiden. Sagen Sie sich das also selbst oder gibt Ihnen jemand anderer diesen Rat, dann können Sie ihn ernst nehmen.

Ich habe schon viele Vorfälle miterlebt, als diese einfache Überlegung jemanden vor dem Verlust der Stelle bewahrt, eine Auseinandersetzung oder viel unnötigen Stress vermieden hätte. Nehmen wir einmal an, jemand ist auf seinen Chef böse und beschließt, ihn zu kritisieren, während er noch ärgerlich ist. Ein guter Freund könnte sagen: »Lass das!«

Dann würde derjenige vielleicht noch einmal darüber nachdenken. Oder eine lächerliche Auseinandersetzung nimmt ihren Anfang, weil einer meint, absolut im Recht zu sein. Der gleiche Rat könnte ihm helfen, so klug zu sein, dem Gegenüber sein Recht zu lassen, wodurch er sich viel Ärger und stressige Streitereien spart – und dafür vielleicht Zeit für ein geruhsames Mittagessen gewinnt. Wenn man einen negativen Weg weiterverfolgt, führt das oft zu einer ganzen Reihe stressiger und destruktiver Handlungen. Können Sie jedoch das Problem im Keim ersticken, indem Sie sich diese einfachen Worte sagen, vermögen Sie viel Stress zu vermeiden.

Ich möchte wetten, dass Ihnen in Ihrem Leben viele Anwendungsmöglichkeiten für diese Strategie einfallen werden. So simpel dieser Ratschlag auch scheinen mag, aber es gibt viele Fälle, da »etwas zu lassen« wirklich sinnvoll ist.

94.

Zeigen Sie Ihren Arbeitskollegen, dass Sie sie schätzen

Eine der häufigsten Klagen von Menschen, die in der Arbeitswelt stehen, ist, dass sie sich entweder überhaupt nicht geschätzt fühlen oder zumindest nicht so sehr, wie es angemessen wäre. Es scheint die unausgesprochene Annahme zu bestehen, dass die Leute froh sein sollen, wenn sie einen Job haben – und haben sie einen, ist das schon Wertschätzung genug. Jegliche Forderungen, Erwartungen oder auch nur Hoffnungen, dass jemand verbal oder durch sein Verhalten seine Anerkennung zum Ausdruck bringen könnte, wird oft als trivial oder unnötig abgetan.

Das Problem ist, dass die Menschen es verdient haben, anerkannt zu werden, und dieses Gefühl auch brauchen. Wer sich geschätzt fühlt, ist glücklicher, weniger gestresst und der Firma gegenüber loyaler als jemand, der als Selbstverständlichkeit betrachtet wird. Zudem arbeiten diese Leute ja hart und geben hervorragende Leistungen im Team ab. Sie kündigen dann nicht so oft, erscheinen pünktlich, kommen mit den anderen gut zurecht, legen enorme Kreativität an den Tag und streben nach Bestleistungen. Wer sich dagegen nicht geschätzt fühlt, wird leicht ärgerlich und verliert das Interesse an seiner Arbeit. Diese Mitarbeiter sind dann apathisch und faul. Sie machen sich schnell Sorgen und es macht keinen Spaß, mit ihnen zu arbeiten. Vor allem aber neigen Menschen, die sich nicht geschätzt fühlen, dazu, in allem ein Problem zu sehen und sich verrückt zu machen.

Leider kann ich Ihnen keine Strategie an die Hand geben, die Ihnen sagt, was Sie tun müssen, damit Sie selbst anerkannt werden; ich habe nur eine, die Ihnen zeigt, wie das bei anderen geht. Sie werden allerdings feststellen, dass beides in engem Zusammenhang steht. Ich jedenfalls habe die Erfahrung gemacht, dass, je mehr Mühe ich mir gegeben habe, meinen Arbeitskollegen meine Anerkennung zu zeigen, desto besser ich mich auch selbst gefühlt habe. Und als eine Art Belohnung scheinen mich meine Kollegen nun auch mehr zu schätzen denn je. In diesem Fall bestätigt sich also die Regel, dass man zurückbekommt, was man gibt.

Selbst wenn jemand »nur seine Arbeit tut«, ist es wichtig, dass er oder sie sich dabei anerkannt fühlt. Ich möchte Ihnen vorschlagen, nichts unversucht zu lassen, um Ihren Kollegen und Kolleginnen das Gefühl zu vermitteln, dass Sie sie auch schätzen. Loben Sie sie oft. Teilen Sie Komplimente aus. Wenn es möglich und passend ist, senden Sie eine Karte, eine E-Mail oder eine kleine handschriftliche Notiz. Rufen Sie an oder, was noch besser ist, sehen Sie der jeweiligen Person in die Augen und sagen Sie ihr, wie sehr Sie sie schätzen. Gelegentlich können Sie zu gegebener Zeit auch eine kleine Aufmerksamkeit schicken. Verleihen Sie Ihrer Wertschätzung Ausdruck – und zwar oft.

Selbst wenn es der Job des Büroboten ist, Ihnen die Post zu bringen, danken Sie ihm, wenn er sie Ihnen gibt. Achten Sie dabei einmal auf seine Reaktion und dann auf das Gefühl, das Sie selbst dabei haben. Bedanken Sie sich bei der jungen Frau im Kopierladen, wenn sie Ihnen Ihre Unterlagen kopiert hat – selbst wenn es ihre Aufgabe ist. Schicken

Sie auch manchmal jemandem, mit dem Sie Geschäfte machen, eine Karte, um sich für die gute Zusammenarbeit zu bedanken. Sie werden immer davon profitieren; und wenn nicht, war es doch die Geste wert. Achten Sie darauf, dass Ihre Sekretärin oder ein anderer Mitarbeiter weiß, dass Sie seine beziehungsweise ihre Arbeit schätzen und dass sie auch an Ihrem Leben teilhaben. Betonen Sie Ihren Dank.

Mehrmals im Jahr lege ich zusammen mit dem Abfall eine kleine Karte mit einem Trinkgeld vor die Tür für den Müllmann, der hervorragende Arbeit leistet. Er winkt mir dann nicht nur immer zu, wenn er mich morgens beim Joggen sieht, sondern bringt auch den Sondermüll für mich weg.

Indem Sie daran denken, Ihre Arbeitskollegen zu würdigen, verbessern sich Ihre Geschäftsbeziehungen und, was auch wichtig ist, Sie verschönern jedem ein bisschen den Tag – einschließlich sich selbst. Wenn Sie eine Dosis Anerkennung austeilen, achten Sie einmal darauf, wie es Ihnen dabei geht. Aller Wahrscheinlichkeit nach werden Sie sich friedlich und zufrieden fühlen, so als wären Sie auf dem richtigen Weg. Es mindert nämlich den Stress, wenn Sie jemandem Ihre ehrliche Wertschätzung zeigen. Es vermittelt ein gutes Gefühl, und zwar nicht nur der Person, der diese Anerkennung zuteil wird, sondern auch dem Gebenden. Zudem ist es angenehm zu wissen, dass Sie jemandem helfen, sich geschätzt zu fühlen. Außerdem ist es auch eine gute Erfahrung, dass Sie diesen Menschen unterstützen, sich von seiner besten Seite zu zeigen.

Ich erinnere mich, dass ich einmal Schwierigkeiten mit jemandem hatte, mit dem ich zusammenarbeitete. Ich hatte den Eindruck, dass diese Kollegin meine Erwartungen in fachlicher Hinsicht nicht erfüllte, und so waren wir beide in recht kleinliche Streitereien verstrickt. Dann dämmerte es mir plötzlich, dass sie eigentlich hart arbeitete und vermutlich nur das Gefühl hatte, als Selbstverständlichkeit betrachtet zu werden. Ich beschloss also, es mit einer neuen Strategie zu versuchen. Anstatt ihr weiterhin mitzuteilen, wie unzufrieden ich mit ihr war, fing ich an, all das zu bedenken, was sie eigentlich gut machte. Ich listete mir ihre Vorzüge auf – von denen es viele gab – und schrieb ihr dann eine kleine Dankesnotiz. Meine Worte waren ehrlich und kamen von Herzen. Etwa eine Woche später erhielt ich einen sehr netten Brief, in dem sie sich bedankte und betonte, wie einfach es doch meist sei, mit mir zusammenzuarbeiten. Zudem fiel mir auf, dass sie ihre Leistung auf allen Gebieten, die mir verbesserungsbedürftig vorgekommen waren, gesteigert hatte. Ohne großen Aufwand und ohne jegliche Auseinandersetzung hatte sich unsere Beziehung zum Guten gewendet und wir waren wieder auf dem richtigen Gleis.

Ich möchte betonen, dass ich mit meiner kleinen Danksagung nicht versuchen wollte, diese Frau zu manipulieren. Ich handelte so, weil mir klar wurde, dass sie sich nicht anerkannt fühlte. Und ich hatte Recht. Sobald sie sich nun geschätzt fühlte und auch wusste, dass ich es ehrlich meinte, konnte sie einen Schritt nach vorn tun.

Natürlich werden Sie nicht in jedem Fall sofort ein so positives Feedback erhalten. Bei vielen Gelegenheiten hatte ich den Eindruck, mich sehr um Wertschätzung zu bemühen, ohne jedoch bei meinem Gegenüber ein ähnliches Verhalten zu bewirken. Aber wissen Sie was? Das macht auch nichts. Egal, ob Sie etwas zurückbekommen oder nicht, innerlich hat man dann doch das gute Gefühl, richtig zu handeln. Mir fällt nicht viel ein, das mir eine positivere Empfindung vermitteln könnte, als meinen Arbeitskollegen mitzuteilen, dass ich sie schätze.

95.

Lassen Sie sich durch Kritik nicht verrückt machen

Um ehrlich zu sein: Wenn ich mich wegen der Leute, die mich kritisieren, aufregen würde oder mich handlungsunfähig fühlte, würden Sie dieses Buch heute garantiert nicht lesen. Kritik gehört mit zum Leben und wir alle müssen damit fertig werden. Die einzige Möglichkeit, wie man Kritik vermeiden kann, ist eigentlich, ein völlig isoliertes Leben zu führen, so dass andere nicht mit Ihrer Arbeit, Ihrer Persönlichkeit oder Ihrem Verhalten konfrontiert werden. Manchmal ist die Kritik, die an uns geübt wird, aber auch überaus wertvoll, ja hilfreich; und bisweilen ist sie natürlich auch völliger Unsinn. In jedem Fall jedoch ist es unglaublich nützlich zu lernen, wie man Kritik einfach als unwesentlich abtut, wenn man ein weniger stressiges Leben führen möchte.

Seit ich denken kann, war es mir immer ein Anliegen, so vielen Menschen wie möglich Freude zu bereiten. Ich verbringe mein Berufsleben damit, Menschen zu helfen, entspannter und geduldiger zu werden, das Leben zu schätzen und weniger oft in allem ein Problem zu sehen und sich verrückt zu machen. Trotz meiner guten Absichten und meiner Menschenliebe hat man mich kritisiert und mir vorgeworfen, so ziemlich alles zu sein, von einem hoffnungslosen Optimisten bis hin zu einem simplen, naiven und unrealistischen Typen. Man hat mich sogar beschuldigt, den Leuten Schaden zuzufügen mit meiner Botschaft, fröhlich zu sein. So weit ich zurückdenken kann, hat ein gewisser Prozentsatz von Menschen mir gesagt: »Du kannst doch wohl nicht wirklich so glücklich sein« oder: »Dein Leben ist bestimmt viel einfacher als meines.« Es führt kein Weg daran vorbei: Irgendjemand wird immer etwas an dem auszusetzen haben, was Sie tun.

Denken Sie einmal über Folgendes nach: Es wäre ein überwältigender politischer Sieg, wenn eine Partei sechzig Prozent der Stimmen bekäme. Selbst bei einem derart überzeugenden Ergebnis würde das jedoch bedeuten, dass vierzig Prozent der Wähler sich gewünscht haben, dass genau diese Partei verliert. Mir diese erstaunliche Statistik einmal bewusst zu machen, hat mir geholfen, der Kritik, die gegen mich vorgebracht wird, den angemessenen Stellenwert zuzuweisen. Keiner ist so wichtig, so gut oder hat so wohlmeinende Absichten, dass er jegliche Kritik umgehen könnte.

Ich fragte einmal einen anderen Autor, der extrem ruhig und ausgeglichen ist, wie er mit schlechten Buchbesprechungen und Kritik zu Rande komme. Er sagte zu mir: »Ich versuche immer zu sehen, ob da ein Körnchen Wahrheit drin steckt – was ehrlich gesagt häufig der Fall ist. Dann bemühe ich mich, aus der Kritik zu lernen und mich danach einfach nicht mehr weiter darum zu kümmern. Oft komme ich einen Riesenschritt voran, nachdem man mich kritisiert hat. Andererseits habe ich aber auch gelernt, dass Kritik einfach verblasst, wenn an ihr nichts dran ist. Das Schlimmste, was man machen kann, ist, Kritik persönlich zu nehmen und sich dann zu verteidigen.«

Jeder hat das Recht auf seine Meinung. Wir werden immer wieder mit Menschen zu tun haben, die einen anderen Standpunkt haben und das Leben ganz anders sehen als wir. Können Sie das gelten lassen, dann hat

Kritik keinen solchen Einfluss mehr auf Sie wie früher. Bedenken Sie: Was der eine schätzt, irritiert den anderen. Sie finden etwas witzig, mir kommt es langweilig vor, und natürlich auch umgekehrt. Egal, wie sehr wir uns bemühen, egal, wie gut unsere Absichten sind, es wird immer jemanden geben, der uns kritisiert. So sind die Menschen eben. Treffen Sie also die Entscheidung, in Kritik kein Problem mehr zu sehen und sich nicht mehr verrückt machen zu lassen, werden Ihr Ego und Selbstbild keinen Schaden mehr nehmen und Ihr Arbeitsleben wird Ihnen erheblich weniger stressig vorkommen.

96.

Reduzieren Sie Ihren selbst geschaffenen Stress

Einer meiner Kollegen, der schon viele gute Einfälle hatte und zudem Sinn für Humor, kam einmal auf eine prima Idee für ein T-Shirt. Er wollte es so etwa »das T-Shirt, das Ihnen den Stress nimmt« nennen. Dazu wollte er eine hundertprozentige Garantie anbieten, dass Sie keinerlei Stress empfinden würden, solange Sie es trügen – bis auf den Stress allerdings, den Sie sich in Ihrem Kopf selbst schaffen.

Sein Grundgedanke war, dass aller Stress dem eigenen Denken entspringt; mein Kollege würde also nie Geld rückerstatten müssen. Ich selbst würde nicht ganz so weit gehen, aber an seinem Standpunkt ist durchaus etwas Wahres. Wenn beispielsweise jemand bei Ihnen einbricht und eine Waffe auf Sie richtet, dann ist das meiner Meinung nach echter Stress. Oder wenn Ihr Kind krank ist, Ihnen gekündigt wird, bei Ihnen zu Hause ein Feuer ausbricht oder Tausende von ähnlichen Dingen passieren, dann haben Sie allen Grund, sich gestresst zu fühlen.

Wenn ich das so sage, ist natürlich klar, dass ein bedeutender Prozentsatz des Stresses, den wir empfinden, wirklich aus uns selbst entspringt – nämlich aus unserer Denk- und Handlungsweise. Viele von uns benutzen das eigene Denken zigmal am Tag als Waffe gegen sich selbst, ohne dass wir uns dessen überhaupt bewusst wären. Wir sehen uns als Opfer oder in eine bestimmte Ecke gedrängt. Wir bauschen etwas über Gebühr auf und machen aus einer Mücke einen Elefanten. Wir analysieren unser Leben zu sehr und übertreiben es mit unseren Verantwortlichkeiten. Wir sehen in allem ein Problem und machen uns verrückt. Wir ergehen uns in Gedankenattacken und spielen geistig Probleme durch, Sorgen und mögliche Folgen, die noch nicht einmal eintreten müssen. Wir ergehen uns in negativen Spekulationen und unterstellen anderen unlautere Motive in ihrem Verhalten. Wir leben nicht in der Gegenwart, sondern malen uns etwas aus, das in der Zukunft passiert.

Oder wir gleiten in die Vergangenheit ab. Wir erfüllen unser Denken mit ärgerlichen, stressigen Gedanken, fühlen uns überfordert und wundern uns, warum wir eigentlich so unglücklich sind. Und die meiste Zeit ist es uns keineswegs bewusst, dass wir das überhaupt tun – und schon gar nicht, wie destruktiv wir eigentlich sind. Stattdessen neigen wir dazu, der Welt, den Umständen und anderen Menschen die Schuld an dem Stress zu geben, den wir empfinden.

Stellen Sie sich einmal vor, was mit Ihrer Lebensqualität passieren würde, wenn Sie den selbst geschaffenen Stress reduzieren oder ganz ausschalten könnten. Weil so viel von unserem Stress und unserer Unzufriedenheit durch unsere Denkweise kommt, wären Sie mit der glücklichste Mensch auf Erden – ohne das Geringste an Ihrem Leben zu verändern. Warum versuchen Sie es also nicht einmal?

Der schwierigste Teil bei der Überwindung von selbst geschaffenem Stress ist, in aller Bescheidenheit überhaupt zugeben zu können, dass er wirklich hausgemacht ist. Es ist nämlich viel einfacher zu sagen: »Ich bin so gestresst, weil meine Lebensumstände so sind«, als: »Ich bin gestresst, weil ich auf eine bestimmte Weise denke.« Wenn Sie sich natürlich weiterhin einreden und bestätigen, wie kompliziert Ihr Leben ist, wird es Ihnen sehr schwer fallen, an Ihren Gefühlen etwas zu ändern. Können Sie jedoch Ihren Beitrag erkennen, haben Sie die Energie für eine Veränderung.

Sobald Sie in der Lage sind, sich einzugestehen, dass Sie in gewisser Weise selbst Ihr schlimmster Feind sind, ist der Rest recht einfach. Sie können anfangen, auf Ihre eigenen Gedanken zu achten – und sich bewusst machen, dass Sie derjenige sind, der das jetzt gerade denkt. Geht Ihnen ein negativer oder selbstzerstörerischer Gedanke durch den Kopf, haben Sie die Fähigkeit, sich so etwas zu sagen wie: »Jetzt ist es mal wieder so weit«, um sich einzugestehen, dass Ihre Gedanken wie schon oft ihre eigenen Wege gehen. Sie können diese negativen Gedanken dann aus Ihrem Denken verbannen, indem Sie sie nicht so ernst nehmen. Auf diese Weise vermögen Sie dann Schritt für Schritt jegliche Negativität aus Ihrem Leben zu streichen. Der Knackpunkt dabei ist, dass Sie erkennen, dass Sie selbst es sind, der sich das antut.

Die einzig dauerhafte Möglichkeit, Stress zu reduzieren, ist, mit der Gewohnheit zu brechen, auf eine selbstzerstörerische Weise zu denken. Genauer gesagt beinhaltet diese Lösung, die eigenen Gedanken – besonders die negativen – etwas weniger ernst zu nehmen. Bedenken Sie stets, dass es sich nur um Gedanken handelt, und bemühen Sie sich, ihnen weniger Aufmerksamkeit zu schenken oder sie zu übergehen, wenn sie sich Ihnen in den Weg stellen oder Sie negativ beeinflussen.

Fangen Sie damit an, Ihr Denken zu beobachten. Üben Sie sich in Optimismus und guter geistiger Gesundheit? Bewahren Sie sich eine angemessene Sichtweise und Ihren Sinn für Humor? Oder gestatten Sie es Ihrem Denken, Sie niederzumachen? Nehmen Sie Ihre Gedanken zu ernst? Wenn ja, fangen Sie gleich mit dieser Strategie an. Halten Sie sich stets vor Augen, dass es einfacher ist, das eigene Denken zu verändern als den Gang der Welt. Indem Sie Ihren selbst geschaffenen Stress reduzieren, werden Sie gute Fortschritte machen bei Ihren Bemühungen, sich entspannter und ruhiger zu fühlen.

97.

Machen Sie sich den Stressfaktor gedankenbewusst

Sich den Stressfaktor gedankenbewusst zu machen, zählt ohne Zweifel mit zum Wichtigsten, wenn man lernen will, in der Arbeit nicht mehr in allem ein Problem zu sehen und sich verrückt zu machen – und in anderen Bereichen natürlich auch. Um ein ruhigerer und sanfterer Mensch zu werden, der nicht so schnell überreagiert, müssen Sie verstehen, dass die Art, wie Sie das Leben erfahren, sich von innen nach außen vollzieht, und nicht umgekehrt, wie es so oft den Anschein hat.

Mein guter Freund Joseph Bailey, der auch Koautor des Buches »Reg dich nicht auf!« ist, nahm einmal an einem interessanten Experiment teil, das dazu dienen sollte, diesen entscheidenden Punkt deutlich zu machen. Er interviewte Dutzende von Autofahrern während der Hauptverkehrszeit, die auf einer viel befahrenen Autobahn in Minneapolis unterwegs waren.

Man geht allgemein von der Annahme aus, dass der Verkehr zu den Irritationen zählt, die jedem auf die Nerven gehen. Er wird oft bei Stresstests herangezogen, die belegen sollen, in welchem Ausmaß jemand unter Druck gerät. Im besten Fall wird Verkehr toleriert; im schlimmsten Fall wird er zum Auslöser für Aggressivität auf der Straße. Joe hatte es sich zum Ziel gesetzt, den Leuten zu zeigen, dass eigentlich unser Denken und nicht der Verkehr für die Gefühle verantwortlich sind, die wir bei hohen Verkehrsaufkommen empfinden. Er wollte vermitteln, dass wir sehr wohl die Wahl haben, wie wir Verkehr erfahren, und dass wir nicht ein Opfer des Verkehrs sind oder dergleichen.

Die Reaktionen der Menschen, die im Verkehrsstau steckten, waren so unterschiedlich wie die daran beteiligten Autotypen. Wie erwartet reagierte ein bestimmter Prozentsatz von Autofahrern wütend, hitzig und überaus genervt. Ein paar brüllten Joe an und fluchten in die Kamera. Andere akzeptierten die Umstände einfach und blieben relativ entspannt. Einige nutzten die Zeit, um sich Kassetten anzuhören oder ein paar Telefonate zu führen. Und ob Sie es nun glauben oder nicht, ein paar behaupteten sogar, dass es mit zu ihren größten Vergnügen an einem Tag zählte, in einem Verkehrsstau zu stecken – das war nämlich die einzige Zeit, da sie absolut allein für sich waren; niemand konnte ihnen etwas anhaben oder sie um etwas bitten.

Bedenken Sie, dass die breite Mehrheit dieser Leute gerade einen Arbeitstag hinter sich hatte. Sie waren wahrscheinlich alle müde. Sie steckten im gleichen Stau, hatten etwa eine gleich lange Verspätung. Keiner genoss irgendwelche Vorteile – die Umstände waren für alle im Wesentlichen identisch. Wenn also der Verkehr für unsere negativen Reaktionen verantwortlich wäre, dann würde daraus logischerweise folgen, dass er auch auf alle die gleichen Auswirkungen hat. Stimmt aber nicht.

Dieses Experiment zeigt uns, dass die Art, wie wir das Leben erfahren, aus unserem eigenen Denken herrührt sowie aus unserer Wahrnehmung. Denken Sie einmal in Ruhe darüber nach, was ich Ihnen hier nahe bringe, werden Sie erkennen, welche Konsequenzen das hat. Es bedeutet nämlich, dass Sie wirklich die Wahl haben, wie Sie reagieren –

und zwar nicht nur im Verkehr, sondern auch in vielen anderen Situationen, die fast immer mit Pech und Stress in Verbindung gebracht werden.

Stecken Sie beispielsweise in einem Stau und können sich eingestehen, dass Ihre innere Erfahrung Ihnen jetzt von Ihrem Denken diktiert wird – und eben nicht vom Verkehr –, dann ändert das die gesamte Art und Weise, wie Sie diese Situation erleben. Sie wissen dann, dass eine Veränderung in Ihrem Denken auch eine Veränderung in Ihrem Stresspegel bewirken kann. Anstatt darauf zu bestehen, dass das Leben weniger Anforderungen an Sie stellt und weniger Ärger bringt, können Sie lernen, relativ unbeteiligt und trotz allem entspannt zu bleiben. Ich will ja nicht sagen, dass das immer einfach ist; sicher nicht. Aber Sie werden sehen, dass mit diesem Wissen auch die Hoffnung kommt. Selbst wenn Sie richtig frustriert sind, erinnern Sie sich dann, dass man die Situation auch ganz anders sehen kann. Ohne Zweifel kommen Sie besser damit zurecht als vorher.

Im Leben gibt es bestimmte Beziehungen, die auf Ursache und Wirkung beruhen. Springen Sie beispielsweise von einem fünfzig Stock hohen Gebäude, werden Sie das nicht überleben. Berühren Sie mit Ihrer Hand eine heiße Herdplatte, werden Sie sich wehtun. Legen Sie einen riesigen Korken auf den Grund eines Sees, wird er an die Oberfläche steigen. Es gibt Naturgesetze.

Viele von uns betrachten die tagtäglichen Ereignisse – Verkehr, harte Arbeit, Konflikte, Irrtümer, Termindruck, Kritik und so weiter – mit einem ähnlichen Ursache-Wirkung-Denken. Wir nehmen an, dass diese Vorkommnisse auf die gleiche Weise Stress und Kummer auslösen müssen, wie das Feuer Verbrennungen verursacht. Man geht davon aus, dass so etwas wie Verkehr einem auf die Nerven geht. Kritisiert Sie jemand, glauben Sie, sich verteidigen zu müssen. Machen Sie einen Fehler, trübt das Ihre Stimmung, und so weiter. Die Ursache, warum wir diesen falschen Annahmen erliegen, ist unser Denken, dass der Verkehr oder ein anderer Faktor für unseren Stress verantwortlich wäre, was aber nicht stimmt.

Verstehen Sie diese Überlegung, kann Ihnen das Tür und Tor öffnen für eine völlig neue Sichtweise des Lebens und die geringfügigen Irritationen und Widrigkeiten, mit denen wir alle konfrontiert werden. Wir können oft nicht unsere unmittelbaren Umstände ändern – aber wir haben durchaus die Fähigkeit, unsere Gedanken und unsere Einstellung zu korrigieren. Ich hoffe, Sie werden sich diese Strategie durch den Kopf gehen lassen und ihre zwingende Logik akzeptieren. Werden Sie sich erst einmal des Stressfaktors gedankenbewusst, wird sich Ihr ganzes Leben verändern.

98.

Nehmen Sie Ihr Ego zurück

Ziel dieses Buches ist es, Ihnen zu helfen, sich in der Arbeit weniger gestresst zu fühlen und Sie bei Ihren Bemühungen zu unterstützen, nicht in allem ein Problem zu sehen und sich verrückt zu machen. Mir fällt kaum ein bedeutenderer Faktor ein, der zu Ihrem Stress, zu Sorgen und Frust beiträgt, als ein ausgeprägtes Ego. Das eigene Ego zurückzunehmen ist somit eine der wirkungsvollsten Methoden, um Ihren beruflichen Stress zu reduzieren.

Für mich ist das Ego der Teil von uns, der hervorsticht und etwas Besonderes ist. Und wenn auch jedes Individuum wirklich speziell und einzigartig ist, neigt unser Ego doch zu sehr dazu, das auch jedem unter Beweis zu stellen. Das Ego lässt uns prahlen, übertreiben, kritisieren und andere beurteilen – und uns selbst natürlich auch. Das Ego ist auf das eigene Zentrum ausgerichtet, als wolle es ausrufen: »Schaut mich nur alle an!« Weil das Ego so mit sich beschäftigt und dementsprechend selbstbezogen ist, ermutigt es uns, unsere Sensibilität und unser Interesse für andere aufzugeben. Sein einziges Ziel besteht darin, sich selbst zu erhalten.

Zu diesen offensichtlichen Nachteilen kommt hinzu, dass das Ego eine enorme Stressquelle darstellt. Überlegen Sie sich nur einmal, wie viel Energie und Aufmerksamkeit es erfordert, sich ständig selbst zu beweisen, zu prahlen und das eigene Handeln zu verteidigen. Bedenken Sie, wie stressig es ist, sich mit anderen zu vergleichen und sich dauernd in den Vordergrund zu spielen. Machen Sie sich klar, wie ermüdend es ist, ständig Buch zu führen, ob Sie auch mit den anderen mithalten, und sich Sorgen zu machen, was die anderen von Ihnen halten könnten. Ich werde schon müde, wenn ich bloß daran denke!

Das eigene Ego lässt sich nur zurücknehmen, wenn man auch den festen Willen dazu hat. Der erste Schritt ist, den Wunsch zu verspüren, das eigene Ego auf die angemessene Größe schrumpfen zu lassen, und anschließend zu prüfen, wie destruktiv und stressig es dann noch ist. Der Rest geht einfach. Es bedarf nur der Bescheidenheit und etwas Geduld. Fangen Sie an, Ihren Gedanken und Ihrem Verhalten Aufmerksamkeit zu schenken. Fällt Ihnen auf, dass Sie meinen, etwas unter Beweis stellen zu müssen, dann ermahnen Sie sich selbst, sich zurückzunehmen. Sie können sich etwas so Einfaches sagen wie: »Huch, jetzt ist es mal wieder so weit.« Lachen Sie über sich und seien Sie nicht zu streng mit sich. Lassen Sie nicht zu, dass das Ego zurückzunehmen jetzt zu einem weiteren Wettstreit mit sich selbst ausartet. Das ist kein Notfall. Seien Sie geduldig, dann wird es schon.

Man kann viel gewinnen, wenn man sein Ego im Zaum hält. Vor allem werden Sie das Gefühl haben, als wäre Ihnen eine schwere Last von den Schultern genommen. Wie gesagt ist es ziemlich aufwändig, die ganze Zeit auf der Hut zu sein und etwas unter Beweis stellen zu müssen. Deshalb steht Ihnen dann viel mehr Energie zur Verfügung und Sie fühlen sich unbeschwerter. Außerdem interessieren Sie sich mehr für andere Leute, wenn Sie Ihr Ego hintanstellen. Sie werden ein besserer Zuhörer und ein freundlicherer, großzügigerer Mensch. Das führt dann dazu, dass die anderen Sie noch lieber mögen, als das jetzt schon der Fall ist.

Geben Sie Ihr Bedürfnis auf, Ihr Gegenüber zu beeindrucken, und sind stattdessen ganz Sie selbst, dann wird man Ihnen schließlich viel mehr positive Aufmerksamkeit schenken als je zuvor; die haben Sie dann zwar nicht nötig, aber erhalten werden Sie sie durchaus.
Ich hoffe, Sie werden diese Strategie in Betracht ziehen und einen ersten Versuch wagen. Wenn jeder von uns etwas bescheidener, aufrichtiger und großzügiger ist, wird es viel schöner auf dieser Welt. Und um die Sache abzurunden, sieht dann auch keiner mehr in allem ein Problem und macht sich verrückt.

99.

Bedenken Sie, dass es immer wieder Probleme geben wird

Da wir uns nun langsam dem Ende dieses Buches nähern, halte ich es für hilfreich, wenn ich Sie nochmals an den Hauptpunkt erinnere – dass es Probleme immer geben wird. Anders ausgedrückt: Sie könnten dieses Buch im Gedächtnis behalten, jede der Strategien brav einüben und ein unglaublich ausgeglichener Mensch werden; und trotz allem – ganz egal, wer Sie sind, zu welchen Erfolgen Sie es gebracht haben, mit wem Sie Kontakt haben oder was auch immer – müssen Sie sich dennoch mit Ihrem Quantum an Problemen herumschlagen. Garantiert. Es ist wichtig, dass Sie sich an diese Tatsache erinnern – und zwar regelmäßig –, weil man nämlich gern der Versuchung erliegt zu meinen, dass die neu gewonnenen Einsichten und die innere Weisheit oder auch eine generell positivere Einstellung einen irgendwie von den Widrigkeiten des Alltags befreien werden. Die Frage ist aber nicht, ob wir mit dieser Unbill zurechtkommen müssen oder nicht, sondern wie wir an die Sache herangehen. Mit etwas Übung werden Ihnen die Probleme, mit denen Sie zu Rande kommen müssen, nicht mehr so schwierig erscheinen. Sie können sie dann als Nichtigkeiten abtun.

Bis heute, wenn ich wegen einer Unmenge von Kleinigkeiten frustriert bin und in allem ein Problem sehe, erinnert mich mein Dad an ein

Zitat, das eigentlich alles sagt: »Im Leben löst eines das andere ab.« Wie wahr! Man bringt ein Ärgernis hinter sich und schon wartet das nächste auf einen. Sie bewältigen einen Konflikt und ungewollt fängt schon ein neuer an. Sie lösen ein Problem und wie durch Zauberei bahnt sich schon das nächste an. Ein Mensch ist erfreut über Ihre Leistung und völlig zufrieden, doch jemand anderen irritieren Sie. Ihre Pläne zerschlagen sich, es unterläuft Ihnen ein Fehler, Ihr Computer stürzt ab. Das alles gehört mit zum Leben und wird sich auch nie ändern.

Es hat jedoch etwas unglaublich Beruhigendes, wenn man die Tatsache einfach anerkennt, dass es eben Probleme gibt, und nicht weiter dagegen ankämpft; das Leben ist voller widerstreitender Interessen, voller Anforderungen, Wünsche und Erwartungen. So war es immer und so wird es auch bleiben. Anzunehmen, dass es anders sein könnte, schafft nur Kummer und Leid. Sehen Sie also von Ihrer Forderung ab, dass das Leben anders sein soll, dann verändert sich das Wesen dieses Spiels und Sie erlangen Kontrolle über Ihr Leben. Was Sie früher fast in den Wahnsinn getrieben hat, kann Ihnen nichts mehr anhaben. Was Ihnen Kummer bereitet hat, sehen Sie jetzt aus einem anderen Blickwinkel. Anstatt wertvolle Energie zu vergeuden, weil Sie mit dem Kopf durch die Wand wollen, bleiben Sie ruhig, gehen mit dem Problem so effektiv um wie möglich und entwickeln sich dann weiter.

Soviel ich weiß, gibt es keine Zauberpille, die Ihnen eine perfekte Arbeit ohne Ärger garantiert. Ich bin mir jedoch sicher, dass Sie es lernen können, mit dem Leben spielerischer umzugehen und sich von Ihrer besten Seite zu zeigen, indem Sie das Leben mit anderen Augen betrachten und weniger oft überreagieren. Ich hoffe, dass dieses Buch Ihnen geholfen hat, Ihren Blickwinkel zu erweitern und vor allem nicht mehr in allem ein Problem zu sehen und sich verrückt zu machen.

100.

Vertagen Sie Ihr Leben nicht bis zur Pension

Bewusst oder unbewusst leben viele Menschen in der Vorfreude auf ihre Pension. Sie stellen sich vor, wie wundervoll das Leben ohne die Last der täglichen Arbeit außer Haus sein wird. Einige gehen sogar so weit, dass sie die Jahre, Monate, ja gar Tage zählen, bis sie endlich in Rente gehen können. Diese Menschen vertagen dann Freude, Glück und Zufriedenheit auf »später«. Es ist fast, als ob sie ihre Zeit absäßen, als ob man sie verurteilt hätte und sie nun auf ihre Freiheit warteten.

Ich gebe ja zu, dass die meisten von uns es nicht ganz so weit treiben; in der Regel läuft die Sache etwas subtiler. Ein erstaunlicher Prozentsatz von Leuten hofft jedoch, dass das Leben irgendwann später besser sein wird als heute. Tagträumen wie auch Gesprächen mit Kollegen lässt sich häufig entnehmen, dass die Erwartungshaltung besteht, dass »eines Tages« alles einen Aufschwung nehmen wird – nämlich wenn man in Rente ist, mehr Geld hat, Freiheit, innere Weisheit, Zeit zum Reisen oder was auch immer.

Dieser Punkt liegt mir besonders am Herzen, weil es für mich feststeht, dass dieses Denken, dass »das Leben irgendwann besser sein wird«, Ihnen zähe, unbefriedigende Berufsjahre garantiert. Anstatt jeden Tag zu genießen, offen für neue Herausforderungen und Möglichkeiten zu sein,

Ihre Talente mit anderen zu teilen und den Willen zu haben, aus Erfahrungen in der Arbeit zu lernen und sich davon inspirieren zu lassen, treffen Sie praktisch die Wahl, Ihr Leben zu vertagen, es einfach hinter sich zu bringen, im Alltagstrott zu versinken – und sich dann in gewisser Weise auch noch selbst Leid zu tun.

Ich finde es jedoch viel besser, morgens aufzuwachen und sich an folgende alte Redensart zu erinnern: »Lebe jeden Tag, als wenn es dein letzter wäre.« Treffen Sie die Entscheidung, das Geschenk des Lebens zu würdigen, indem Sie Ihr Bestes geben, ganz egal, womit Sie sich Ihren Lebensunterhalt verdienen. Versuchen Sie, den Dingen ihren angemessenen Stellenwert zuzuweisen, wenn Ihr Gegenüber nicht dazu in der Lage ist. Inspirieren Sie andere und leisten Sie einen noch so kleinen Beitrag, um jemandem das Leben zu verschönern. Halten Sie sich vor Augen, dass in der Schöpfung alle Tage gleich sind, dass das Heute also ebenso wichtig ist wie jeder künftige Tag nach Ihrer Pensionierung.

Ein anderer wichtiger Grund, warum man vermeiden sollte, auf die Pensionierung hin zu leben, ist, dass Sie bestimmt enttäuscht sein werden, wenn es dann endlich so weit ist. Es vollzieht sich nämlich etwas Seltsames, wenn wir unser Glück auf später vertagen. Es ist, als würden wir uns in der Zwischenzeit in unserem Unglück üben; wir erlangen die reinste Meisterschaft dabei. Sagen wir uns, dass wir später einmal glücklich sein werden, heißt das eigentlich, dass uns unser Leben im Augenblick nicht gefällt. Wir müssen abwarten, bis die Umstände anders sind. Also warten wir und warten wir. Im Lauf der Jahre reden wir uns zigtausend Mal ein, dass wir glücklich und zufrieden sein werden, wenn eines Tages alles anders sein wird. Aber im Augenblick müssen wir uns eben bescheiden.

Schließlich ist der Tag X gekommen – der erste Tag Ihrer Pensionierung. Juhu!
Und genau da liegt nun das Problem. Wie Sie wohl wissen, sind festgefahrene Gewohnheiten etwas Hartnäckiges. Rauchen oder stottern Sie, ist es nicht leicht, damit aufzuhören. Wenn Sie überaus kritisch sind oder schnell in die Defensive gehen, können Sie sich schwer ändern. Haben Sie schlechte Essgewohnheiten oder treiben Sie keinen Sport, macht es enorme Disziplin erforderlich, um auf Dauer eine Veränderung zu erzielen. In den meisten Fällen können die Leute es nicht schaffen; es ist eben zu schwierig, sich zu ändern.
Warum um alles in der Welt nehmen wir also an, dass unsere Denkweise irgendwann anders sein wird? Das wird sicher nicht eintreten. In gewisser Hinsicht zählt es sogar mit zum Schwierigsten zu lernen, sein Denken zu korrigieren. Wir alle werden hin und wieder Opfer unserer Gedanken. Wir gewöhnen uns daran, auf eine bestimmte Weise zu denken – und zwar so sehr, dass wir uns keine Alternative mehr vorstellen können.
Verbringen Sie also Jahre damit zu denken, dass das Leben im Augenblick nicht gut genug für Sie ist – dass etwas anderes besser wäre, ist es grotesk anzunehmen, dass Sie just in dem Moment, wenn Sie in Rente sind, plötzlich ganz anders denken werden; dass ausgerechnet dann das Leben Ihnen positiv erscheinen wird. Niemals, daraus wird nichts. Es lässt sich vielmehr absehen, dass das Gegenteil eintreten wird. Sie werden weiterhin denken, dass etwas anderes besser für Sie wäre. Sie haben die Angewohnheit, das Leben auf diese Weise zu betrachten, und die verschwindet nicht plötzlich, bloß weil Ihre äußeren Lebensumstände sich verändert haben.
Das Problem lässt sich umgehen, indem Sie sich bemühen, jetzt glück-

lich zu sein – indem Sie aus Ihrem Job das wirklich Beste machen, indem Sie Ihren Beruf als Abenteuer sehen, indem Sie kreativ sind und zu neuen Einsichten gelangen. Betrachten Sie Ihren Job und die Welt mit diesen Augen. Üben Sie sich in dieser Art von gesundem, optimistischem Denken, und zwar jeden Tag und in jedem Augenblick Ihres Lebens. Tun Sie das, kennen Sie das Geheimnis von Glück und Zufriedenheit – egal ob es bis zu Ihrer Pensionierung dann noch ein Jahr dauert oder zwanzig. Und dieses Geheimnis ist: Es gibt keinen Weg *zu* Glück und Zufriedenheit; Glück und Zufriedenheit *sind* der Weg. Dieses Denken wird Ihnen dann zur zweiten Natur.

So, nun freuen Sie sich nur weiterhin auf Ihre ach so fantastische Pensionierung. Planen Sie voraus und planen Sie gut. Aber tun Sie sich selbst einen großen Gefallen: Verpassen Sie, bis es so weit ist, nicht einen einzigen Tag Ihres Lebens.

Ich will nun schließen und meiner Hoffnung Ausdruck verleihen, dass dieses Buch Ihnen geholfen hat; und ich schicke Ihnen alle meine Liebe, meinen Respekt und die besten Wünsche.

Wissen Sie sich selbst zu schätzen.

Dank

Danken möchte ich Bob Miller, der weiterhin an das glaubt, was ich als Botschaft zu vermitteln habe, und auch Leslie Wells, die wieder einmal verständnisvoll ihre Fähigkeiten als Lektorin unter Beweis gestellt hat. Ebenso danke ich den Mitarbeitern des Hyperion-Verlags für ihre beständigen Bemühungen. Wie immer möchte ich Patti Breitmann und Linda Michaels meinen Dank aussprechen für ihr Engagement, ihre Freundschaft und Unterstützung. Schließlich danke ich noch meiner Freundin Rhonda Hull für ihre Hilfe, die mich beim Schreiben dieses Buches bei der Stange gehalten hat, sowie meiner sagenhaften Familie, die kein Problem darin gesehen und sich auch nicht verrückt gemacht hat, während ich mit diesem wichtigen Projekt befasst war. Ihnen allen meinen herzlichsten Dank.

Richard Carlson

100 Regeln für ein gutes Leben

Wer hat nicht oft das Gefühl, dass ihn der tägliche Kleinkram auffrisst, dass Stress und anstrengende Mitmenschen, Termindruck und Problemchen aller Art den Blick auf das verstellen, was wirklich zählt?
Richard Carlson schreibt gegen unsere Neigung an, das Leben als einzigen großen Notfall zu sehen. Sein Buch verspricht Rettung in (fast) jeder Lage: Wo immer man es aufschlägt, findet man einen – von hundert – garantiert hilfreichen Ratschlägen für ein gelungenes Leben!

KNAUR